Chiara Bertrand

Nombres &
signos zodiacales

dve PUBLISHING

Traducción de Mónica Monteys.

Diseño gráfico de la cubierta de Studio Tallarini.

Dibujos de Michela Ameli.

© Editorial De Vecchi, S. A. 2019
© [2019] Confidential Concepts International Ltd., Ireland
Subsidiary company of Confidential Concepts Inc, USA
ISBN: 978-1-64461-378-8

ÍNDICE

INTRODUCCIÓN

Hace algún tiempo, vi en la televisión un documental sobre unas tribus de unas zonas remotas de África, que aún hoy viven como lo hacían nuestros antepasados. Una mujer que mostraba un enorme plato labial, ante la pregunta de cuántos hijos tenía y cómo se llamaban, respondió que dos, pero que no quería dar los nombres. Una particular discreción que, en el día de hoy, sólo se conserva en algunos pueblos que todavía no han entrado en contacto con la modernidad o que todavía se hallan muy vinculados a las tradiciones más ancestrales.

De los pueblos primitivos no se tienen noticias ciertas ni documentadas, pero se sabe, por ejemplo, que los egipcios imponían a los recién nacidos un nombre secreto que no debía ser revelado: pronunciarlo significaba descubrir su esencia, exponer su alma a las manipulaciones ocultas de magos y espíritus malignos. Y también en la actualidad, en muchas sociedades esotéricas, religiosas o tribales aún perdura el uso de imponer al neófito, que se dispone a entrar en el grupo, un nombre nuevo, que él estrena y que le marcará el inicio simbólico de una nueva vida. Por otro lado, también el bautismo, el sacramento que aprueba la entrada en la Iglesia católica, coincide con la imposición del nombre: si bien en la actualidad su inscripción en el registro civil se produce con notable rapidez, y un niño de pocos días posee ya su número de identificación fiscal, antiguamente el bautismo era la ceremonia más importante, que autorizaba el ingreso del recién nacido en la comunidad (no en balde aún se usa la expresión «nombre de bautismo» para indicar el nombre elegido por los padres). La palabra es el mágico don que diferencia al ser humano de los animales: no tener una palabra, un «nombre», es casi como no existir, o existir de una manera indefinida, incompleta. Dar y recibir un nombre, tener un nombre, es, por lo tanto, muy importante. Y nosotros, al contrario del prudente secreto de nuestros antepasados, proclamamos el nombre con orgullosa desenvoltura desde pequeños sobre cualquier objeto (por ejemplo, camisetas, zapatillas, mochila, etc.). Y todavía hay más: cuando conocemos a alguien, decimos nuestro nombre y esperamos saber cuál es el suyo, considerando su rechazo una descortesía. Llamar a alguien por su nombre es un signo de confidencialidad (verdadera o presunta), es como apropiarse del derecho de entrar en «su» mundo, de aproximarse a su intimidad (y para poder hacerlo debe haber un consentimiento por parte del otro, como si tuviéramos que entrar en su casa).

Sin embargo, en la actualidad, ya no estamos acostumbrados a considerar la palabra como una expresión de fuerza creativa: utilizamos y abusamos de nombres y adjetivos en una confusión de sonidos y lenguajes que no siempre son comprendidos. De modo que una operación tan delicada como es la elección de un nombre para una niña o un niño que está a punto de nacer es a menudo discutida o, por el contrario, exigida por familiares que imponen nombres anticuados —por no decir ridículos— destinados a ser odiados por sus destinatarios o deformados por absurdos diminutivos. Sin embargo, dar un nombre es y debe ser un acto creativo, porque el propio nombre es un augurio, un presagio. El nombre es el primer regalo que se hace al hijo: así pues, procure elegirlo adecuadamente para que pueda ser desvelado con alegría y reconocimiento y no ocultado por vergonzoso embarazo.

Para empezar, concédase un poco de silencio y tranquilidad en el que pueda sonar el nombre elegido o los nombres entre los que está indeciso: pronúncielo solo, y también junto a los apellidos, e intente evitar desagradables disonancias o desagradables combinaciones de sonidos o de significados. El buen gusto aconseja combinar un apellido largo con un nombre más breve, y al contrario.

A un apellido muy común se le debe añadir un nombre menos difundido para limitar los casos de homonimia, que pueden hacer sentir a la persona un poco turbada en su individualidad. Si, por el contrario, no quiere renunciar a la tradición, procure que el nombre no desentone con un apellido demasiado corriente (Ramón Pérez no es realmente muy original que digamos) y asegúrese de que lo sabe escribir de la manera correcta y pronunciarlo del modo adecuado. Un nombre extranjero puede ser de ayuda en el caso de que se sienta «obligado» a mantener una tradición familiar que no puede ser modificada: Giuseppina puede sonar mejor que Josefina, Jelsomina que Jazmín.

Cuando el nombre haya superado estos elementales test, habrá llegado el momento de profundizar en el significado y ver qué vibraciones transmitirá al recién nacido según las reglas de la numerología moderna derivada de las tradiciones ocultas. Si bien es cierto que ya no vivimos en la mágica caja de resonancia de la palabra sagrada, no conviene renunciar por completo a conocer parte de esta antigua sabiduría.

En este libro hablaremos de nombres y de su significado, pero también de astrología, y mostraremos las principales informaciones sobre cada signo zodiacal, formato *baby*, junto con sus correspondientes ascendentes (además de una sencilla guía para saber cuál es el de su hijo; ¡a propósito! cuando nazca acuérdese de apuntar la hora). De modo que, además de los significados y los «presagios» de los nombres, también puede descubrir cuáles serán las características más relevantes de su bebé en función del momento de su nacimiento, y escoger con anticipación un nombre adecuado a los vaticinios de su signo zodiacal.

LA MAGIA
DE LOS NOMBRES

Dos son las metodologías que existen para quien desee explorar el sugestivo mundo de los nombres. La primera, la más común y sobre la que se apoyan numerosos textos, es la onomástica, que estudia el origen de los nombres, sus variantes, la frecuencia de uso y los motivos de su difusión. Una vez elegido el nombre que le gusta y que no desentona con el apellido al cual deberá ir unido, habrá que ir a buscar las raíces, el significado, el augurio, a veces evidente (Alba, Blanca), a veces distinto del que se puede suponer.

El segundo método de estudio, el más misterioso, es la onomancia, que a la etimología del nombre incorpora el análisis de sus valores más «sutiles» y que, a través de la numerología y la astrología onomástica, indaga los significados más recónditos y extrae conclusiones sobre el carácter y el destino de quien lo lleva, en correspondencia con su signo zodiacal.

Un nombre hermoso de por sí, pero que presenta unos valores del todo dispares con la naturaleza de aquel o aquella que lo lleva, puede condicionar a la persona, sonar en su interior como una orden, un reclamo a ser aquello que no se es y, por lo tanto, generar una contradicción; o

bien puede ser «desechado» o sustituido por un diminutivo o por un nombre completamente distinto (un ejemplo es la vivencia bíblica de Noemí —que significa «alegría, delicia»—, que tras la muerte del marido y de sus hijos cambió el nombre por Mara, es decir, «amargada»).

Las vibraciones de los sonidos, del lenguaje, encuentran su correspondencia en los variados e infinitos elementos del cosmos, y la tentativa es descubrir estos vínculos secretos, hacerlos comprensibles y utilizables. Hemos dicho tentativa porque la moderna numerología, hija simplificada de la antigua *Qabbalah* hebraica, griega y árabe, además del pitagorismo, se aplica a alfabetos que ya han perdido del todo su originario valor sagrado. Actualmente, las letras y las palabras están privadas de ese contenido mágico que tuvieron una vez, y a nuestros ojos modernos y desencantados el redescubrimiento de los antiguos vínculos nos parece menos significativo, menos prodigioso, y es tratado como una simple curiosidad. Pero, de todas formas, vale la pena satisfacer esta curiosidad. Así pues, empecemos a hacerlo con una breve explicación de los tratados esenciales de la numerología.

LA MAGIA
DE LOS NÚMEROS

La numerología procede de la *Qabbalah* y del pitagorismo (Pitágoras, filósofo y matemático griego, basándose en las enseñanzas de los sacerdotes egipcios afirmaba que en el número residía la esencia del universo y que en la base del cosmos había una relación armónica entre números, elementos, planetas y notas musicales). La numerología, la ciencia de los números, pero no en sentido tradicionalmente matemático, se ocupa de extraer de los datos personales de los individuos algunos números-clave para investigar sus características peculiares y el destino. Enseña, por ejemplo, a calcular el *número de nacimiento*, formado por la suma teosófica de cada cifra de la fecha de nacimiento (cada número debe convertirse siempre en una única cifra: el 12 se convierte, pues, en 3, el 27, en 9 y así sucesivamente). Pongamos un ejemplo práctico:

Fecha de nacimiento) 27 de diciembre de 1962 = 9 (resultado de la suma de 2 + 7) + 3 (resultado de la suma de 1 + 2, es decir, de 12, que corresponde a diciembre) + 1 + 9 + 6 + 2 = 30 = **3**.

Este número proporciona la marca numerológica recibida por el individuo en el momento en que viene al mundo, muestra sus inclinaciones naturales y representa una indicación de las vías que deberá recorrer para realizarse (podríamos considerarlo un tipo de resumen del horóscopo del nacimiento). Pero para que ello sea realmente efectivo, a «las dotes virtuales» encerradas en este personalísimo número contribuyen, además, otros dos factores: el nombre y el número relativo.

Como ya hemos dicho, pronunciar un nombre significa hacer sonar las energías que se hallan en su significado, pero cada nombre también representa un número, cuya suma proporciona el *número del nombre*. Para calcularlo, actualmente se toma como referencia el alfabeto anglosajón, compuesto de 26 letras (la tabla que aparece a continuación sintetiza las combinaciones entre letras y números).

CORRESPONDENCIA LETRAS-NÚMEROS

A esta letra....	le corresponde este número
A, J, S	1
B, K, T	2
C, L, U	3
D, M, V	4
E, N, W	5
F, O, X	6
G, P, Y	7
H, Q, Z	8
I, R	9

El sistema de cálculo es muy simple: basta sumar las cifras correspondientes a cada letra del nombre, reduciéndolas hasta que den como resultado una sola cifra, es decir, del 1 al 9. La investigación se puede ampliar combinando nombre y apellido, y obteniendo así el número de la personalidad, que refleja no sólo el carácter íntimo del individuo, proporcionado por el número del nombre, sino también la imagen de la persona en su complejidad, tal como se muestra a los demás y es percibida por la sociedad.

Pongamos un ejemplo:

mayor relevancia en el análisis complejo del nombre (exactamente como la nota dominante en la composición de un perfume). Tradicionalmente las combinaciones nombre-apellido donde aparece mucho una misma letra, como hemos señalado en nuestro ejemplo anterior, son consideradas portadoras de buena suerte; pero también se puede considerar favorable una combinación de nombre-apellido que empiecen con letras distintas, pero que correspondan a números iguales, como en el caso de Antonio Sáez (la A y la S corresponden ambas al número 1) o de Pablo Gómez (número 7 ya sea por la P o por la G). Luego, hay que tener en cuenta si prevalece el número de nacimiento o el del nombre, y también si existe armonía entre los respectivos números y las relativas características. Si el número de nacimiento y el del nombre son iguales, o si lo son el número de nacimiento y el de frecuencia, existirá una correspondencia entre nacimiento y nombre, y por lo tanto la personalidad será más armoniosa, sus potenciales naturales podrán manifestarse más libremente.

En definitiva, la suma del número

T	A	M	A	R	A		N	A	V	A	R	R	O	
2 +	1 +	4 +	1 +	9 +	1 +		5 +	1 +	4 +	1 +	9 +	9 +	6 =	**8**

Si luego en el nombre, o en la combinación nombre-apellido, una letra aparece más veces, predominando sobre las demás, el número relativo asumirá el rol de *número de frecuencia*, y tendrá, por lo tanto,

del nombre con el del nacimiento constituye el *número de síntesis individual,* que representa a la persona en su complejidad y el camino existencial más adecuado para su evolución.

LETRAS Y NÚMEROS: LOS SIGNIFICADOS

LETRAS

Cada letra y cada número tienen su propio significado, que nos conduce a un conjunto de símbolos, valores y asonancias. En el análisis del nombre, cada letra es considerada en su valor específico, la suma de los cuales permite configurar los rasgos más pronunciados del carácter, y en función también de determinadas correspondencias astrológicas. Veamos cuáles son.

Cada letra pertenece a uno de los *cuatro elementos* (fuego, tierra, aire, agua), que marcan una de las principales subdivisiones de los signos zodiacales:

Fuego:
K, F, Q, Y, C, U, V) letras intuitivas

Tierra:
E, W, D, M, N) letras físicas

Aire:
A, H, J, P, G, L) letras intelectuales

Agua:
O, R, I, Z, B, S, T, X) letras emotivas

La presencia en un nombre de una o más letras pertenecientes a uno de los cuatro elementos marcará sus características.

En los signos de fuego (Aries, Leo, Sagitario) predomina la energía: las dotes-clave son el impulso, la pasión y la exuberancia.

En los signos de tierra (Tauro, Virgo, Capricornio) predomina la voluntad: las cualidades-clave son la precisión, la prudencia y el orden.

En los signos de aire (Géminis, Libra, Acuario) predomina la actividad mental: las cualidades-clave son adaptabilidad, comunicabilidad y versatilidad.

En los signos de agua (Cáncer, Escorpio, Piscis) predomina el sentimiento: las cualidades-clave son sensibilidad, emotividad, imaginación.

Además, las letras se dividen a su vez en otra clasificación, complementaria a la precedente, y que también está relacionada con otra división fundamental de los signos zodiacales, en *cardinales*, *fijos* y *móviles*, impulsada por los ritmos de las estaciones, que tienen una fase de inicio, una de máximo esplendor y una de declive.

Signos cardinales:
A, E, O, R, I, Z, K
) letras creativas.

Signos fijos:
G, L, D, M, C, V
) letras estables.

Signos móviles:
H, J, N, P, W, B, S, T, X, F, Q, U, Y
) letras móviles.

Aries, Cáncer, Libra y Capricornio son los signos cardinales y corresponden al inicio de la estación: Aries y Libra al equinoccio de primavera y otoño respectivamente, Cáncer al solsticio de verano y Capricornio al de invierno. Tienden a una manifestación directa de las energías: las características-clave son la impulsividad, la rapidez de decisión, resolución y espíritu de iniciativa.

Tauro, Leo, Escorpio y Acuario son los signos fijos y representan el periodo culminante de la estación. Tienden a una concentración de las energías: las características-clave son tenacidad, estabilidad, firmeza y escasa capacidad de adaptación.

Géminis, Virgo, Sagitario y Piscis son los signos móviles y se colocan al final del ciclo de las estaciones. Tienden a una dilatación de las energías: las características-clave son adaptabilidad, inestabilidad, búsqueda de novedades y cambios.

Al igual que para la anterior clasificación, también en este caso el nombre se verá condicionado por la presencia de letras pertenecientes a uno de los tres grupos.

Teniendo en cuenta estos criterios, se podrá definir el carácter-tipo de un determinado nombre, sus cualidades y las posibles carencias; la presencia de letras pertenecientes a los diversos grupos indicará un carácter más equilibrado, a quien «no le falta nada», mientras que el predominio de letras de un solo tipo acentuará cualidades y defectos de «aquel» tipo zodiacal.

En el análisis del nombre es preciso tener en cuenta la letra *inicial*, que puede ser definida como su «piedra angular»: la inicial señala el valor de los elementos que representa y del correspondiente número, por lo que resultará preponderante en la personalidad del sujeto.

NÚMEROS

Los números también tienes particulares valores simbólicos que nos remiten a los planetas —Sol, Luna, Mercurio, Venus, Marte, Júpiter, Saturno—, protagonistas junto con los signos zodiacales del universo astrológico (Urano, Neptuno y Plutón no están comprendidos en estas correspondencias, que fueron redactadas en tiempos lejanos, cuando su existencia no era conocida; del mismo modo, el Sol y la Luna se consideran planetas, pese a que uno sea claramente una estrella y el otro un satélite). A cada número le corresponde un planeta, así como también a cada signo del Zodiaco: un ulterior elemento de sintonía que puede ayudar a comprender mejor las implicaciones ocultas de un nombre, marcado por un número determinado y, por lo tanto, por un determinado planeta, y así «emparentado» con cierto signo zodiacal, con el cual será particularmente afín (mientras que no lo será tanto para otros signos que no se hallen en armonía con aquel planeta y, por lo tanto, también con aquel número). Veamos ahora cuáles son los significados de los números y sus equivalentes planetarios.

NÚMERO 1. Está vinculado al Sol, la estrella del centro de nuestro sistema astronómico y astrológico: representa, por lo tanto, el principio absoluto de todas las cosas.

Denota un temperamento egocéntrico, basado en una fuerte voluntad y determinado a afirmarse sin dejarse vencer por los obstáculos externos ni condicionarse por los demás. La personalidad 1 es enérgica, muy activa, tenaz y un poco egoísta; tiene una gran confianza en sí misma y sigue con valor su propio camino, siempre intentando destacar y dispuesta a emprender ambiciones notables. Sus puntos débiles pueden ser una excesiva impulsividad, que le lleva a actuar sin reflexionar y a veces a correr riesgos, y una falta de diplomacia que a menudo crea una falta de armonía en sus relaciones con los demás. En el trabajo, el tipo 1 es eficiente, serio y no teme las responsabilidades, al contrario, se entrega con esfuerzo a ellas; está muy capacitado para asumir cargos directivos porque sabe mandar. Desde el punto de vista financiero, va directo a conseguir fulgurantes éxitos, pero también puede sufrir grandes pérdidas debido a su audacia por la forma que tiene de manejar el dinero. En lo que respecta a los sentimientos, es apasionado, pero posesivo y celoso: su compañero deberá adaptarse a sus exigencias.

NÚMERO 2. Vinculado a la Luna, representa la pareja, la antítesis entre los dos polos, dos principios opuestos y complementarios. Denota una

personalidad menos segura y «unívoca» en comparación con la del núme-ro 1, pues siempre oscila entre dos posibilidades, dos impulsos distintos entre los que debe elegir. Esta continua confrontación interior desencadena un carácter un poco incierto, voluble, pero a la vez muy reflexivo: la vida interior del tipo 2 es, por lo tanto, rica y variada, llena de los flujos y reflujos de la emotividad. Amable, altruista e indulgente con el prójimo, es poco proclive a mandar, al contrario, siempre está dispuesto a colaborar, a compartir; en el trabajo se le aprecia precisamente por su capacidad de interactuar con los demás, mientras que no le gustan las actividades competitivas. En el amor es romántico, tierno, receptivo a las necesidades de su compañero y busca seguridad y protección. Poco dispuesto a arriesgarse económicamente, su fortuna puede, sin embargo, oscilar a causa de su generosidad o de su escasa atención a los temas de dinero.

NÚMERO 3. Está vinculado a Júpiter, planeta de la expansión y del optimismo. Simboliza la trinidad, el triángulo: del individuo (número 1) a la pareja (número 2), que dan como fruto el número 3. Indica una personalidad alegre, dinámica, entusiasta, proclive a vivir el día a día, a aprovechar las buenas ocasiones sin negarse ninguna oportunidad de disfrute y satisfacción. El tipo 3 es cordial, expansivo, tiende a simplifi-

car y a ver el lado positivo de las cosas en cada situación. Por eso resulta simpático y popular en su ambiente. Es, sin embargo, un poco presuntuoso, considera que siempre sabe apañárselas y raramente planifica sus propias jugadas. Tanto en el trabajo como en la vida, detesta la monotonía y le gusta viajar y ampliar sus conocimientos; está muy capacitado para realizar profesiones autónomas, sobre todo en el ámbito deportivo y artístico o en el de las ciencias sociales. En los afectos es sincero pero inconstante: puede vivir muchas historias de amor antes de querer una estabilización. Ve el dinero como un medio para satisfacer sus propios deseos, por lo que es más bien pródigo y poco ahorrativo.

NÚMERO 4. Vinculado al Sol, simboliza el cuadrado, el cubo y, por lo tanto, la estabilidad. Denota un carácter equilibrado, sereno, aunque un poco rígido en sus posiciones. Determinado, profundo y perfeccionista, el tipo 4 está dotado de voluntad y fuerza de resistencia, tiene muy claros cuáles son sus objetivos, a los que se dedica con energía y perseverancia, superando cualquier obstáculo.

En el trabajo destaca por su precisión, honestidad y sentido del deber: está muy capacitado para los estudios científicos y las profesiones que requieren un esfuerzo constan-

te. Sabe asumir sus responsabilidades en cualquier situación. Trata el dinero con prudente cautela, como un medio que le garantiza una existencia tranquila y segura. En el amor no es demasiado pasional ni tampoco muy tierno, pero una vez hecha su elección se muestra como un compañero serio y leal, fiel a sus sentimientos.

NÚMERO 5. Está en vibración con Mercurio, planeta de la inteligencia y de la comunicación. Se caracteriza por una personalidad ecléctica, curiosa, vivaz y amante de la improvisación y la aventura. Muy activo, nervioso y siempre en movimiento, el tipo 5 tiene un gran deseo de conocimiento, de relacionarse con los demás. Posee una mente despierta, un espíritu independiente y suele huir de las obligaciones. Está muy capacitado para desempeñar profesiones en el ámbito comercial, pero también literarias, intelectuales o de relación con los demás. Como de-

testa la monotonía, a menudo puede cambiar de trabajo, residencia y amistades. En el amor tampoco es un modelo de constancia: más bien superficial, ama ir de flor en flor y tiende a no aceptar compromisos. El dinero le gusta, pero difícilmente consigue retenerlo, pues gasta constantemente y sin pensarlo demasiado, por lo que su situación financiera es más bien inestable.

NÚMERO 6. Está considerado el primero de los números perfectos, porque es divisible por los tres primeros números primos (1, 2, 3), de los que es también su suma. Está relacionado con Venus, y por ello es definido como «número nupcial» (pese a que en la Biblia asuma un valor maléfico: el 666 es el número del anticristo). Indica un carácter aplacado, agradable y tolerante. El tipo 6 ama la paz, la armonía, la belleza y siempre se manifiesta de una manera conciliadora, evita los conflictos y la competitividad. Dotado de atractivo y a menudo de talento artístico, sabe inspirar confianza y hacerse querer: lo consigue todo con buena educación. El amor está en la cima de sus aspiraciones: tiene una enorme necesidad de sentirse amado y rodeado de personas que lo quieran, y a su compañero se dedica con tierna devoción. A veces, sin embargo, su romanticismo es exagerado y lo lleva a hacer elecciones poco realistas. Está muy capacitado para las profesiones relacionadas con el arte, la belleza, la moda y las relaciones públicas. Con el dinero es más bien derrochador: le gusta gastar en su propia imagen, en objetos bellos y preciosos, pero también en la gente que quiere.

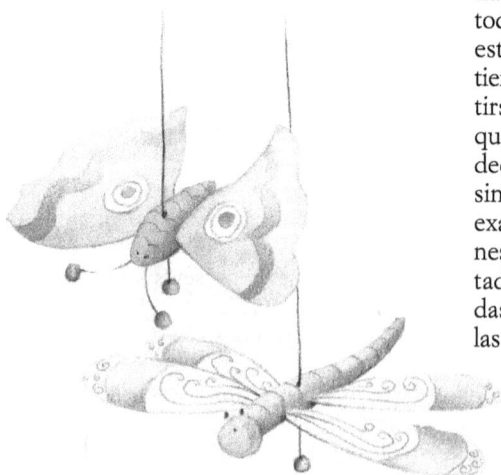

NÚMERO 7. Vinculado a la Luna, simboliza la plenitud cósmica y espiritual: es el número sagrado, «superior» (siete son los días de la semana, mencionados ya por el relato bíblico de la creación, siete los colores del arco iris, siete los arcángeles). La destacada personalidad de este número dispone de grandes recursos, como la fantasía, intuición y sensibilidad, que le pueden llevar al misticismo, a la elevación espiritual y a la celebridad. Pero tiene un carácter delicado, sujeto a crisis de pesimismo y depresivas, y con tendencia a soñar, a evadirse de la realidad. Tranquilo y meditativo, el tipo 7 es muy adecuado para desarrollar una actividad en soledad, mejor si es de tipo creativo. No da una particular importancia al dinero, pero tampoco lo derrocha en cosas inútiles. En el amor es capaz de profesar una gran devoción: poco inclinado a las aventuras, anhela una unión profunda, importante; da una gran importancia al matrimonio y a la familia.

NÚMERO 8. Está en vibración con Saturno, planeta de la seriedad y de la desconfianza que enseña con rigor a superar las adversidades. Es considerado el número del infinito y de la justicia (ocho son las bienaventuranzas de Cristo y ocho los caminos de Buda); sin embargo, para alcanzarlos es necesario un esfuerzo, un sacrificio, un control de los propios instintos y emociones. El tipo 8 está dotado de un carácter fuerte, introvertido y muy determinante: esencial en sus necesidades, concentrado en sus objetivos, sabe sacar partido de sí mismo con un gran esfuerzo, pero también de los demás con su increíble magnetismo personal. Tanto en el trabajo como en la vida, se distingue por su tenacidad, organización y confianza. Con el dinero es cauto, parsimonioso y enemigo del derroche. En el amor es prudente, controlador y para nada pasional: mantiene bajo control la emotividad, las elecciones que cuentan están motivadas por la racionalidad; con respecto a su pareja es exigente, un poco rígido, pero ofrece cariño, respeto y fidelidad absoluta.

NÚMERO 9. Es el número del combativo planeta Marte, que impulsa a la lucha por la vida, a la afirmación de uno mismo. Emblema de conocimiento y de simbólica inmortalidad, denota un temperamento fuerte, volitivo, carismático, dispuesto a revelarse por una causa y a llevar adelante sus propias elecciones con coraje. Impulsivo y altruista, el tipo 9 sabe guiar y comprender las exigencias de los demás, y a menudo se hace cargo de ellas. Su existencia es intensa y movida: para él la vida es una continua batalla que afronta con valor. Está bien dotado de ingenio e inventiva, puede tener éxito en profesiones independientes o en un ámbito social y humanitario. Sus sentimientos son cálidos y apasionados y tiende a ser el eje principal de

la pareja, con tendencia a dominar a su compañero. Generoso e incapaz de calcular nada, su fortuna financiera puede resentirse por ello.

De estos breves retratos numérico-planetarios deriva toda una serie de consideraciones que sirven, no sólo para determinar las líneas existenciales del carácter relativo a los diversos nombres marcados por uno u otro número, sino también para establecer una mayor o menor afinidad entre las personas marcadas con dichos nombres y números. Si está leyendo estas páginas en busca del nombre más apropiado para su hijo, tenga en cuenta las afinidades entre sus letras, su número y su planeta y los del niño que está a punto de llegar, calculando su número de nacimiento y del nombre y buscando un nombre que armonice con estos (por ejemplo: dos números lunares, como el 2 y el 7, estarán en buena sintonía, mientras que el vínculo entre un número lunar con el saturnino 8 no será tan fácil). O bien intente reproducir en el nombre de su hijo o de su hija la frecuencia de una vocal o de una consonante que recorra también el nombre de mamá o papá, o elija un nombre que se caracterice por la misma inicial (o por el mismo número). En definitiva: tiene con qué entretenerse...

Y en su búsqueda también debe tener en cuenta esas pocas y esenciales leyes dictadas por la tradición y que están relacionadas con las afinidades astrológicas entre los planetas:

— el Sol está en afinidad con todos, salvo con Saturno;
— la Luna está en afinidad con todos, salvo con Saturno y Marte;
— Mercurio es afín a todos, excepto con Marte;
— Venus es afín a todos, salvo con Saturno;
— Marte está en afinidad con el Sol y Venus y en desarmonía con todos los demás;
— Júpiter es afín a todos, excepto con Marte;
— Saturno está en afinidad con Mercurio y Júpiter y en desarmonía con todos los demás.

De todos estos elementos se puede comprender cómo el análisis numerológico no es en absoluto un jueguecito matemático, sino que encierra una complejidad de conceptos y factores que hacen posible una lectura profunda sólo a los verdaderos expertos. Lo mismo sucede con el análisis astrológico, ya sea del horóscopo natal como en la lectura del nombre o de las vibraciones planetarias.

No obstante, para continuar aprendiendo, familiarizándose con el arte «de la interpretación», pasemos a las páginas siguientes, con los retratos de los signos zodiacales y de sus correspondientes ascendientes.

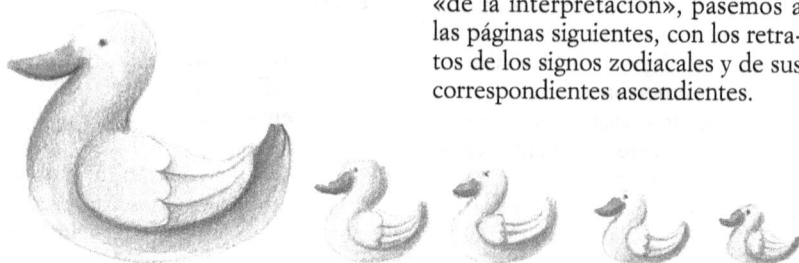

LOS SIGNOS ZODIACALES: SU NIÑO SERÁ...

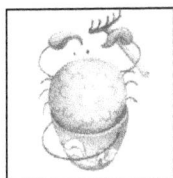

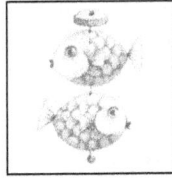

ARIES
FICHA DE IDENTIDAD

Periodo: del 21 de marzo al 20 de abril

Elemento: fuego

Cualidad: cardinal, masculino

Planeta: Marte

Longitud zodiacal: de 0° a 30°

Casa zodiacal: primera

Color: rojo

Día: martes

Piedra: rubí

Metal: hierro

Flor: geranio

Planta: romero

Perfume: madreselva

EL NIÑO ARIES

Vitalidad, exuberancia y espíritu de iniciativa son las cualidades-clave de Aries, por pequeño o grande que sea: una auténtica concentración de energías, que se manifiestan sin término medio desde la más tierna edad. Si su bebé será un pequeño «hijo de Marte», deberá estar entrenado: tendrá que correr un poco para poder seguir a este terremoto en miniatura. Bromas aparte, su carácter independiente no tardará en manifestarse y desde recién nacido intentará imponer sus gustos personales: cuando empiece a mamar rechazará los horarios fijos y chillará de una forma potente y prolongada si su voluntad es contrariada; de hecho, en esa cunita rosa o azul palpitan los bramidos de rebeldía... Apenas haya aprendido a gatear, no deberá quitarle nunca el ojo de encima: detesta estar confinado o limitado al espacio de un parque —y aún menos se quedará sentado en su sillita entretenido con algún juguete— y, además, tiene un verdadero talento para meterse en líos.

Dotado de un temperamento de pionero, además de poseer un notable coraje, le gusta aventurarse por cada rincón inexplorado, adueñarse de cualquier objeto desconocido (que no tardará en romper), y le atraen mucho las máquinas (electrodomésticos incluidos) y todo lo que ve comer a los mayores. El espíritu de imitación, muy acentuado en todos los niños, en él (o ella) está particularmente arraigado: quien nace bajo el primer signo del Zodiaco también quiere ser el primero en la vida, quemar las etapas, conquistar lo más pronto posible su lugar, su autonomía. Así pues, el niño Aries será un niño precoz, muy poco enmadrado o mimoso (a no ser que tenga fuertes valores en signos como Tauro, Piscis o Cáncer). Entendámonos: no es que los pequeños Aries no sean afectuosos, al contrario, son muy expansivos y capaces de tener arrebatos muy afectivos, pero son más bien rudos en sus manifestaciones, poco inclinados a la ternura y muy «físicos» en demostrar sus afectos.

De temperamento alegre y proclive al entusiasmo, básicamente son sinceros, directos y no saben disimular sus estados de ánimo —ni de mayores serán buenos contando mentiras—: sienten una gran satisfacción en afirmar su personalidad, su voluntad, para esconderse detrás del mezquino expediente de una mentira. Desde sus primeros años, el niño Aries tenderá a imponerse abiertamente, enfrentándose a las prohibiciones de los padres e intentando asumir el rol de «jefe», ya sea con los hermanos o hermanas o con los demás niños. Por lo tanto, puede ser un poco difícil educarlo: vivaz como es, no será fácil conseguir que se esté quieto o que se calle cuando sea necesario, y no hablemos de enseñarle los buenos modales. De hecho, la extrema franqueza de su carácter no le permitirá nunca besar a alguien a quien deteste o pedir perdón a un amigo cuando está convencido de que él tiene razón. Así pues, es necesario poner freno a su exuberancia, ya sea para vivir más tranquilo, ya sea para habituarlo a relacionarse armónicamente con los demás.

Aries tiene un fuerte sentido del Yo, lo que le hace instintivamente poco sensible a las exigencias de los demás; por lo que es necesario intentar suavizar un poco las asperezas de su carácter. Lo mejor será, entonces, establecer desde un principio los límites de su autonomía, sin mostrarse débil o condescendiente solamente para aplacar sus gritos. Luchador nato, él estará midiendo su fuerza contra la suya, y si le da a entender que está dispuesto a ceder, se lanzará a otra batalla seguro de su victoria final. Por otra parte, cambia mucho de gustos, y raramente algo le interesa más de media hora: si usted consigue controlar los caprichos momentáneos, al cabo de un rato él ya se habrá olvidado. Una firmeza serena parece ser la mejor arma para atajar sus reivindicaciones. Siempre que sea posible deberá intentar explicarle los motivos, motivarle, pero siempre

haciéndole sentir su autoridad como padre/madre.

Aries tiene muy desarrollado el sentido de la jerarquía (por ello es el signo asociado con los militares), lo que en una edad adulta le puede ser muy útil para «saber permanecer en su sitio»; por lo tanto, necesita tener delante un cuadro de lo que puede o no puede hacer, y de las consecuencias de sus posibles transgresiones. El niño Aries soporta mal los castigos, que son una herida para su amor propio; pero cuando infringe gravemente las reglas es preciso castigarlo, sin por ello reprimir su contenida independencia. Nada de amenazas ni reprimendas, pues, es fácil que no se las tome en serio, pero si lo hiciese podría perder aquel entusiasmo, aquella confianza en sí mismo que son algunas de las cualidades más hermosas, también en la edad adulta, que posee. En otras palabras, conviene estimular su sentido de la responsabilidad haciendo hincapié en su autonomía: los resultados pueden ser sorprendentes.

Sociables y nada tímidos, los niños Aries no temen los conflictos, al contrario, van a buscarlos con sus compañeros, y puesto que piensan primero en ellos mismos no tienen escrúpulos a la hora de apropiarse de los juegos o meriendas de los demás: un auténtico «botín de guerra» de su pequeño universo. Tampoco se echan atrás cuando se trata de «levantar la mano», al contrario, a menudo suelen ser ellos los primeros en comenzar una pelea para afirmar, sin medias tintas, su supremacía, incluso con sus compañeros más mayores. Por lo tanto, conviene acostumbrarlos desde pequeños a vivir pacíficamente con los demás, enseñándoles con paciencia las reglas propias del civismo y vigilándolos en el caso de que se olviden de ellas. Sin embargo, no son egoístas, al contrario, tienen un corazón muy generoso: es el espíritu de conquista lo que los motiva, no el deseo de posesión.

Son exuberantes, necesitan moverse y jugar constantemente, preferiblemente al aire libre, y puesto que prefieren los juegos «físicos» es conveniente que dispongan de un espacio donde puedan correr, saltar, gritar y desahogar su vitalidad. Son muy temerarios, pero no temen los pequeños infortunios: en las eventualidades, los exhiben con cierto orgullo y no tardan en cimentarse nuevamente sobre las mismas empresas que los han causado para demostrar así su fuerza y su desprecio por el peligro. Sin embargo, será muy difícil obligarlos a que realicen actividades sedentarias, juegos de paciencia, invitarlos al dibujo o a la lectura; no obstante, pueden apasionarse por los juegos mecánicos, de montar y desmontar, por no hablar de pistas de coches, batallas imaginarias u otras actividades en las que poder manifestar la aventurera combatividad de su temperamento. Estos juegos, por lo general «masculinos», gustan también a las niñas Aries, que no son muy distintas de sus compañeros. Ellas también prefieren los juegos dinámicos en los que poder desarrollar su rol de líder. Salvo excepciones (o excepto padres que repriman sus instintos independientes), no son niñas miedosas ni vanidosas, y en cuanto al impulso de independencia no tie-nen nada que envidiar a los niños; quizá se comporten de manera distinta, intentando imitar a su madre en sus actividades y mostrándose precozmente responsables para ganar mayor autonomía, pero siempre tenderán a mandar, a hacer de guía de sus amigas, impulsar empresas y juegos nuevos, además de alguna que otra travesura.

Para todos los niños en general, y sobre todo para estos pequeños torbellinos, la ropa debe ser lo más cómoda y deportiva posible. Si desea vestir a su pequeña Aries con adornos femeninos, hágalo desde muy pequeña, porque luego le convendrá optar por soluciones más simples e... indestructibles.

El deporte es muy adecuado para desahogar la gran energía de los pequeños Aries, mejor aún si se trata de un deporte en equipo que, junto con la disciplina, puede enseñarles la importancia de colaborar con los demás, de comprometerse juntos para alcanzar un resultado colectivo.

PUEDE LLAMARLO...

Después de este breve retrato, ya puede comprender hasta qué punto es importante elegir nombres adecuados para pequeños tan vivaces, pero lo suficientemente susceptibles como para ofenderse si alguien está dispuesto a tomarles el pelo debido a un nombre anticuado o inapropiado.

Por lo tanto, sería una buena idea escoger un nombre corto —quién sabe cuántas veces deberá llamarle antes de que le responda, absorto como estará en sus aventuras...—. Los nombres de flores no son muy apropiados, salvo algunas excepciones, como por ejemplo Dalia, flor dedicada a Marte, planeta-guía del signo y determinado por el número 9.

Entre los nombres femeninos, son muy adecuados Rosa o Rosana, que aluden al color rojo de Aries, o bien Marta, que significa dedicada a Marte. También resultan muy adecuados Alida («noble en batalla»), Vera (que alude a la pureza del alma de Aries), Anita (que refleja un temperamento fuerte y altruista), Carmen (que denota un espíritu libre y enemigo de los compromisos), Electa («destinada a sobresalir»), Liuba (que significa «amor»), Novella («nueva», en sintonía con la estación de Aries, que da inicio a la primavera).

Para los niños son muy adecuados Andrés, nombre viril por excelencia que se adapta muy bien a los valores masculinos de Aries. Si le gusta la idea de subrayar el carácter audaz de su bebé y le atraen los nombres importantes, puede elegir Aquiles, Atila o Ciro, apelativos «guerreros» que no necesitan presentaciones, o bien Hermán («nombre de guerra») o Martín («dedicado a Marte»).

Y como nombres más exóticos recordamos Ariel (es el nombre de un espíritu del aire), Jamil (apelativo árabe que significa «fascinante»), Drago y David (el primero es eslavo y el segundo hebreo, ambos significan «amado»).

La importancia del ascendente
Consulte las explicaciones de la página 184 para descubrir en qué signo cae el ascendente de su hijo y poder así completar su retrato.

Aries ascendente Aries
Subraye los rasgos que más destacan del retrato-tipo y tendrá los de su bebé: un concentrado de energías e impulsos, que requerirá mano dura y sanos principios para inculcarle ya desde el principio, pero que también le contagiará su entusiasta alegría de vivir.

Aries ascendente Tauro
Este niño está dotado de un temperamento más tranquilo, fiable y reflexivo, es menos agresivo, pero notablemente más obstinado. Afectuoso, pero celoso y posesivo, pretenderá constantes demostraciones de su amor, pero también se mostrará sensible a los pequeños incentivos materiales.

Aries ascendente Géminis
Es un niño particularmente curioso y vivo, sobre todo mentalmente: deberá ser estimulado constantemente con la finalidad de evitar que se aburra. Sociable y hablador, no le resultará difícil hacer amigos; y puesto que es inconstante, deberá ser guiado en todo momento para que no desperdicie sus numerosas cualidades.

Aries ascendente Cáncer
Tiene un carácter lunático y contradictorio. Es sensible, emotivo y su humor es muy variable. Necesita muchos mimos y reafirmaciones, a las que responderá con gran afecto. A veces mostrará cierta agresividad, que se manifestará de manera caprichosa.

ARIES ASCENDENTE LEO

Orgullo, egocentrismo, una extrema vitalidad y tendencia a mandar ya desde muy pequeño caracterizan a este niño, colmado de grandes dotes creativas, carisma personal, coraje y generosidad. Su innata presunción deberá ser oportunamente mitigada para que no se convierta en arrogancia.

ARIES ASCENDENTE VIRGO

Tímido, prudente y nervioso, este niño se deja convencer fácilmente por el razonamiento, además de con pequeñas recompensas por sus progresos. Está dotado de un agudo sentido crítico, que deberá ser reafirmado con frecuencia ya que eventuales fracasos pueden angustiarlo.

ARIES ASCENDENTE LIBRA

Los impulsos agresivos son menos evidentes, ya que están mitigados por el autocontrol y el sentido de la medida. Es un niño tranquilo y dócil, pero que sabe hacer valer sus propias razones: de hecho, tiene un gran sentido de la justicia. Ama la compañía y los juegos en grupo.

ARIES ASCENDENTE ESCORPIO

Tiene un temperamento fuerte, temerario e imprudente. Tiende a imponerse y a rebelarse sin medida. Es muy posesivo en los sentimientos. Siente una pasión desenfrenada por la exploración y el reto, y cuando tiene un objetivo preciso que desea alcanzar, nada lo detiene.

ARIES ASCENDENTE SAGITARIO

Es de carácter alegre, sociable, sincero, entusiasta y muy vivaz tanto física como mentalmente. Necesita un espacio propio, movimiento y practicar deporte, además de estímulos intelectuales. Su idealismo deberá ser guiado con lecciones de sentido práctico.

ARIES ASCENDENTE CAPRICORNIO

En este caso, la precocidad de Aries se manifiesta con un desarrollado sentido de la responsabilidad. Es un niño serio, fiable y no demasiado sociable. La educación y el ambiente familiar serán una impronta decisiva en su futuro, por lo que es preciso que sean de óptima calidad.

ARIES ASCENDENTE ACUARIO

¡El motor de este pequeño es la libertad por encima de todo! Es muy imaginativo e independiente, pero un poco egoísta. Insensible a las obligaciones, busca siempre actuar a su manera; más que en familia, se encuentra mejor entre amigos, con los cuales se siente más libre.

ARIES ASCENDENTE PISCIS

En este caso, aumentan la sensibilidad y la intuición y disminuye la violencia. Su carácter es un poco inestable, pero afectuoso, con tendencia a tener detalles que le hacen perdonar cualquier capricho. Debe ser guiado para que aprenda a conciliar la dulzura con la fuerza.

TAURO
FICHA DE IDENTIDAD

Periodo: del 21 de abril al 20 de mayo

Elemento: tierra

Cualidad: fijo, femenino

Planeta: Venus

Longitud zodiacal: de 30° a 60°

Casa zodiacal: segunda

Color: verde

Día: viernes

Piedra: zafiro

Metal: cobre

Flor: rosa

Planta: cereza

Perfume: rosa

EL NIÑO TAURO

El niño Tauro tiene un carácter tranquilo y siempre está dispuesto a disfrutar de todos los placeres. Si su bebé será un pequeño «protegido por Venus», deberá saber que el alimento es su primer gran amor, a través del cual establece un vínculo estrecho e indisoluble con la madre, sobre todo si esta le da el pecho. La regularidad y la abundancia de sus comidas serán sus primeros puntos de referencia. Durante los primeros meses de vida bastará con asegurárselas con mimos en una ambiente tranquilo y relajado, y si se encuentra bien no se quejará de nada y se dormirá tranquilo y feliz. Pero cuando sea más mayor la relación con la comida será una constante en su carácter: la falta de apetito será un síntoma de infelicidad o malestar, mientras que la glotonería (sobre todo de dulces) con frecuencia será

una válvula de escape para paliar sus pequeñas desilusiones. Ávido de amor y seguridad, el niño Tauro ama los mimos, los abrazos y las cordialidades; pretende tener la exclusiva de su mamá y de su papá, y sólo con cierto esfuerzo acepta «compartirlos» con sus hermanos y hermanas.

Normalmente no resulta problemático ocuparse de estos niños: de carácter tranquilo y amantes del buen vivir, tienen ritmos lentos, son un poco perezosos y no dejan oír su presencia; raras veces son vivos y curiosos, al contrario, son más bien prudentes y a la larga se preservan de los peligros gratuitos. Toman contacto con el mundo a través del placer, experimentando olores y sobre todo sabores: todos los niños tienden a meterse en la boca cualquier objeto, pero lo que realmente guía a los pequeños Tauro es un instinto irreprimible, hasta el punto de que la tentación de probar cualquier cosa puede resultar para ellos la principal fuente de «incidentes». Y el placer, la palabra clave del temperamento de los Tauro, va unido a la posesión; de modo que cualquier cosa que les gusta debe forzosamente ser de su propiedad, principio que aplicarán con tenaz intransigencia durante toda su vida. Así pues, será preciso estimular su generosidad, enseñarles a dar y compartir. Como son de naturaleza afectuosa, el amor es el resorte que desencadena la disponibilidad para dar; la lógica es: «Esta cosa es mía, te la doy porque te quiero y, por lo tanto, tú también eres un poco mío».

Su extrema testarudez y la escasa adaptabilidad pueden ser un obstáculo para hacerle digerir a este niño algo que no le guste: sus «quiero» y «no quiero» son inamovibles como un monolito y es capaz de insistir sin piedad hasta que no sean satisfechas sus exigencias. Pero pese a ello, en el fondo no es difícil obtener de él aquello que se desea, porque no tiende al conflicto ni a la desobediencia, y está colmado de sensatez: la dulzura y el razonamiento son los métodos adecuados para afrontar y resolver cualquier problema. Y en el caso de que eso no fuera suficiente, es raro que se rebele ante imposiciones impartidas con autoridad. Sin embargo, no conviene aprovecharse de su carácter tranquilo, pues pese a ser manejable tiene una memoria infalible y no olvida una injusticia o una promesa no cumplida, de la que se quejará durante largo tiempo. Cuando un pequeño Tauro se enfada se recluye en un mutismo obstinado y vengativo: privar a los demás de su amor es su manera de manifestar su descontento. Pero no siempre se queda aquí: si se le provoca sin remisión, puede perder la calma y estallar en ataques de ira tan furiosos como infrecuentes. Por lo tanto, lo mejor es evitar enfrentamientos y, sobre todo, proceder de un modo que no alimente rencores. Los niños Tauro tienden a acumular sentimientos negativos, que, cuando hayan crecido, se podrán manifestar con rebeldías radicales y definitivas.

Su naturaleza serena se manifiesta del mejor modo posible cuando puede contar con afectos y situaciones seguras: signo fijo, el Tauro detesta los cambios y necesita certezas que, en un primer momento, encuentra en las cosas tangibles, materiales. Por lo tanto, los momentos de cambios forzados, como el comienzo de la escuela, pueden resultar un tanto delicados: tener que cambiar los horarios y las costumbres y buscar nuevos puntos de referencia puede significar un problema para él. Pero una vez superado el escollo inicial y construido un nuevo conjunto de seguridades, se las apaña mejor que nadie: es ordenado y metódico, se entrega sin discutir a sus deberes y se muestra como un alumno disciplinado. Es poco competitivo, y es su amor propio lo que lo motiva: no se preocupa de competir con los demás, pero se encarga de que lo consideren bueno y aplicado. En el estudio avanza con cierta lentitud, pero una vez ha aprendido algo no se le olvida nunca; es más concreto que brillante; en general, es mejor en las materias prácticas, en matemáticas y en trabajos manuales. Es de naturaleza más bien sedentaria, no le resulta difícil estar inmóvil en los bancos del colegio o en la mesa de casa haciendo los deberes; sin embargo, puede ser duro apartarlo de los encantos televisivos, un cómodo pasatiempo en el que suele caer fácilmente, probablemente comiendo alguna golosina. Así pues, es imprescindible estimularlo para que reaccione ante la pereza y siga sus intereses personales: cualidades, por lo demás, no le faltan.

Tanto los niños como las niñas demuestran a menudo inclinaciones por el dibujo y la pintura: dotes de Venus que enaltecen la creatividad y el gusto artístico, un auténtico y verdadero talento. Así pues, conviene reforzar su potencial de artista con papeles, lápices, pinceles y colores en cantidad y no reñirle si «decora» involuntariamente su ropa o si deja trazos de colores por toda la casa. Y no olvide exponer en las paredes de casa alguno de sus trabajos o llevar consigo, en el bolso, una pequeña obra suya. La sensibilidad musical es otro de los regalos de Venus: intente educar musicalmente el oído de su hijo, así como a reconocer los ritmos y los instrumentos, y déjelo cantar a viva voz; si se percata de que tiene buena voz y entona, puede inscribirlo en un coro, o bien ponerle un instrumento en sus manos y observar (o mejor, escuchar) qué es capaz de hacer con él.

El especial sentido estético de los pequeños Tauro a menudo se manifiesta en cierta complacencia con la elección de la ropa y el cuidado del propio aspecto; simples, pero para nada desarrapados, aceptan gustosos la ropa bonita y no se escapan cuando su madre los peina y los perfuma.

Otro de los aspectos más destacados del temperamento de los Tauro es el amor por la naturaleza, que por desgracia para muchos niños de hoy en día resulta penalizado por la vida en la ciudad. Si vive en un apartamento y el balcón es su único espacio verde, intente que el niño se interese por las plantas encargándole su riego diario; y siempre que sea posible, llévelo a visitar parques y jardines donde no sólo podrá jugar sino aprender a reconocer flores y árboles. Pero sobre todo intente llevarlo al campo, donde Tauro se encuentra a sus anchas, donde podrá disfrutar de los animales y de los frutos de la tierra. Un poco de deporte también le sentará bien a este niño, que a menudo come mucho y no suele mostrar demasiado dinamismo. Intente estimularlo para que se mueva, preferiblemente al aire libre y en contacto con la naturaleza. El materialismo del signo se halla a sus anchas cuando puede tocar con la mano el valor de su esfuerzo: es por esto que, vencido su amor por la pereza, el Tauro adulto es casi siempre un trabajador eficaz y responsable. Los incentivos materiales son, por lo tanto, un medio perfecto para asegurarse su colaboración ya desde pequeño, naturalmente sin exagerar: una vez determinados los deberes que hay que cumplir «gratis», otórguele pequeñas responsabilidades mediante una recompensa y regálele una hucha en la que guardar el dinero ganado. Salvo en algunos casos, mostrará un gusto precoz por el ahorro y le gustará acumular monedas, que sólo gastará para comprarse algo que le guste mucho.

PUEDE LLAMARLO...

Ahora que ya sabe algo más sobre los gustos y las predisposiciones de estos afectuosos y mimosos «hijos de Venus», probablemente le surgirá de un modo espontáneo un nombre dulce, que evoque serenidad y reclame las bellezas de la naturaleza; evite los nombres duros, que signifiquen «guerrero», y agresivos. Son muy adecuados los nombres de flores, sobre todo los consagrados a Venus, el planeta-guía del signo: Violeta, Rosa, Jasmine, Margarita (o su diminutivo sueco, Greta), y para un niño, Mirto, arbusto sagrado de la diosa del amor y de la belleza. Flor, Flora, Florencia y Florencio son otros nombres adecuados para los pequeños Tauro para establecer la sintonía con la naturaleza, para celebrar la estación florida en la que han nacido. Otro nombre apropiado es Jade, la piedra verde (color del Tauro), también de dominio venusiano.

También en armonía con las vibraciones venusianas para las niñas sugerimos Miranda (significa «digna de admirar», por lo que es un augurio de belleza), o bien Melisa (que significa «abeja» y augura «trabajo»), o Aida, heroína de la homónima ópera de Verdi, en sintonía con las inclinaciones musicales de Tauro. Pero también son apropiados Yedra, otro nombre procedente de la naturaleza y que alude a la tenaz fuerza de carácter de los Tauro, y Verónica (patrona de los fotógrafos: la fotografía es una de las artes aplicadas más adecuadas al signo de Tauro). Para los niños, Fabio (otro nombre de origen vegetal ya que deriva del latín *faba*, es decir, «haba»), Furio (nombre que denota una predisposición a la pintura y a la música, además de una gran sensualidad), Emilio (racional, práctico, muy interesado por la estética y la armonía), Sebastián (metódico y ponderado, pero muy vinculado a los placeres de los sentidos), Tomás (desconfiado, conservador, quizá demasiado flexible) y Remo (muy sensible a lo bello, además de a los impulsos de la pasión).

LA IMPORTANCIA DEL ASCENDENTE
Consulte las explicaciones de la página 184 para descubrir en qué signo cae el ascendente de su hijo y poder así completar su retrato.

TAURO ASCENDENTE ARIES
La prudente reflexión de Tauro asume aspectos más dinámicos y su carácter se llena de vitalidad, optimismo y entusiasmo. Este es un niño emprendedor, con un decisivo espíritu de afirmación dirigido a conquistar objetivos prácticos y bien definidos.

TAURO ASCENDENTE TAURO
En esta combinación se acentúan las características-tipo, con un temperamento muy obstinado y reacio a los cambios; satisfacción por los propios deseos instintivos e irrenunciables. Este niño es muy afectuoso pero también muy celoso: necesita amor constantemente. Deberá aprender a ser un poco más condescendiente.

TAURO ASCENDENTE GÉMINIS
Tiene una personalidad avispada y divertida, más adaptable y menos estática que el tipo medio. Se relaciona fácilmente con los demás y tiene un espíritu liviano, vivaz y curioso; siempre necesita estímulos nuevos. Ama conversar y leer, y tiene un acusado sentido del humor.

TAURO ASCENDENTE CÁNCER
Tiene un carácter suave, dulce y afectuoso; es goloso y perezoso, le gusta hacer lo que le apetece. Emotivamente es muy sensible, y necesita muchos mimos y caricias. Su agresividad es escasa y está sustituida por una serie de resistencias pasivas ante las dificultades.

TAURO ASCENDENTE LEO
Desde pequeño manifiesta un carácter tenaz, egocéntrico, ambicioso y autoritario. Es expansivo y tiene buenas dotes creativas, pero también una acusada necesidad de aparentar, de recibir halagos y admiración. Es capaz de tener impulsos protectores y es muy celoso y posesivo.

TAURO ASCENDENTE VIRGO
Es un niño cauto y colmado de sensatez, poco inclinado a la fantasía. Su fuerte necesidad de seguridad se manifiesta con un apego a las cosas materiales. Tiene un desarrollado sentido crítico y es modesto y pragmático. Muestra interés por el estudio, pero también por la naturaleza y los animales.

TAURO ASCENDENTE LIBRA
Venus gobierna ambos signos, con lo que se acentúan las dotes creativas y artísticas. Es un niño que posee un carácter dócil, tranquilo y sociable, y un vivo deseo de complacer a los demás. Es indeciso y siempre quiere salirse con la suya. Es poco agresivo y tiende a huir de los problemas.

TAURO ASCENDENTE ESCORPIO
Tiene una personalidad fuerte y compleja no fácil de manejar. Ya desde pequeño hace lo que quiere, persiste y no cede hasta que no obtiene aquello que desea. Es agresivo y tiende a llevar la contraria, pero también necesita mucho afecto y compañía.

TAURO ASCENDENTE SAGITARIO
Es un niño simpático y emprendedor, de carácter bueno y generoso. Le gustan las cosas simples y detesta las complicaciones. Es un pequeño al que le gusta disfrutar de los placeres de la vida. Posee una particular inclinación por el deporte y un interés por los animales y la naturaleza.

TAURO ASCENDENTE CAPRICORNIO
Desde pequeño, este niño ya se manifiesta serio, autónomo y dotado de mucha fuerza de voluntad. Se implica hasta el fondo en sus actividades sin pedir ayuda a los adultos y le gusta asumir pequeñas responsabilidades. Es poco expansivo y un poco cerrado de carácter.

TAURO ASCENDENTE ACUARIO
Esta es una combinación llena de contrastes. En realidad, este niño vive bien con su familia, pero su espíritu independiente lo impulsa a ser rebelde; no le gustan para nada las sorpresas. A veces es mejor dejar que haga lo que él quiera, al fin y al cabo nadie podrá disuadirlo de sus convicciones.

TAURO ASCENDENTE PISCIS
Este niño tan dulce conquista a todo el mundo con su ternura. Es sensible, afectuoso y hay que mimarlo, pero también estimularlo porque es más bien perezoso, poco emprendedor. Sabe defenderse él solito y tiende a inclinarse por la música.

GÉMINIS
FICHA DE IDENTIDAD

Periodo: del 21 de mayo al 21 de junio

Elemento: aire

Cualidad: móvil, masculino

Planeta: Mercurio

Longitud zodiacal: de 60° a 90°

Casa zodiacal: tercera

Color: gris

Día: miércoles

Piedra: esmeralda

Metal: platino

Flor: mimosa

Planta: avellano

Perfume: canela

EL NIÑO GÉMINIS

Los «gemelitos» son unos de los niños más alegres y animados del Zodiaco. De apariencia frágil, a menudo nerviosos y muy caprichosos, tienen un auténtico talento para conquistar a los adultos con una variadísima gama de expresiones, bromas y adorables zalamerías. Mientras sea un bebé, le hará pasar más de una noche en blanco con sus movimientos agitados o su inapetencia; intente no perder la calma y pasearlo mucho, puesto que ya desde niño no le gusta sentirse encerrado y necesita estímulos variados y numerosos. Su insaciable curiosidad lo conducirá a explorar precozmente el mundo, a adueñarse de los objetos con la furtiva destreza de sus manitas y a vagabundear a gatas por los rincones más remotos de la casa. Pero el verdadero salto de calidad lo realiza cuando empieza a hablar: cuando aprenda no estará nunca callado. Los sonidos son sus primeros compañeros de juego: se divierte con los sonajeros, reproduciendo las palabras que siente e inventando otras nuevas; a través de la palabra el niño establece los primeros contactos sociales y ya desde el principio los usa para seducir. Le encanta ser el centro de atención y divertir a su público con animadas exhibiciones. Perspicaz y espontáneo, es un gran observador, muy rápido en descubrir los puntos débiles de sus padres y en aprovecharse de sus ventajas. A estos pequeños, Mercurio los dota de una innata astucia, que saben emplear con habilidad para obtener sus propios fines. Además, con ellos no se puede ser severo, bastará una broma o un gesto para estallar en una carcajada y olvidar en seguida el enfado por una de sus frecuentes travesías o tomaduras de pelo.

Son niños precoces, dotados de una notable capacidad de aprendizaje e imitación: perciben rápidamente los estados de ánimo y las actitudes de quienes les rodean, por lo que es muy importante que vivan en un ambiente sereno; en caso contrario, absorberían sus vibraciones negativas y somatizarían la tensión en una serie de trastornos nerviosos o, peor aún, aprenderían las malas costumbres de los adultos. Por lo tanto, ante ellos es fundamental comportarse de la manera adecuada para evitar dañar su tierna personalidad. A menudo, la autoridad no funciona: es preferible intentar no imponer modelos abstractos, órdenes sin motivo. Con su agudo sentido crítico, inmediatamente descubrirían la incongruencia y la pondrían en evidencia con su sagaz espíritu de contestación. Sin embargo, pueden ser guiados correctamente con inteligencia y siempre con el ejemplo, para no correr el riesgo de que lo consideren una broma.

El pequeño Géminis está muy bien dotado intelectualmente: sus «¿por qué?» son muy frecuentes, y para acallar sus preguntas no basta con respuestas vagas; sin embargo, una vez satisfecha su curiosidad, su interés se desvanece en seguida y apunta hacia otra dirección. Su mente brillante y ecléctica lo abarca prácticamente todo: tanto en la escuela como en la vida, aprende con rapidez y sabe utilizar con astucia sus conocimientos, que con frecuencia hace que parezcan más amplios de lo que son en realidad. Está especialmente capacitado para las materias literarias y para las lenguas extranjeras, que le permiten ampliar sus posibilidades de comunicación; pero también tiene facilidad para los números, sobre todo si las matemáticas se le enseñan como un juego que siempre consigue ganar (basta con estar atentos para no equivocarse).

No obstante, se aburre con facilidad y no soporta la monotonía: tanto en los juegos como en los estudios, siempre va en busca de estímulos nuevos y empieza empresas que luego deja de lado si se da cuenta de que le cuestan demasiado esfuerzo. De hecho, siempre intenta obtener el máximo resultado con el mínimo esfuerzo: su carácter más bien superficial deberá educarse para que aprenda a profundizar, a encontrar una verdadera motivación en las cosas. Si por un lado su carácter desenfrenado es uno de sus aspectos más fascinantes, por otro lo induce a no tomarse demasiado en serio las exigencias de

los adultos y sus eventuales reproches; es preciso inculcarle el sentido del respeto y de la responsabilidad, sin por ello cortarle las alas y someterlo a esquemas educativos demasiado rígidos. Casi siempre de buen humor, es más bien caprichoso y se irrita con facilidad cuando sus deseos son contrariados. Pero es difícil verlo enfadado, ya que basta un pequeño pretexto para distraerlo y hacerle recuperar el buen humor. La tristeza es para él casi una desconocida, porque desde niño sabe tomarse la vida con alegría, y tiende más a reír que a llorar, y no dramatiza las pequeñas derrotas.

Sin embargo, hay que destacar su tendencia a decir mentiras, algo que no es insólito entre los niños, los cuales a menudo suelen confundir la realidad con la fantasía; pero en el caso de este pequeño mercuriano adquiere connotaciones más conscientes, como una cómoda escapatoria para evitar una reprimenda o como un astuto recurso para ganarse un mérito o aprobación. Por lo tanto, tiene que hacerle entender que es más listo que él y no mostrar condescendencia alguna por sus «invenciones»: el oportunismo y la tendencia a mentir a menudo son defectos en los Géminis adultos.

Sociable y nada tímido, es cariñoso y afectuoso, pero raras veces «mimoso» (a no ser que tenga una gran influencia de Cáncer), incluso cuando es muy pequeño no se muestra excesivamente dependiente de su papá y mamá. Busca gustoso la compañía de sus compañeros y ya, a muy tierna edad, establece sus amistades de manera autónoma, aunque no llegan a ser muy estables: cuando los «viejos» amigos le aburren, los abandona sin miramientos y escoge otros nuevos, algo para él nada difícil vista su innata capacidad para resultar agradable y simpático a todos.

Le gustan los juegos en grupo, las conversaciones, los recitales y la lectura de libros y periódicos, y su natural eclecticismo lo hace muy apto para una gran variedad de juegos y pasatiempos, preferentemente para aquellos que estimulan la mente; excursiones, paseos y breves viajes serán para él una ocasión de aprendizaje muy apreciada. No le gusta estar demasiado tiempo solo, pero cuando un juego o un deber le exigen mucho esfuerzo prefiere concentrarse en sus cosas. Le gusta conversar, observar y tomarle el pelo a los demás. Cuando está enfadado con alguien, se dedica a acribillarlo con críticas y despechos, pero voluble como es, su ira no dura demasiado; los impulsos agresivos, poco desarrollados, se manifiestan sobre todo con la antipatía y con el rechazo a la comunicación. El nerviosismo de su temperamento aflora en los momentos difíciles, y en la infancia puede manifestarse con trastornos del apetito. Por lo general, no es un entusiasta de la comida: se distrae con facilidad con cualquier cosa que atraiga su atención y dice que se siente saciado antes de haber vaciado el plato. Le gustan más los pedacitos que los platos llenos, y para estimularlo a comer deberá ofrecerle platos variados. Sin embargo, descubrirá que en la escuela o en casa de los amigos come de todo sin ofrecer reparo alguno: es la compañía la que hace posible el milagro.

En general, afronta con desenvoltura los cambios, como el inicio del colegio o un traslado familiar, y también la llegada de un hermanito o de una hermanita, que no lo turbará demasiado. Es poco celoso por naturaleza (a no ser que tenga una gran influencia de Tauro) y hará todo lo posible para mantener la atención de los que le rodean y, en cuanto le sea posible, extenderá su influencia también sobre el bebé, haciéndolo cómplice de sus actividades; pero, sobre todo, se aprovechará de la poca vigilancia de los padres para poder hacer lo que quiera.

PUEDE LLAMARLO...

Ahora que ya hemos descubierto algo sobre estos adorables pequeños, pero un poco traviesos, intentemos elegir con cuidado el nombre más apropiado: hay que tener precaución para prevenir las respuestas que su sentido crítico no ahorraría ante un nombre que no les guste. En primer lugar proponemos Hermes (nombre griego de Mercurio, protector del signo) y Lara, la ninfa de la cual dicho dios, según la mitología, se enamoró, y a la que Zeus hizo cortar la lengua por haber hablado demasiado acerca de sus lances amorosos. Una leyenda que se adapta muy bien a las características de los Géminis...

Entre los nombres femeninos hay que destacar Ada, Ana y Hebe, que tienen la curiosa característica de poder ser leídos en ambos sentidos; además de poseer un particular valor esotérico, remiten a las «dos caras» del signo. Hilaria o Hilario significan «contento, con tendencia a la sonrisa» y se adaptan muy bien a la desenvoltura de carácter de los nativos de este signo.

También son totalmente apropiados los siguientes nombres. Para los niños: Gabriel, el arcángel que anunció a María su embarazo, por lo tanto prototipo del mensajero divino; Daniel (uno de los cuatro profetas mayores), que se caracteriza por una personalidad briosa y rica de ingenio; Fabricio (significa «artífice»), que denota un espíritu libre, simpático e inteligente, pero disperso; Marcos (patrón de los intrépidos), bromista, frívolo y versátil pero con un ápice de melancolía; Pablo («pequeño»), inquieto y muy curioso; Iván (forma rusa de Juan), de temperamento creativo y humor inestable; Silvio («bosque, selva»), diplomático pero inaprensible y habilísimo en los negocios. En cambio, para las niñas: Brigitta (patrona de los viandantes y de los tartamudos, se la invoca cuando los niños tardan en hablar), de carácter caprichoso pero autoritario; Lucrecia, con el temperamento de una fascinante robacorazones; Lavinia (la segunda esposa de Eneas), de carácter curioso y desprendido y que detesta la rutina; Ornella, de espíritu libre e independiente; Tecla («resplandeciente, divina»), inquieta, aventurera, creativa y a menudo insatisfecha; y por último Selma, curiosa, comunicativa e impaciente.

LA IMPORTANCIA DEL ASCENDENTE
Consulte las explicaciones de la página 184 para descubrir en qué signo cae el ascendente de su hijo y poder así completar su retrato.

GÉMINIS ASCENDENTE ARIES
A la vivacidad mental de los Géminis se añade la exuberancia física de los Aries: un conjunto realmente simpático pero extenuante cuando se trata de irle detrás. Desenvuelto, audaz y muy comunicativo, este niño va continuamente en busca de nuevas aventuras.

GÉMINIS ASCENDENTE TAURO
Tiene un temperamento más tranquilo, metódico, confiable y se concentra en aquello que le interesa. En este tipo disminuye la volubilidad, mientras que aumentan la afectuosidad, el apego a sus cosas y el gusto por la comida. Además es parsimonioso y sensible a las recompensas materiales.

GÉMINIS ASCENDENTE GÉMINIS
En este caso se hallan potenciadas las características-tipo, es decir, una intensa movilidad de carácter, extrema locuacidad, gran curiosidad e inclinación a los caprichos. Este es un niño inteligente y fascinante, pero es conveniente intentar inculcarle valores precisos con el fin de que no desperdicie sus numerosas dotes.

GÉMINIS ASCENDENTE CÁNCER
Es un niño sensible e impresionable, a veces un poco cerrado en sí mismo. Muy afectuoso y susceptible, se siente a sus anchas en familia, mientras que con los extraños es más bien tímido. Necesita ser reafirmado, pero a medida que crezca aprenderá a resolver solo sus problemas.

GÉMINIS ASCENDENTE LEO
Tiene una personalidad ecléctica y creativa y ya a tierna edad demuestra con seguridad sus cualidades. De carácter expansivo, alegre y generoso, tiende al entusiasmo y le gustan las amistades. Muestra una notable confianza en sí mismo que puede dar lugar a la presunción, a equivocarse por ingenuidad.

GÉMINIS ASCENDENTE VIRGO
Esta combinación de dos signos mercurianos señala las dotes intelectuales y el espíritu crítico. La despreocupación de los Géminis está marcada por matices ansiosos, por lo que este niño será muy nervioso y estará sujeto a malestares psicosomáticos. Es brillante en los estudios.

GÉMINIS ASCENDENTE LIBRA
Se trata de un niño gracioso, cautivador, que resulta simpático a todos por su temperamento sereno, sociable y dispuesto a comunicarse. Tiene un comportamiento ligero, despreocupado y tiende a la frivolidad, a la superficialidad. Está muy capacitado para la creatividad y el gusto estético.

GÉMINIS ASCENDENTE ESCORPIO
Es un niño de inteligencia penetrante, curioso por descubrir y experimentar. Dotado de una fuerte personalidad y más bien prepotente, no teme los peligros, al contrario, a veces va a buscarlos. El gusto por lo secreto limita su transparencia. Tiene una fuerza de voluntad particularmente desarrollada.

GÉMINIS ASCENDENTE SAGITARIO
Gran vivacidad, tanto física como espiritual, es la que caracteriza a este niño, que inspira gran simpatía por su forma de actuar simple y cordial. Le gusta moverse, hacer amistades y estar siempre ocupado en cosas nuevas. Abierto y generoso, tiende a protegerse benévolamente de los demás.

GÉMINIS ASCENDENTE CAPRICORNIO
Es una combinación un poco fría emotivamente, pero muy prometedora a nivel intelectual, y que deja presagiar una buen resultado en la edad adulta. Este niño tiene un carácter poco expansivo, a veces conflictivo, pero muestra un precoz sentido de la responsabilidad y una gran fuerza de voluntad, que le llevarán a persistir en sus empeños.

GÉMINIS ASCENDENTE ACUARIO
Es un niño independiente, con un temperamento imaginativo y extravagante, curioso y lleno de ideas. Su libertad está por encima de todo, y en ese sentido puede mostrar una vena de egoísmo y oportunismo. Muestra una afectividad desenvuelta.

GÉMINIS ASCENDENTE PISCIS
De carácter muy inestable, es caprichoso, emotivo y requiere una buena dosis de paciencia. Afectuoso y sensible, absorbe todo lo que le rodea pero tiende a crearse un mundo de fantasía en el que refugiarse cuando la realidad le aparece dura y difícil.

EL NIÑO CÁNCER

Una gran sensibilidad caracteriza a estos «tiernos hijos de la Luna», que son criados con mucho cuidado y con abundantes dosis de amor. Cáncer es, de hecho, el signo consagrado a la infancia, y más de uno puede estar condicionado en la edad adulta por la educación recibida cuando era pequeño y por el bagaje de recuerdos que lleva consigo. La impronta familiar queda grabada de un modo indeleble en el inconsciente del Cáncer; aunque esa herencia sea negada o constatada con palabras, esta ejercerá igualmente la misma influencia, sea positiva o negativa. Así pues, la figura materna tiene una especial importancia, sobre todo en los niños que, incluso de mayores, estarán siempre muy unidos a la madre, el verdadero punto de referencia afectivo. Las madres de los pequeños Cáncer, ya sean niños o niñas, deberán realizar un esfuerzo extra: ya en la primera infancia hay muchas probabilidades de que el niño requiera de un modo exclusivo su presencia, y que se adapte de mala gana a los padres y abuelos, por no decir a las canguros. Si está nervioso o de mal humor, o si le molestan o es interrumpido por cualquier cosa cuando está tomando el pecho, este bebé tan receptivo se dará cuenta de inmediato, y entonces también su humor se resentirá y no tardará en comunicarlo con un llanto irritado e... irritante. Durante los primeros momentos, es preferible hacerle ver que aún está unido a su madre por el cordón umbilical manteniéndolo junto al cuerpo; disfrute de la magia de esta relación tan particular que, sólo poco a poco, irá disminuyendo. Y como los pequeños Cáncer son extremadamente afectuosos y tienen necesidad de continuas demostraciones de amor, no escatime en mimos, caricias y reafirmaciones.

Normalmente tienen un carácter dócil y tranquilo, no son demasiado emprendedores, al contrario, raras veces exhiben precozmente manifestaciones de independencia, ya sea porque no se aventuran fuera del confortable núcleo familiar o porque su ingrata pereza les retiene a hacer por sí solos aquello que otros (es decir, los padres) pueden hacer en su lugar. Sin embargo, no se preocupe si su hijo tarda en andar o hablar, o si no quiere renunciar a los pañales o al chupete; eso sólo es debido a que no tiene ganas de crecer, y quizás inconscientemente desea retrasar cada acontecimiento que lo aleje de sus padres y de su tutela. A pesar de ello, con dulzura y paciencia se le puede conducir de la mano para que dé los pasos necesarios hacia su autonomía e impulsarlo con amable firmeza a separarse poco a poco del ala protectora de los padres para afrontar por sí solo los pequeños retos de la existencia. Verdaderamente emotivos, los niños Cáncer son realmente impresionables: absorben constantemente los humores de las personas, el clima del ambiente circundante, y «sienten» de manera acusada las eventuales desarmonías con respecto a la familia, su nido y su refugio. Por lo tanto, conviene prestar mucha atención para prevenir o menguar posibles situaciones traumáticas: susceptibles como son, basta una discusión entre los padres para impresionarlos. Una palabra fuera de lugar puede ofenderlos, un grito puede convertirse en un pequeño drama: de hecho, con su desenfrenada imaginación tienden a «perfilar» al máximo las cosas, y con su puntillosa memoria no olvidan jamás un detalle. Cáncer está particularmente ligado a los recuerdos, y cuando son adultos, los nacidos bajo este signo tienden a idealizar el pasado. Por lo tanto, para ellos es muy importante que la infancia sea una edad feliz, que puedan recordar con alegría y tal vez también con un poco de melancolía. Su educación, de hecho, es una responsabilidad delicada: es preciso lograr transmitir los valores y reglas de la vida sin herirles la sensibilidad, aunque sin ceder demasiado ante los constantes caprichos para evitar, después de algunos años, encontrarse con adolescentes vicia-

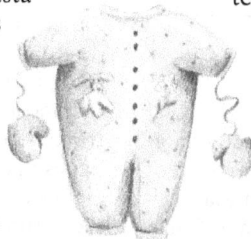

dos que lo quieren todo y rechazan toda responsabilidad.

La cambiante Luna confiere a sus pequeños protegidos un temperamento lunático: la risa y el llanto aparecen con gran facilidad en su rostro y se manifiestan con la misma intensidad emotiva y participación interior. Estos niños dan lo mejor de sí mismos sólo cuando están completamente a gusto, y es entonces cuando manifiestan su rico potencial de afecto y simpatía. Las pequeñas Cáncer, románticas y muy femeninas, pueden convertirse en deliciosas cómplices de sus madres: copiar sus actitudes y el modo de vestir, intentar imitarlas en sus habilidades, domésticas o menos, y «conquistar» a papá; los niños, sin embargo, casi siempre están muy «enmadrados» y ven al padre como un rival, que desde luego hay que imitar, pero siempre como un rival.

Muy susceptibles y un poco egocéntricos, a los Cáncer les gusta ser mimados y si se sienten relegados a un segundo plano tienden a encerrarse en una desdeñosa reclusión, en el interior de su coraza protectora. Tímidos y desconfiados con los extraños, cuando se sienten ofendidos o amenazados se refugian en su mundo interior: una vía de salida que a menudo los mantiene apartados de las situaciones peligrosas, pero que puede convertirse en una escapatoria para huir de la realidad cuando algún problema se asoma en el horizonte. Generalmente son poco agresivos, tienden a la resistencia pasiva: no hacen lo que consideran que no va con ellos o rechazan la comida si, por ejemplo, se les contradice su voluntad. Más que verdaderos enfados, son reacciones emotivas ante las ofensas, verdaderas o presuntas, a sus sentimientos o a sugestiones creadas por su propia fantasía. Pero la ausencia de instintos rebeldes (salvo en algunos casos) no es un síntoma de un carácter flexible: el amor está bastante desarrollado en este signo y a menudo es el motivo principal que impide que estos niños contesten a sus padres. Para obtener lo que quiere, el pequeño Cáncer utiliza medios bien distintos, desde gritos a estrépitos: lágrimas, silencios y reclamos afectivos son sus tácticas favoritas, lo que puede crear algún problema cuando se trata de afrontar separaciones breves pero inevitables (por ejemplo, el inicio del colegio puede ser un momento crítico). Una vez más será conveniente conjugar dulzura y firmeza: reafírmele en seguida e intente transmitirle serenidad; también conviene que le haga entender que no puede cambiar la situación, y sobre todo no se deje cautivar por sus chantajes. En sus relaciones con el mundo exterior, los niños Cáncer deben aprender a vencer sus temores, y con la ayuda de sus padres lo conseguirán. De hecho, están dotados de una inteligencia aguda y de gran intuición, que les guiará en cualquier circunstancia. Tienen las cualidades para salir airosos en el estudio, pero su fuerza de voluntad depende de la energía: saben ser precisos y ordenados, pero pueden abandonarse al desorden total, según sus lunas. Con sus compañeros deberán aprender a no sucumbir, a no dejarse llevar por

los más espabilados. En general, son los estímulos afectivos los que les estimulan. Así pues, en la escuela obtendrán mejores resultados con profesores amables y comprensivos, y entre sus amistades elegirán cuidadosamente a algunas personas en las que depositar su confianza y con las que establecerán relaciones estrechas y muy afectuosas. Se mostrarán muy tiernos y protectores con los hermanos y hermanas pequeños, aunque no sin antes haberse asegurado de que su amor por él no ha disminuido lo más mínimo; en caso contrario, sufrirían mucho y no tardarían en manifestar su disgusto.

La desorbitada imaginación de los niños Cáncer es su principal compañera de juegos. De hecho, saben divertirse solos inventándose historias fantásticas o viviendo como el protagonista de un mundo fabuloso sólo para ellos. Tanto los niños como las niñas no son excesivamente vivaces (a no ser que posean fuertes valores planetarios en signos contrarios) y están muy capacitados para desarrollar actividades creativas y juegos de fantasía, más que los de movimiento. Por eso hay que estimularlos a salir de casa, a hacer deporte, mejor si no es de competición. A las niñas les gustan las clásicas muñecas y todos aquellos juegos que les permiten interpretar un rol femenino y maternal; pero también los niños se dejan implicar gustosos en juegos de tipo «familiar».

PUEDE LLAMARLO...

Estas criaturas tan delicadas merecen un nombre acorde con su carácter dulce, fantasioso y un poco pasivo. Así pues, hay que excluir los de tono agresivo. Pueden ser adecuados los apelativos que refuerzan la voluntad y el coraje, valores clave de la simbología de Cáncer, al igual que los tradicionales de la patria y de la familia.

Para los niños sugerimos los siguientes nombres: Darío (nombre de tres reyes persas), que denota un temperamento simple y afectuoso, amante de los mimos y de la vida cómoda; César (título honorífico de jefe de la nación), de carácter romántico pero fuerte; Enrique (significa «poderoso en patria»), de carácter reflexivo y susceptible, devoto en el amor; Héctor («regidor del pueblo»), idealista pero decidido a emerger, o Marcelo, que indica un temperamento reflexivo pero cambiante, fantasioso y sentimental. Si busca un nombre insólito, Efrén, Nelson y Nevio serán muy apropiados.

Para las niñas puede escoger entre la amplia gama de nombres que aluden a la Luna, planeta-guía de Cáncer, y a la luminosidad del color blanco: como Selena, divinidad lunar griega; Diana, nombre latino de Artemisa, diosa de la Luna y de la caza; Alba, romántica y soñadora; Aurora, astuta y buena ama de casa; Blanca, fascinante y seductora; Gwendolin («blanca luminosa»), que era el nombre de la mujer del mago Merlín; Belinda, que significa «dulcemente luminosa»; Perla, precioso don del mar que es la yema del signo; o bien Titania, apelativo de la reina de las hadas. También para los niños hay un nombre lunar, el árabe Sharar.

La importancia del ascendente

Consulte las explicaciones de la página 184 para descubrir en qué signo cae el ascendente de su hijo y poder así completar su retrato.

Cáncer ascendente Aries

Además del carácter emprendedor, audaz y deportivo del tipo medio, este niño esconde su sensibilidad bajo actitudes un poco rudas, pero no por ello es menos susceptible. La casa es su auténtico refugio y la familia ejercerá en él una importancia notable.

Cáncer ascendente Tauro

En este caso, la fantasía y la realidad están equilibradas: el carácter está muy reforzado y adquiere sensatez y tenacidad, sin perder la dulzura ni la afectuosidad. Es este un niño dotado de sentido creativo y artístico, pero también goloso y perezoso.

Cáncer ascendente Géminis

Es un niño de temperamento vivaz y comunicativo, menos emotivo y espabilado que el Cáncer puro; sin embargo, es un poco «alérgico» al trabajo, por lo que se le debe enseñar a tomar responsabilidades. Simpático y conversador, no tiene problemas a la hora de hacer amistades.

Cáncer ascendente Cáncer

Tiene un carácter delicado e hipersensible, indeciso y más bien introvertido. Necesita mucho amor y constantes reafirmaciones, pero también se le debe estimular a que haga lo que quiera. Gracias a una intuición muy desarrollada, a menudo adivina con facilidad el estado de ánimo de sus seres queridos.

CÁNCER ASCENDENTE LEO

Se desvanece la emotividad y la timidez, se reaviva la confianza y la seguridad personal. Este niño tiene un comportamiento generoso y protector y necesita ser admirado y alabado. Es susceptible y tiene una alta opinión de sí mismo, que puede desembocar en presunción.

CÁNCER ASCENDENTE VIRGO

Se trata de un niño metódico y ordenado, con temor a equivocarse y, por lo tanto, muy atento para hacer las cosas lo mejor posible. Tiene un buen sentido práctico y necesita tener unas directrices precisas que seguir. La razón controla la emotividad, lo cual puede desembocar en tendencias ansiosas.

CÁNCER ASCENDENTE LIBRA

Tiene un temperamento dócil, tranquilo, remisivo, pero no débil. Amable y sociable, sabe cómo gustar al prójimo y alcanzar su autonomía de forma gradual. La sensibilidad artística y creativa le permite manifestar, de manera armónica, las sugestiones de la emotividad.

CÁNCER ASCENDENTE ESCORPIO

Una pizca de dureza refuerza su carácter, mientras que la intuición es todavía más aguda. Es un niño que sabe lo que quiere y que no tiene miedo de conquistar espacios más amplios fuera de la familia. La emotividad se alimenta de sensaciones fuertes, el corazón es posesivo.

CÁNCER ASCENDENTE SAGITARIO

Alegría y exuberancia hacen desaparecer la timidez: así pues, a este niño no le resulta difícil salir del cascarón.

Emprendedor y vivaz, ama el movimiento y el deporte, y tiene un espíritu optimista que le ayuda a superar ansias y temores. Siente predilección por la comodidad y el bienestar.

CÁNCER ASCENDENTE CAPRICORNIO

Es un niño quieto, por lo general, serio, al que le puede costar manifestar sus exigencias afectivas. Posee grandes cualidades, pero debe ser estimulado para que se abra. No le gusta estar solo y necesita la compañía de los demás, aunque debe aprender a tener confianza en sí mismo y a hacerse valer.

CÁNCER ASCENDENTE ACUARIO

Tiene una personalidad fascinante, pero indescifrable, tímida y desenvuelta al mismo tiempo. Le gusta mucho la comodidad y tiende a hacer sólo lo que quiere. Su desbordante fantasía puede inducirle a crearse una realidad del todo suya.

CÁNCER ASCENDENTE PISCIS

De carácter sentimental y romántico, soñador e impresionable, muestra una pasividad dócil pero un poco caprichosa. Su vida interior es rica y la intuición y la imaginación las tiene muy desarrolladas. Reacio a asumir determinadas responsabilidades, este niño demuestra una afectividad dulce, sensible y generosa.

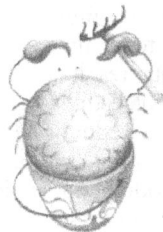

LEO
FICHA DE IDENTIDAD

Periodo: del 23 de julio al 23 de agosto
Elemento: fuego
Cualidad: fijo, masculino
Planeta: Sol
Longitud zodiacal: de 120° a 150°
Casa zodiacal: quinta
Color: amarillo-naranja
Día: domingo
Piedra: diamante
Metal: oro
Flor: girasol
Planta: cedro
Perfume: incienso

EL NIÑO LEO

Orgulloso, impetuoso y tremendamente vital: este es el temperamento de Leo, que se manifiesta desde la más tierna infancia. Así pues, los gemidos de este bebé serán imperiosos, como rugidos en miniatura, porque más que pedir, lo que hacen es exigir una total dedicación por parte de los padres, que en seguida se darán cuenta de que tienen una gran responsabilidad entre sus manos, aunque desde luego muy gratificante. Los «leoncitos» son criaturas feroces, activas y emprendedoras, de carácter alegre, pero muy obstinadas. Ya desde muy pequeños demuestran tener una voluntad muy acusada que resulta difícil de manipular. El Sol, estrella-guía del signo, es el astro alrededor del cual giran los planetas del sistema solar. Del mismo modo, Leo se siente en el centro del universo, consciente de su propia importancia, y pretende que el mundo exterior gire a su alrededor conforme a sus exigencias. Pretenderá adueñarse de los padres y doblegar su voluntad según sus caprichos. Así pues, prepárese para cualquier prueba cuando llegue la hora de establecer los límites de su «fuerza». Por otro lado, sin embargo, al igual que el Sol, que con sus rayos da vida a la Tierra, Leo compensa generosamente sus defectos. Es expansivo, cálido y lleno de energía, y ofrece su amor incondicionado, que le llenará de numerosas satisfacciones.

Afectuoso, espabilado y voluntarioso, nace con la convicción de saber hacerlo todo mejor que los demás. Se interesará muy pronto por lo que hacen sus padres, procurando entrometerse en el ritmo familiar y, aunque apenas sepa ponerse los zapatos, intentará hacer todas las cosas y resolver a su manera los problemas con la generosidad que le caracteriza. Y naturalmente, puede crear algún problemilla... Por lo tanto, conviene vigilarlo atentamente con el fin de que no ocasione algún percance con su buena voluntad.

Es cierto que a todos los niños les gusta ser el centro de atención, pero el niño Leo, más que cualquier otro, tiene la necesidad de sentir en cada momento lo importante que es, debe sentirse el más amado, e ignorarlo significaría ofenderlo, relegarlo, que para él es el castigo más humillante. Escúchelo con entusiasmo cuando le hable de cualquier nuevo descubrimiento, admire sus pequeñas obras de arte (es un niño muy creativo), reafírmele con satisfacción cada progreso que haga, no deje de abrazarlo y de alabarlo (naturalmente sólo cuando se lo merezca); de esta formará conseguirá que se sienta muy feliz.

Tanto de niño como de adulto, Leo es extremadamente susceptible. Detesta que le tomen el pelo o, peor aún, que lo pongan en ridículo. Por eso conviene no reírse nunca de sus errores, ni tomarse a broma lo que él considera un aspecto muy serio: su corazoncito apasionado se encendería de rabia y podría estallar de diversas maneras. Aunque es cierto que la seriedad con la que se enfrenta a los adultos puede suscitar más de una sonrisa: dotado de consistentes dosis de autoestima y no sintiéndose en absoluto débil o inferior, se erigirá en su minúscula estatura y se dirigirá a los mayores de tú a tú con una impresionante seguridad.

Exuberante e impulsivo, el pequeño Leo tiende a infravalorar los peligros y a sobrestimar sus capacidades: valiente pero ingenuo, lo ve todo fácil y lineal, por lo que conviene vigilarlo para que no se meta en líos por su inconsciencia. Su manera de ser es clara y sincera, es incapaz de imaginar engaños y subterfugios, y la mentira es para él algo despreciable, aunque de pronto le aflorará una en la mente; pero sabe perfectamente que él nunca se escondería detrás de una mentira. Por otra parte, no teme herir al prójimo ni imponer su punto de vista. Sin embargo, sabe admitir sus errores (aunque sin darles demasiada importancia) y cuando reconoce que se merece un castigo, raras veces intenta rehuirlo, por orgullo desde luego, pero sobre todo por su sentido de la lealtad. Del mismo modo es muy altruista, está dispuesto a

dar, a proteger, a defender a los niños más pequeños. Y cuando descubre que no todos son leales y generosos como él —por ejemplo, en el caso de un juego que ha prestado pero que no le han devuelto, o si el amigo o amiga de su corazón lo traiciona revelando a los demás sus confidencias— sufre una gran desilusión. Habrá que enseñarle, pues, alguna que otra astucia para que pueda desenvolverse mejor ante los contratiempos de la vida, sin por ello cambiar el idealismo o el sentido de la justicia que siempre serán, incluso de adulto, sus cualidades más preciadas.

Los pequeños Leo tienen un sentido innato del bien y del mal y necesitan seguir una línea de conducta precisa: intente hacerle entender a su hijo qué espera de él y, sobre todo, intente corregir desde el principio la prepotencia de su carácter si quiere evitar que se convierta en un pequeño tirano al que tendrá que servir y reverenciar mientras lo tenga en casa. Exigente y vanidoso como es, pretenderá sacar el máximo provecho de sus padres: juegos, entretenimientos, ropa… todo debe ser a su gusto. La presunción es otra característica típica del temperamento de Leo, y puede causarle problemas en la relación con sus compañeros, además de grandes desilusiones en las inevitables derrotas de la vida. Así pues, conviene que el niño Leo sea educado con sabiduría para que dosifique su fuerza y respete a los demás. El espíritu de liderazgo lo tiene muy acusado, y ya desde muy joven lo demostrará poniéndose a la cabeza del grupo de amigos y compañeros con indiscutible autoridad. Es muy raro que adopte una actitud gregaria, y sólo acepta órdenes e imposiciones de las pocas personas que él considera dignas de ello. Gracias a su ilimitada confianza en sí mismo no conoce los obstáculos. Le gustaría no equivocarse nunca y toda demostración de lo contrario es una profunda herida a su amor propio. Afronta con entusiasmo cualquier situación que marque un paso adelante en su independencia: el inicio de la escuela nunca constituye un momento difícil, al contrario, lo vive como un ingreso en la «palestra», en donde aprenderá a ejercitar sus capacidades, su fascinación y su poder.

En el estudio, el niño Leo tiene muchas probabilidades de salir airoso, porque además de estar dotado de una inteligencia brillante no soporta quedar mal, y se empeña en obtener buenos resultados, excelentes si es posible, para recibir la admiración de los compañeros y profesores. Pero, a decir verdad, no le gusta mucho el esfuerzo, así que cuando haya obtenido la consideración que desea, se relajará, se dormirá en los laureles, disfrutará de la situación y vivirá de las rentas hasta que pueda. Por lo tanto, conviene observarlo con mucha atención e intentar que se implique en el estudio con el desarrollo de intereses colaterales: llévelo con usted a conocer las maravillas de la naturaleza, o la majestuosidad de los monumentos históricos, y hágale descubrir la belleza del arte, la magia del cine y del teatro. Y como Leo es un pequeño muy capacitado y las ba-

nalidades de la vida cotidiana pueden aburrirlo, necesitará fuertes estímulos que golpeen su encendida imaginación y le hagan soñar emocionantes aventuras, además de sugerirle qué puede hacer de mayor.

Juega con mucho entusiasmo, con todas sus energías: es un apasionado inventor de fantasiosas aventuras, de las cuales, naturalmente, es el indiscutible protagonista, rey o reina, fascinante o intrépida princesa o caballero sin miedo. Desahoga su exuberancia en juegos de movimiento y a menudo destaca en el deporte; casi nunca de una forma tímida, sino un poco exhibicionista, le gusta recitar, cantar y bailar. En definitiva: en un escenario se encuentra a sus anchas. La tenacidad y el sentido del deber afloran en seguida cuando crece y realiza sus propias elecciones. Aunque sólo sea por obstinación, nunca dejará una empresa a medias y se propondrá, por honor, respetar las responsabilidades tomadas.

PUEDE LLAMARLO...

Para estos pequeños «hijos del Sol» es preciso escoger apelativos que impriman fuerza, luminosidad y claridad. Son muy adecuados nombres como: Augusto, por su tendencia a destacar y dominar; Leonardo, por su temperamento original y fascinante; Diamante, por su voluntad indomable, o Anastasia, impulsiva y llena de ganas de vivir. Sin embargo, es conveniente evitar aquellos nombres que puedan dis-

minuir su fuerte personalidad (por ejemplo, nunca hay que llamar Modesto a un Leo).

Entre los nombres femeninos destacamos: Clara (que significa «ilustre»), por su espíritu idealista y perspicaz; Lucía, de corazón apasionado e instintivo; Lucinda, alegre y vanidosa, o Luz, reflexiva y racional; en general, todos los nombres que aluden a la luz y al esplendor del Sol, al igual que Helena (que nos remite al griego *hélios*, es decir, «Sol»), que refleja un carácter determinado y aventurero.

Para los niños, Elio es el nombre que deriva directamente del Sol y denota un temperamento alegre y polifacético, pero amante de la vida tranquila.

La lista continúa con Sonia (diminutivo de Sofía, «sabiduría»), por su personalidad intensa y contrastante; Armida, de carácter vivaz y autoritario; Patricia, que sabe imponerse sobre cualquiera, y Rebeca, enérgica y orgullosa, Cordelia («corazoncito»), de carácter tenaz y generoso; Ginebra (nombre de la esposa del rey Arturo), por su personalidad enérgica pero notablemente afectuosa.

En cuanto a los nombres masculinos sugerimos Alberto («resplandeciente de nobleza»), líder amable y simpático; Fausto, inquieto e insatisfecho; Raúl, por encima de las ambiciones materiales; Fulvio, egocéntrico y vanidoso, pero un hábil profesional; Daniel, ambicioso y orgulloso, pero mediocre; Manlio, dinámico y afortunado; Rogelio («altivo glorioso»), que siempre quiere salir vencedor; y Valerio, pasional e impulsivo, pero muy sensible al juicio de los demás.

LA IMPORTANCIA DEL ASCENDENTE

Consulte las explicaciones de la página 184 para descubrir en qué signo cae el ascendente de su hijo y poder así completar su retrato.

LEO ASCENDENTE ARIES

Vitalidad, exuberancia e impulsividad son sus cualidades características. Así pues, este niño posee energía para dar y vender y se lanza a cualquier empresa con un enorme entusiasmo. Siempre quiere sentirse el protagonista y a veces se mete en líos por ello. ¿Los defectos? Presunción, prepotencia y tendencia a la exageración.

LEO ASCENDENTE TAURO

En esta combinación la fuerza de los Leo adquiere tonos más contenidos en pro de la sensatez y la prudencia. Es un niño dulce y afectuoso, sobre todo en familia, pero excesivamente celoso, posesivo y sobre todo muy obstinado. Sus ambiciones quedan encubiertas por cierta pereza.

LEO ASCENDENTE GÉMINIS

Es un niño espabilado, fascinante, más bien vanidoso y con una gran necesidad de aprobación y simpatía. Más listo que el Leo típico, sabe cómo obtener lo que desea. Le gustan las novedades, los viajes y la lectura, y ya desde pequeño le encanta entablar contactos sociales y personales.

LEO ASCENDENTE CÁNCER

De temperamento afectuoso y creativo, pero también lunático, este niño puede dar la impresión de no saber bien qué es lo que quiere. Es muy susceptible y también egocéntrico. Así pues, habrá que tratarlo con cuidado para no herir su orgullo.

LEO ASCENDENTE LEO
Es una combinación que acentúa las cualidades y los defectos propios del signo, como la vitalidad, la fascinación, la generosidad; tiende a doblegar al prójimo según sus propias exigencias y se impone con prepotencia. No es un niño fácil de manejar, pero apunta en seguida a la autonomía.

LEO ASCENDENTE VIRGO
Menos expansivo y más reflexivo que los Leo tipo, es cauto, controlador y un poco temeroso de lo que desconoce, pero sabe hacer bien sus cuentas. Cierta inseguridad en su personalidad tiene el benéfico efecto de limitar su presunción y estimular su cuidado perfeccionismo.

LEO ASCENDENTE LIBRA
Tiene una personalidad dotada de un buen equilibrio interior y se complace agradando a los demás. El despotismo característico de los Leo está, en este caso, doblemente acentuado y este niño se muestra gentil, tolerante, idealista y se completa a través de la amistad. Tiene un especial talento artístico.

LEO ASCENDENTE ESCORPIO
Tiene un buen carácter, rebelde y precozmente autónomo. Testarudo y peleón, no se deja doblegar por nada ni por nadie. Está dotado de una terrible fuerza con la que afronta las situaciones más difíciles que, en modo alguno, le asustan (al contrario, casi va a buscarlas).

LEO ASCENDENTE SAGITARIO
Alegre, generoso y extravertido, es un niño simpatiquísimo, tal vez un poco presuntuoso, pero lleno de buena voluntad. Optimista y altruista, ayuda gustoso al prójimo y tiene un espíritu aventurero que lo mantiene en constante actividad, pero que puede inducirlo a meterse en líos.

LEO ASCENDENTE CAPRICORNIO
Es un Leo reservado, poco expansivo y también un poco esquivo. Pero sabe muy bien lo que pretende y tiene grandes ambiciones, que demostrará cuando sea mayor. De pequeño dará muestras de compromiso y sentido del deber, pero necesita a los adultos para superar sus inseguridades y melancolías.

LEO ASCENDENTE ACUARIO
Se trata de una personalidad contradictoria, llena de sorpresas: independiente y con una gran inventiva, este niño sabe salirse airoso de cada situación. Nada calculador, es bastante hábil en conseguir lo que quiere. Ama la compañía de los demás, pero es muy celoso de su libertad.

LEO ASCENDENTE PISCIS
La intrepidez de los Leo pierde en este caso fiereza y se recubre de sentimental dulzura. Este niño es orgulloso pero inseguro, a veces torpe, y da la impresión de que necesita protección. Es un poco perezoso y cuando decide actuar muestra sus brillantes dotes emprendedoras.

VIRGO
FICHA DE IDENTIDAD

Periodo: del 24 de agosto al 22 de septiembre

Elemento: tierra

Cualidad: móvil, femenino

Planeta: Mercurio

Longitud zodiacal: de 150° a 180°

Casa zodiacal: sexta

Color: gris

Día: miércoles

Piedra: jade

Metal: plata

Flor: gardenia

Planta: limón

Perfume: lavanda

EL NIÑO VIRGO

Tímido y tranquilo, el pequeño Virgo entra en el mundo sin un gran clamor: si está bien de salud y no hay nada que lo ponga nervioso, es un bebé tranquilo y fácil de criar. El temperamento del signo es rutinario y ordenado, no resulta difícil acostumbrarlo a horarios fijos para las comidas, o a repetir pequeños «rituales» cotidianos: desde el baño a los cambios de pañales, se convierten para este bebé en una rutina agradable y reafirmante a la que se aficionará con rapidez. La personalidad de estos niños se manifiesta gradualmente y de manera tranquila, nunca de un modo ruidoso e irresponsable; poco exuberantes, pero agudos observadores, aprenden sin que se note: la innata curiosidad, inspirada por Mercurio, los estimula a interesarse por la realidad que los rodea y a intentar comprender cómo funciona el mundo para poder adecuarse mejor a él. Estas palabras pueden parecer un poco exageradas si nos referimos a niños de pocos años, pero en realidad son muy precoces, tienen una inteligencia muy viva y están dotados de un agudo sentido crítico, que al crecer no tardarán en demostrar.

De carácter más bien inseguro y a menudo ansiosos, sólo se encuentran a sus anchas en ambientes conocidos y con personas de las que se fían, por eso al principio puede que muestren alguna resistencia a separarse de mamá y papá, a salir de paseo con la canguro o a abandonar la cuna. Normalmente no son demasiado expansivos y tienden a avergonzarse un poco de sus emociones; puede pasar que no comuniquen su malestar, salvo para desarrollar algún trastorno psicosomático (son muy frecuentes los dolores de barriga o los tics nerviosos, señales todas ellas de que hay algo que no va bien). Tienen una enorme necesidad de sentirse amados y apreciados, aunque raras veces lo pidan abiertamente. Harán cualquier cosa para ganarse el afecto de sus padres: intentarán no desilusionar y ser obedientes, capaces y dignos de confianza. Así pues, no conviene dejar al pequeño Virgo solo (no en sentido literal, es decir, bajo este perfil se muestra más bien confiado, prudente y poco aventurero): siempre debe «sentir» afecto y protección, que lo acompañan y lo guían para corregir amorosamente sus errores, alabar sus éxitos y contener a la larga todos sus miedos.

No obstante, aunque sea un tipo racional, a menudo se siente asaltado por temores y sentimientos de culpa: tiende a infravalorarse y puede temer perder el amor de los padres si no es bastante «bueno», culpabilizarse por una pelea entre mamá y papá, sentirse en deuda con ellos por alguna pequeña falta o sólo por el hecho de darles tanto trabajo y que él les cueste tanto dinero (este es un signo que da mucho valor al dinero y revela cierta parsimonia desde muy joven). Y la ansiedad de perder sus puntos de referencia puede desencadenar trastornos irracionales: miedo a la oscuridad, a las sombras, a las pesadillas. De hecho, las cosas que no tienen explicación son las que tienden a preocuparle más, pero apoyándose en su innato sentido común se le podrá estimular a hacer frente a las dudas y a desarrollar la seguridad en sí mismo: bastará invitarlo a abrirse y a manifestar sus cualidades sin miedo a equivocarse o a hacer el ridículo.

La autoridad con él no es efectiva: tal vez pueda asumirla sin rebelarse, pero una educación demasiado severa puede acentuar sus inhibiciones y sus sentimientos de culpabilidad, y crear un individuo reprimido y acomplejado. Es preciso prestar atención a determinados comportamientos en su presencia: su penetrante inteligencia hace que perciba con claridad las contradicciones en las actitudes de los adultos, y con su agudo sentido crítico no dejará de condenar, en su interior, cualquier incoherencia e injusticia. Por otra parte, con su sentido común podrá comprender el porqué de las reglas y separaciones, es más, para su psicología resultan especialmente útiles

porque le suministran puntos de referencia precisos y le facilitan la tarea de tener que crearse esquemas mentales y morales, a los que los nacidos bajo este signo tienden a adecuarse por naturaleza. Si un niño (o una niña) Virgo crece en un ambiente desordenado y sin que le presten atención, de mayor le faltará el orden interior, que le resultará muy necesario y que intentará reemplazar por una excesiva dependencia de los bienes materiales, o con tendencias obsesivas hacia la limpieza, la salud, el perfeccionismo en el trabajo…; de cualquier modo, podrá interiorizar el desorden hasta el punto de ser totalmente inestable y descuidado, como una curiosa forma de autocastigo.

Así pues, la personalidad de este niño es simple sólo en apariencia. Sin embargo, no es difícil despertar su interés, motivar su afecto. Para ganar su confianza, demuéstrele que lo ama tal y como es, no sólo porque se porta bien y es obediente y aplicado, y procure que no se sienta excluido, hágalo partícipe de las pequeñas cosas cotidianas, implíquelo en la rutina familiar y otórguele alguna responsabilidad que cumplir. Intente estimular su fantasía con cuentos, fábulas, anécdotas… Para saciar su deseo de aprender, ofrézcale siempre estímulos adecuados: son muy apropiadas las lecturas o una hermosa excursión instructiva, pero sobre todo apreciará que le enseñe algo especial que usted sepa hacer.

De carácter reflexivo y prudente, el pequeño Virgo no está muy capa-

citado para los juegos violentos, ni para el deporte en equipo, prefiere ocuparse de sus pequeñas cosas, que con frecuencia suele tener escrupulosamente ordenadas. Dotado de precisión y espíritu práctico, tiene una acusada predisposición por las materias lógicas, como las matemáticas, además de para los trabajos manuales. Es muy hábil en los juegos de montaje (barcos, aviones, casitas...), en hacer puzles y le gusta coleccionar y catalogar (muñecas, postales, objetos en miniatura, etc.). Sin embargo, le falta valor para abrirse, para estar en compañía de sus coetáneos, y poco a poco va almacenando eventuales complejos de inferioridad. En el colegio casi siempre es un alumno aplicado y metódico, y con los otros niños tiende a construirse un estrecho círculo de amigos bien seleccionados, a los que cuenta sus pequeños secretos y con los que comparte intereses y exhibe su sentido del humor.

El amor por la naturaleza y por los animales es otra de las características de casi todos los Virgo. En cuanto sea posible, no le niegue a su hijo la compañía de un animal doméstico, que lo ayudará a manifestar su ternura y afecto y a desarrollar su innata inclinación por el cuidado de los seres que dependen de sus atenciones.

Modesto y reflexivo, el niño que nace bajo este signo no es, por lo general, muy agresivo, suele interiorizar conflictos y frustraciones, estrujándose el cerebro acerca del porqué y cómo de cada problema. Sin embargo, está dotado de un notable espíritu polémico, que, sumado a su sentido crítico, lo convierten en un poco pedante y caviloso. Con

él (o ella) las discusiones son infinitas, y si algo no le convence replicará con una serie de preguntas, cada vez más detalladas; en definitiva, se dejaría colgar antes que aceptar las razones porque sí. Cuando se enfade de verdad, se desahogará con palabras punzantes y críticas crueles que darán sin piedad en el blanco. De hecho, la palabra es su arma más afilada, con la que se defiende de aquel que pretende tomarle el pelo.

A veces puede sorprender con repentinos ataques de desorden y reacciones exageradas ante circunstancias de poca importancia. Es posible que quiera ponerle a prueba para comprobar que lo ama de la misma manera, o ponerse a prueba a sí mismo para ver si es capaz de infringir los límites que tanta seguridad le otorgan y que tanto necesita.

PUEDE LLAMARLO...

Después de todo lo dicho, sería conveniente escoger para estos niños críticos e inteligentes, pero un poco inseguros, un nombre que sugiera serenidad, que tenga un hermoso significado y, sobre todo, que no se preste a que les tomen el pelo. Para las niñas es muy apropiado Violeta, graciosa flor, símbolo del pudor y la modestia, que denota un carácter simple y altruista, en constante búsqueda de la perfección; o bien su variante Iole (del griego *ion*, que significa precisamente «violeta»). También son adecuados: Tosca, que con su carácter práctico, ordenado y razonable, pero con tendencia a ataques de nerviosismo, refleja las características del signo; Serena, que además de ser un auspicio de serenidad señala la inteligencia y la sensatez de Virgo; Esther («estrella»), de espíritu refinado, precisa y amante de las pequeñas cosas; Noemí («alegría»), concreta, altruista, que siempre desea mejorar y, por ello, nunca está satisfecha.

Para los niños son muy adecuados: Roberto, que bajo una apariencia jovial y sociable adolece de cierta inseguridad y necesita reafirmarse; Norman, concreto, metódico y amante de las seguridades materiales; Samuel, de personalidad recta y simple, pero un poco introvertida; Jordán, esquivo, trabajador y un poco tacaño, aunque no sabe sacar partido de sus cualidades; y Denis, introvertido y muy capacitado para las ciencias exactas.

La lista de nombres continúa con: Mauro, curioso, dinámico y nervioso, amante del juego y de la competición; Teresa, expansiva, sensible y activa; Sofía («conocimiento»), nerviosa y dinámica, que cultiva pocos sueños pero que tiene el don de saberlos realizar; y también Mariano y Mariana, buenos representantes del sueño, porque son amables y racionales, pero que con su innato sentido práctico saben tener los pies siempre en el suelo.

Sin embargo, si quiere darle a su niño un nombre que haga de «impulso» para su afirmación en sí mismo, es muy adecuado Máximo, de claro significado, que denota un carácter serio, escrupuloso y honesto, aunque un poco expansivo; para una niña será perfecto Ariadna («santa, casta»), que acentuará las dotes de orden, racionalidad y eficacia, y reforzará el equilibrio íntimo y la tenacidad.

LA IMPORTANCIA DEL ASCENDENTE

Consulte las explicaciones de la página 184 para descubrir en qué signo cae el ascendente de su hijo y poder así completar su retrato.

VIRGO ASCENDENTE ARIES

Más vivaz e impulsivo que el tipo medio, es posible que este niño le haga correr más de una vez en su ayuda, pues cuando se mete en un lío no sabe cómo salir. Sin embargo, se compromete hasta el final con las cosas que le interesan.

VIRGO ASCENDENTE TAURO

Es un niño de carácter sereno y bonachón. Prudente y ordenado, es reflexivo y aplicado y necesita seguridad a su alrededor. Muy apegado a sus cosas, es muy goloso. Muestra un gran amor por la naturaleza y los animales, y posee una afectuosidad espontánea, aunque encubierta por los celos.

VIRGO ASCENDENTE GÉMINIS

La doble influencia de Mercurio hace que este niño sea muy agudo, listo e inteligente, y siempre dispuesto a decir la suya. Voluble en los gustos y un poco oportunista, es muy hábil en manipular las situaciones y llevarlas a su terreno, y no descarta alguna que otra mentira.

VIRGO ASCENDENTE CÁNCER

En este caso la emotividad de Cáncer desequilibra la ordenada racionalidad de Virgo, y acentúa ansiedades y temores irracionales. Con este niño, sensible y susceptible, se requiere mucha paciencia: mimos y reafirmaciones deberán ir acompañados de válidos estímulos para su intelecto.

VIRGO ASCENDENTE LEO

Con esta combinación la timidez desaparece y es sustituida por una satisfactoria confianza en sí mismo. Es un niño emprendedor y concreto, capaz de sacar provecho de sus cualidades, de las que está orgulloso, y de abrirse camino en la vida. Muestra un vivo deseo de seguridad y posesión.

VIRGO ASCENDENTE VIRGO

Tiene un temperamento nervioso, ansioso e hipercrítico pero bien decidido a imponerse, al menos en edad adulta, hasta que el pequeño no haya adquirido mayor seguridad y se le haya estimulado a ser más valeroso y espontáneo. Haga hincapié en su aguda inteligencia para que supere sus inseguridades.

VIRGO ASCENDENTE LIBRA

Es un tipo tranquilo, más bien delicado y que detesta la vulgaridad. Es un poco indeciso, lento y perezoso, y más amable, afectuoso y menos crítico y nervioso que el tipo medio. Tiene una aguda sensibilidad artística y cierta tendencia al perfeccionismo.

VIRGO ASCENDENTE ESCORPIO

Impulsos de rebeldía se agitan en el ánimo de este niño: el carácter adquiere fortaleza, aumenta el espíritu crítico y polémico y el deseo de conocer y experimentar en un sistemático desafío a sus miedos. Tiene tendencias transgresoras.

VIRGO ASCENDENTE SAGITARIO

El optimismo y la bondad, característicos de su carácter, hacen desaparecer los complejos y temores, pero a su vez disminuyen la astucia y la lógica de este niño, que se muestra físicamente exuberante y con una predilección por los animales, la naturaleza, los viajes y el deporte. Es generoso y tiene un espíritu independiente, que apuesta con entusiasmo por la autonomía.

VIRGO ASCENDENTE CAPRICORNIO

Tiene un carácter extremadamente concreto y lleno de sentido común, pero emotivamente es reservado, poco sociable y poco expansivo. Tiene las ideas muy claras y suficiente capacidad para superar tranquilamente los estudios y, más adelante, para convertirse en un buen profesional.

VIRGO ASCENDENTE ACUARIO

He aquí un Virgo que puede sorprender por su originalidad: imaginación y fantasiosa inventiva enriquecen su personalidad de espíritu abierto, sociable y propenso a hacer amistades y a relacionarse. Posee una capacidad innata para las materias técnicas y científicas, pero también gusto por las cosas extrañas y misteriosas.

VIRGO ASCENDENTE PISCIS

De temperamento voluble e indeciso, este niño siempre está a caballo entre la razón y el sentimiento. Es sensible e influenciable y a menudo es asaltado por miedos irracionales, sueños e ilusiones. Tiene una enorme necesidad de amor y de compañía y manifiesta una sociabilidad un poco tímida, pero muy afectuosa.

LIBRA
FICHA DE IDENTIDAD

Periodo: del 23 de septiembre al 22 de octubre

Elemento: aire

Cualidad: cardinal, masculino

Planeta: Venus

Longitud zodiacal: de 180° a 210°

Casa zodiacal: séptima

Color: rosa

Día: viernes

Piedra: coral rosa

Metal: cobre

Flor: jacinto

Planta: melocotonero

Perfume: verbena

EL NIÑO LIBRA

Desde los primeros días de vida, el niño Libra debería mostrar un temperamento dócil y amable: si goza de buena salud, comerá sin problemas, se adaptará con bastante facilidad a los horarios de las comidas y raramente llamará la atención con gritos prolongados (un esfuerzo fatigoso para un signo que pretende hacer las cosas con el menor esfuerzo posible). Muy sensible al ambiente circundante, se siente tranquilo y a gusto si a su alrededor goza de un ambiente tranquilo y armónico. Una música relajante de fondo le resultará agradable a su oído inexperto, pero ya agudo. Por lo general, es poco ruidoso, incluso cuando sea mayor raras veces se pondrá en evidencia ni tendrá manifestaciones de afecto demasiado exuberantes. De hecho, es afectuoso y expansivo, aunque sin exagerar, y desde pequeño muestra ese digno sentido de la medida, que será una de las características principales de su carácter cuando sea adulto. Sin embargo, no hay que infravalorar su necesidad de amor, pese a que no lo proclame a los cuatro vientos: Venus, planeta-guía del signo, pone el amor por encima de todo en su escala de valores, y para sentirse amado y querido, para complacerle a usted y a todos los que le rodean, su bebé dará lo mejor de sí.

A no ser que tenga fuertes valores planetarios de signos opuestos (Escorpio, Aries), el niño nacido bajo el signo de Libra es muy poco agresivo, no molesta a nadie y, naturalmente, espera que los demás se comporten de la misma manera con él, dejándolo en paz en su mundo tranquilo. De carácter sociable, le gusta estar en compañía, pensar, jugar con los otros niños y mostrar a los adultos sus habilidades; y cuando se encuentra solo, se deja llevar por la fantasía, con la cual embellece su mini universo personal.

Las condiciones en las que crecen estos «hijos de Venus» influyen notablemente en su carácter: muy atentos a los valores y comportamientos de sus padres, familiares y compañeros, también pueden asumir las actitudes negativas, imitándolas, o bien somatizar las desarmonías con trastornos físicos o con un pésimo rendimiento escolar. Sin embargo, si se sienten comprendidos y bien tratados, crecerán de forma tranquila y armoniosa, sin preocupar a los padres con demasiadas travesuras: poco pasionales por naturaleza, es difícil que vayan en busca de los problemas, incluso en las primeras conquistas de sus primeros años muestran cierta prudencia. La sumisión, por lo demás, es un rasgo característico del temperamento de los Libra, determinada por la exigencia de sentirse aceptados y apreciados tanto en casa como fuera. Y eso puede ser muy cómodo para los padres y educadores, pero no conviene aprovecharse de ello ni pensar que estos niños no están en condiciones de juzgar los hechos por ellos mismos.

El sentido de la justicia está muy desarrollado en su ánimo y en seguida les alerta cuando hay algo que no va bien; su susceptibilidad puede herirse fácilmente con un reproche, una palabra o un rechazo demasiado brusco. Si se le trata con dulzura, el niño Libra responde con dulzura; ante la rudeza, en cambio, responde encerrándose en sí mismo y huyendo de aquel que le ha suministrado el reproche o el castigo.

La falta de comunicación es lo peor que le puede pasar: el suyo es el signo de la unión, por lo que la falta de armonía con el prójimo le causa un profundo malestar. Si se le acostumbra a un trato duro o injusto, aparentemente aceptará la situación pero comenzará a desarrollar un comportamiento falso, a decir mentiras para huir de los castigos y sanciones. Es perezoso, indeciso e inconstante, por lo que debe ser estimulado con lógica y ternura. No es nada irracional y frente a argumentos convincentes es fácil de convencer. Es muy poco caprichoso: si se comporta de manera extraña será por algún motivo serio que no desea revelar, y necesitará ser tratado con buenas maneras para no obtener el efecto contrario.

Amante como es de la vida tranquila, pocas veces tolera despechos gratuitos o que le tomen el pelo, y menos aún que amenacen o peguen a los otros niños; al contrario, a menudo, les enseñará a defenderse porque, sea niño o niña, los Libra no están hechos para la lucha ni la competición, sino para la paz y la serenidad. Si se le provoca, no reacciona de malas maneras de forma inmediata, sino que durante un momento hace ver que no pasa nada e intenta escaquearse del «agresor». Si alguien se porta injustamente con él, lo más probable es que lo borre de su vida, que lo aparte de su mundo, que no debe ser «invadido» por personas o factores que lo disturben.

Tranquilo e imperturbable, siempre amable y dispuesto a sonreír, el pequeño Libra se hace querer con facilidad por sus compañeros y adultos. A todos les gusta tenerlo como amigo porque es simpático, siempre está dispuesto a colaborar y es capaz de inspirar confianza y tranquilidad a su alrededor. Por lo tanto, no es un alborotador, al contrario, siempre busca estar de acuerdo con todos, no crear conflictos ni imponerse de una manera evidente; cuando es preciso, protege a los más débiles y suele hacer de mediador en los conflictos, pero si es posible prefiere no tomar partido y quedar bien con todo el mundo.

Además de su amor por la paz, Venus inspira a estos niños un precoz gusto estético y una innata atracción por aquello que es hermoso y agradable, que a menudo se manifiesta con auténticas dotes artísticas. El dibujo y todas las actividades creativas que permiten emborronar con formas y colores, gustan muchísimo a los pequeños

Libra, como también los libros llenos de ilustraciones, que le harán soñar con los ojos abiertos. De hecho, posee una gran fantasía, llena de matices románticos, a la que le basta un apropiado estímulo visual para pintar escenarios fantásticos y aventuras de color de rosa. Es más, a veces va tan lejos que se imagina que el mundo está hecho como el de su imaginación. De vez en cuando hay que llamarlo para que vuelva a la realidad y hacerle comprender con tacto que hay que distinguir entre la realidad y la fantasía para evitar desilusiones cuando comience a crecer. Otra aspecto inspirado en Venus es la vanidad, tan presente en las niñas como en los niños. Les gusta pavonearse en el espejo, vestirse y adornarse a su gusto y recibir los cumplidos y halagos necesarios. No les basta con sentirse «buenos» chicos, sino que quieren sentirse admirados por su aspecto.

Por lo general, afrontan las fases importantes de la infancia con su característica calma, al menos en apariencia: poco posesivos, los Libra no se sentirán demasiado celosos con la llegada de un hermanito o hermanita, pero no deben ver disminuida en lo más mínimo la atención por parte de los padres. La escuela es una agradable ocasión para estar junto a sus compañeros, pero el gusto por las relaciones sociales puede convertirse en algo primordial y puede dejar de lado los deberes del colegio. Poco proclives a implicarse a fondo, tienden a estudiar sólo las materias que les gustan (por lo general, las humanidades, las literarias y artísticas) y dejan de lado las demás; por ello conviene vigilarlos con firmeza y atención.

De constitución muy robusta y de naturaleza poco exuberante, son más bien sedentarios, por lo que es preciso estimularlos para que se muevan y para que hagan deporte. Son muy aptos los deportes de equipo, que les enseñarán a educar su capacidad de cooperación y a tomar responsabilidades con respecto al grupo; pero también son adecuadas las disciplinas más «agresivas», como el judo o las artes marciales en general, útiles para aprender a mantener un enfrentamiento cara a cara y para defenderse sin hacerse daño. El sugestivo mundo de la danza atraerá notablemente a la niña Libra, aunque la parte menos poética de los duros entrenamientos la hará desistir fácilmente de ponerse un glamuroso tutú.

PUEDE LLAMARLO...

Estos niños, de gustos refinados ya a una edad temprana, merecen un nombre cautivador, elegido con cuidado y que manifieste valores de belleza, armonía y serenidad; así pues, habrá que evitar los nombres de sonido demasiado «guerrero» o que aludan a la idea de la fuerza física (como Atila, Sansón o Hércules). Tampoco son adecuados los excesivamente «corrientes», que no tengan un toque de distinción, como María Rosa, Conchita o similares.

Es mucho más adecuado un nombre con un significado sugestivo, y mejor aún si alude a la idea de la gracia y la belleza.

Para una niña son adecuados: Aglaya (significa «resplandeciente de belleza»), nombre de una de las tres Gracias, divinidades menores de la época clásica relacionadas con Afrodita (es decir, Venus); o bien Esmeralda, que alude a la preciosa piedra verde (color de Venus, junto al rosa).

Y si le gustan los nombres insólitos, para un niño puede escoger: Ulrico («poderoso, rico») o Tiberio (nombre del dios al que se dedicó el río Tevere), ambos de carácter tranquilo y romántico; o bien Leandro, mítico enamorado que cada noche realizaba una larga travesía a nado para encontrarse con su amada y que terminó ahogándose.

Si le gustan los nombres extranjeros, puede escoger nombres breves y agradables, como los franceses Aimée («amada»), Joel (que alude a «joya») o el anglosajón Kevin («bello desde el nacimiento»).

Otros nombres adecuados son: Alfredo («sabio en la paz»), Juan «(Dios ha tenido misericordia»), en armonía con el carácter tranquilo de Libra, al igual que el tranquilo y tolerante Jacobo, el siempre imperturbable Lorenzo y el sociable y fascinante Vasco.

Para las niñas sugerimos: Camila, Carola y su diminutivo Carolina, con sus deliciosos sonidos que recuerdan el romanticismo del siglo XIX, o bien Morgana, el hada hermana del rey Arturo, o Diana, Melba y Nausica, en deliciosa armonía con el número 6.

LA IMPORTANCIA DEL ASCENDENTE

Consulte las explicaciones de la página 184 para descubrir en qué signo cae el ascendente de su hijo y poder así completar su retrato.

LIBRA ASCENDENTE ARIES

Es un niño impulsivo, vital y exuberante; un Libra típico. Sociable y abierto al mundo exterior, es emprendedor y espontáneo, pero sin perder la concienciación y el sentido de la medida. En él, la pereza deja lugar al amor por el deporte.

LIBRA ASCENDENTE TAURO

Tiene un aspecto físico muy agradable y un carácter tranquilo y conciliador. A este niño le gusta vivir en paz para disfrutar sin demasiado esfuerzo de todo lo que le agrada. Sus defectos principales son la lentitud, la pereza y la glotonería; en cambio, está muy capacitado para la música y tiene un agudo sentido estético y artístico.

LIBRA ASCENDENTE GÉMINIS

Esta es una armónica fusión de la mente y el corazón, que da vida a un niño atractivo, simpático y vivaz, de compañía muy agradable. Es menos convencional que los otros Libra, pero también más voluble en los gustos; es sociable y sobre todo muy curioso.

LIBRA ASCENDENTE CÁNCER

Posee un temperamento sensible, susceptible, tímido e indeciso. Entre sus «defectos» hay que destacar su exasperada lentitud, la indolencia y su escaso espíritu combativo, además de un desmesurado amor por las propias comodidades. Sin embargo, es un espíritu poético y soñador que apuesta por la familia, a la que le da una importancia capital. Deberá ser tratado con dulce firmeza para que adquiera responsabilidades.

Libra ascendente Leo

Desde pequeño, este niño demuestra una gran seguridad en sus propias capacidades y una brillante creatividad: sabe valorar sin falsos pudores y de mayor sabrá «relacionarse» con las personas adecuadas. Un poco egocéntrico, pero expansivo y caluroso, puede proporcionar grandes satisfacciones a los que le rodean.

Libra ascendente Virgo

De naturaleza aparentemente tranquila, pero en realidad nervioso e inseguro, a este niño siempre le asaltan las dudas, que frenan su espontaneidad. Perfeccionista y escrupuloso, necesita puntos concretos de referencia y vivir de una manera ordenada, donde la armonía venga dada por el hecho de que cada cosa está exactamente en su lugar.

Libra ascendente Libra

Es un niño atractivo y gracioso, que resulta simpático a todos por su temperamento sereno, dócil y sociable. Bastante sensible, debe ser tratado con mucha amabilidad, pese a que a veces necesita que se le estimule con determinación.

Libra ascendente Escorpio

Tiene un carácter bastante distinto al del tipo medio. Es introvertido y un poco huraño, lo observa todo con sentido crítico pero tiende a disimular sus emociones y a mantener en secreto lo que piensa. Es combativo y a veces rebelde; si se le provoca puede mostrar insólitos instintos agresivos.

Libra ascendente Sagitario

Tiene un temperamento abierto, cordial y generoso y resulta simpático a primera vista. Es expansivo, espontáneo y sincero. Es muy celoso de su libertad y en seguida busca su espacio de autonomía con respecto a la familia. Le gusta viajar, el movimiento, el deporte y los animales.

Libra ascendente Capricornio

Es un niño digno y reservado que tiende a controlar sus emociones. Más serio y menos alocado que el Libra medio, tiene un carácter más firme y una voluntad más tenaz, y de mayor será capaz de realizar sus elecciones con racionalidad.

Libra ascendente Acuario

Tiene un temperamento imaginativo que puede sorprender por su inventiva, la curiosidad por las cosas nuevas y el interés por temas que parecen complicados para su edad. Se adapta a cualquier situación hasta el oportunismo, pero cuando se obstina en algo es muy difícil hacerle cambiar de opinión.

Libra ascendente Piscis

Sensibilidad y ternura emotivas hacen a este niño muy dulce, pero vulnerable e indeciso. Necesita mucho afecto y seguridad, y a menudo tiende a infravalorarse, pero en el fondo se las arregla bastante bien con la ayuda de los demás. Deberá aprender a ser más firme y menos pasivo.

ESCORPIO
FICHA DE IDENTIDAD

Periodo: del 23 de octubre al 22 de noviembre

Elemento: agua

Cualidad: fijo, femenino

Planeta: Marte y Plutón

Longitud zodiacal: de 210° a 240°

Casa zodiacal: octava

Color: rojo oscuro y negro

Día: martes

Piedra: amatista

Metal: hierro

Flor: clavel rojo

Planta: pino y abeto

Perfume: sándalo

EL NIÑO ESCORPIO

Un pequeño Escorpio parece hecho para poner a prueba a sus padres, por lo que tarde o temprano usted deberá hacer uso de todos sus recursos para mantenerlo a raya. Con los primeros días usted ya se dará cuenta de su fuerte carácter: mientras duerme todo parece estar en calma, pero cuando abre los ojos, su mirada penetrante e inquisidora le hará entender en seguida con quién está tratando. Testarudo y obstinado, siempre intentará imponer su voluntad replicando a todas las decisiones. Es el típico recién nacido que duerme durante todo el día, come con avidez, lo que le provoca hipo, y luego se obstina en permanecer despierto durante toda la noche, mientras sus padres están deseosos de poder ir a dormir. Entendámonos: no es que todos los Escorpio sigan este inquietante ritmo, pero en

líneas generales hay que decir que en ellos funciona la compleja psicología de este signo, dominado por el guerrero Marte y el oscuro Plutón. Desde muy pequeño, cuando aún depende de todo y para todo, el niño se contentará con pretender imperiosamente la presencia de sus padres con llantos desconsolados que podrían hacer pensar en algún trastorno serio; pero cuando empiece a moverse por sí mismo, comenzará a explorar el mundo circundante con pasión y espíritu indagador, se dirigirá a los rincones más remotos de la casa, se meterá en los armarios o debajo de las camas en busca de quién sabe qué (los lugares escondidos, cerrados y en penumbra son el hábitat ideal de este signo).

Su innata curiosidad, unida a un intrépido coraje, con frecuencia puede ponerlo en situaciones potencialmente peligrosas, por lo que conviene vigilarlo con mucha atención y disuadirlo con firmeza cuando se obstine en hacer algo prohibido. Obstinado como es, no cede fácilmente cuando se le mete algo en la cabeza: y todo es porque es de naturaleza rebelde y las prohibiciones no consiguen más que hacerle más interesante el objeto anhelado. De hecho, más que desear, quiere, pretende, y se enfada mucho ante un rechazo; sus caprichos, enérgicos y extenuantes para quienes están cerca, a menudo son motivados, más que por el objetivo inmediato, por la intención de hacerse valer. Así pues, conviene que se arme de sangre fría y no se deje impresionar por sus caprichos: un buen «no» con firmeza y sin tapujos es el mejor remedio para estas melodramáticas escenas. Sin embargo, cuando no se trata de simples caprichos, deberá tomar sus peticiones muy en serio: teniendo en cuenta que no se olvida de nada, antes o después rendiría cuentas de los rechazos inmotivados o de los posibles errores cometidos con él. Ya desde muy pequeño resulta complicado engatusarlo: quiere darse cuenta de todo, «penetrar» en los numerosos misterios del mundo; y las explicaciones superficiales no le convencen: detesta que le tomen el pelo y su estima con respecto a sus padres perdería muchos puntos si se diera cuenta de que no saben (o no quieren) responder a sus preguntas. Del mismo modo, se quedará desconcertado ante una actitud incoherente por parte de los adultos que él ha tomado como modelo: dotado de un agudo sentido crítico, su juicio será implacable.

Pero no es sólo su mente la que hierve como un volcán en actividad: de hecho, es un niño vivo, despreocupado, sobre todo cuando está de buen humor, que se presta encantado a los juegos impetuosos y necesita mucho ejercicio y compañía para desahogar su energía física y ahuyentar las sombras que, a veces, encubren su ánimo infantil. Complicado por naturaleza, tiende más al pesimismo que al optimismo y a menudo se atormenta por nada; no le sobra coraje, pero puede faltarle serenidad, una ausencia que ya desde niño puede manifestarse con miedos irracionales, inquietudes y pesadillas nocturnas. Así pues, es preciso intentar iluminar estos rincones oscuros de su alma, evitar que pase demasiado tiempo solo y acompañarlo en sus juegos y exploraciones, así como invitarle a que cuente lo que le preocupa (entre otras cosas: la simbología de Escorpio está muy relacionada con el sexo, y estos niños a menudo son sexualmente precoces). Conviene invitarlo a abrirse, aunque no resulte fácil, porque el Escorpio ama los secretos, y también de adulto le gustará hacerse el misterioso. La introversión es una constante de su carácter que dejar «entrever» sólo si él quiere. Obtener su confianza es, pues, un acto de gran estima.

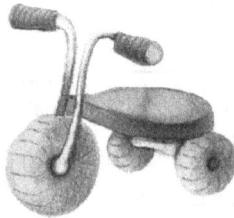

Mientras es un niño, resulta muy fácil descubrir sus tretas y proceder como es debido, sin demasiadas escenas melodramáticas pero con firmeza. Aunque sepa perfectamente que tiene razón o que se ha equivocado, el niño Escorpio soportará mal los reproches y no tendrá miedo de reaccionar con gritos y contestaciones. De hecho, tiene un gran espíritu polémico y siempre está dispuesto a clavar el aguijón de su sarcasmo. Además, es muy hábil detectando las debilidades de los demás, con un sentido casi diabólico, pero aún es más astuto en aprovecharse de ellas. Así pues, su educación es una gran responsabilidad, aunque este niño perspicaz, ingenioso y combativo también da mucho a aquellos que ama. Es incapaz de medias tintas, está dispuesto a todo por aquellos pocos elegidos que gozan de su amor exclusivo, profundo y celoso. Deberá ser educado con mucho cuidado: enseñarle con el ejemplo a tener respeto hacia los demás (de hecho, tiende a considerarse «distinto» y a despreciar a aquel que no considera digno de sus intereses), pulir las aristas de su carácter con amor y paciencia y «entrenarlo» para la tolerancia y la comprensión; al mismo tiempo, se deberá estimular su inteligencia, su necesidad de conocer. Atraído por los secretos de la naturaleza, investigaciones y descubrimientos, le gusta experimentar y desmontar objetos; a menudo llega a destruirlos en su tentativa por descubrir los mecanismos más recónditos, pero también por gusto. Para que pueda aprender las enseñanzas que se le imparten debe profesar una profunda estima por los padres y educadores; en caso contrario, será del todo imposible que los escuche, y si se procede con fuerza y autoridad no se le podrá transmitir nada, salvo inspirarle rencor y antipatía.

Su ya desarrollado espíritu competitivo no necesita estímulos extra, pero debe ser sabiamente enderezado para que no se manifieste de un modo demasiado agresivo; niño o niña, el pequeño Escorpio sabe hacerse respetar, imponiéndose con naturalidad sobre sus compañeros y usando métodos más fuertes cuando el carisma personal no funciona. Por lo general, no tiene muchos amigos. Es muy suyo y no se adapta fácilmente a la compañía de cualquiera, y menos aún le gusta estar en grupo y ser un número más. Sin embargo, cuando encuentra a alguien que realmente le interesa, en seguida establece una relación profunda, exclusiva, y concentra en el nuevo amigo o amiga toda su atención; es posesivo y celoso y se ofende muchísimo si su

amistad es «traicionada» con la compañía de otros niños. Desvelar algún secreto suyo es la peor traición que se le puede hacer. Si se comete con él alguna que otra incorrección, seguro que tarde o temprano se vengará. Es un niño vengativo y no le importa lo más mínimo ser el personaje malo de la historia.

La escuela será para él una importante ocasión para relacionarse, para aprender a formar parte de un grupo y a colaborar con los demás; en casa, la compañía de un animal doméstico le ayudará a manifestar su ternura y afecto, lo que no siempre le aflora de forma natural. En los estudios rinde bien, pero sólo en las materias que le interesan; a las demás simplemente no les presta las más mínima atención, de modo que en algunas puede sacar notas brillantes (por lo general, en las de ciencias) y muy malas en otras (conducta incluida). Sin embargo, si se encuentra entre las cuerdas, se mostrará capaz de recuperarlas con las extraordinarias dotes de su aguda inteligencia (un Escorpio poco agudo es realmente un caso excepcional). Además, posee una extraordinaria intuición, que le hace interesarse por conceptos complicados.

PUEDE LLAMARLO...

Como hemos visto, cada Escorpio es como un tesoro escondido en un cofre y enterrado a gran profundidad. Se requiere esfuerzo y ganas para sacarlo a la luz, pero seguramente vale la pena. Del mismo modo, es conveniente esforzarse para otorgar a estos niños tan particulares nombres adecuados. Si no quiere alejarse demasiado de la tradición, puede escoger: Alejandro (que significa «defensor de los hombres»), Jaime, de carácter huraño y original, Ángel (en verdad, nada angélico), Emilio, tranquilo pero con terribles ataques de ira o Rafael («Dios cura»). Si, por el contrario, prefiere nombres insólitos, le recomendamos Galvano (caballero y sobrino del rey Arturo) o también el exótico Boris (es decir «combatiente glorioso»).

Para una niña, resultan adecuados Beatriz (tampoco ella se parece en nada a la angélica criatura cantada por Dante...), Débora (una profesora bíblica), Carlota, de temperamento intenso y creativo, Electra (es decir, «aquella que resplandece»), Jennifer (variante de Ginebra), de carácter idealista y testaruda, o Tania, combativa y carismática.

Tanto para niños como para niñas son muy adecuados los nombres con valor «guerrero» —como Bernardo («oso valeroso»), Lupo, Elvira («amiga de la lanza») o Matilde («poderosa en batalla»)— o bien que manifiesten un carácter fuerte, como Matías, prepotente y obstinado; Miguel, orgulloso y autoritario; Ludovico, intransigente y pasional; Diego, inquieto y lleno de conocimientos; Floriana, práctica y determinante; Mascia, temeraria hasta la imprudencia; o Arlette, orgullosa, instintiva y capaz de grandes ímpetus e iras irreprimibles.

Entre los nombres históricos sugerimos Cleopatra, nombre de la fascinante y ambiciosa reina de Egipto. De los nombres de las flores, el más adecuado es Orquídea, que evoca pasión y sensualidad.

LA IMPORTANCIA DEL ASCENDENTE

Consulte las explicaciones de la página 184 para descubrir en qué signo cae el ascendente de su hijo y poder así completar su retrato.

ESCORPIO ASCENDENTE ARIES

Marte gobierna ambos signos, remarcando la combatividad de su carácter. Luchador nato, este niño es valeroso, dominante, generoso e incapaz de doblegarse a compromisos por la mera tranquilidad de vivir; es brusco en su comportamiento y radical en sus ideas.

ESCORPIO ASCENDETE TAURO

Tiene un carácter obstinado, tranquilo y cordial si todo va bien, pero es capaz de tener arrebatos de cólera si ve amenazado aquello que considera de su propiedad. Sociable, tiende a tratar a las personas que ama con afecto, aunque también puede padecer celos obsesivos.

ESCORPIO ASCENDENTE GÉMINIS

Es un niño dotado de una gran curiosidad, un agudo espíritu indagador y gran sentido crítico. Es muy inteligente, puede salir airoso de todo, y más adaptable que el Escorpio tipo, al menos en apariencia. Es un brillante compañero, pero sus tomaduras de pelo son despiadadas.

ESCORPIO ASCENDENTE CÁNCER

Posee un temperamento menos agresivo y más emotivo, tierno y vulnerable que el tipo medio. Necesita mucho afecto. Dotado de una gran sensibilidad y enorme imaginación, es bastante tímido, y deberá ser estimulado para que pueda manifestar sus cualidades.

ESCORPIO ASCENDENTE LEO

Desde niño se muestra como un hueso duro de roer. Es egocéntrico, autoritario y siempre quiere tener razón, comportándose en casa como un pequeño tirano. Sin embargo, es un tipo positivo, menos huraño y complicado que el tipo Escorpio, y con una tenacidad que le permite hacer grandes cosas.

ESCORPIO ASCENDENTE VIRGO

He aquí una combinación que limita el temor, pero no las complejidades. Es reflexivo, no demasiado vivaz físicamente pero mentalmente muy agudo. Este niño es rutinario y rebelde al mismo tiempo, posee un gran espíritu crítico que utiliza con los demás, pero también consigo mismo.

ESCORPIO ASCENDENTE LIBRA

Posee una personalidad menos conflictiva e instintiva, y más afable, serena y disponible que la del Escorpio tipo. Es menos huraño y más fácil de convencer y de persuadir ante el compromiso, porque sabe ser agradable, aunque a veces lo haga de manera calculada.

ESCORPIO ASCENDENTE ESCORPIO

En este caso, los pros y los contra del carácter-tipo alcanzan la máxima expresión. Desde muy pequeño, este niño tendrá un temperamento fuerte, inquieto y complejo, será difícil de manipular y siempre querrá salirse con la suya. Huraño y agresivo, conviene enseñarle los valores de la conciliación y del respeto.

ESCORPIO ASCENDENTE SAGITARIO

Es un espíritu pasional y aventurero (que tiende a la imprudencia) con un gran deseo de aprender y experimentar personalmente. Posee un carácter cálido, exuberante y fiable. Es muy celoso de su libertad y si la siente amenazada se encierra en sí mismo.

ESCORPIO ASCENDENTE CAPRICORNIO

Tenaz, firme, responsable y capaz de implicarse hasta el final, es un niño serio, poco expansivo y para nada indulgente, ni hacia los demás ni hacia sí mismo. Tiene pocos amigos, pero bien seleccionados, y más que el afecto lo que desea conquistar es el respeto y la estima.

ESCORPIO ASCENDENTE ACUARIO

Espíritu original e independiente, inquieto e ingenioso, este niño siempre va en busca de nuevos estímulos y retos. Es anticonformista y rebelde ya desde muy pequeño, y también testarudo e imprevisible: detesta la banalidad y puede sorprender por sus agudezas, pese que a veces no sean agradables.

ESCORPIO ASCENDENTE PISCIS

Es una combinación que disminuye la agresividad y acentúa la necesidad de afecto y comprensión. Es fantasioso, sensible y tiene una gran intuición, pero deberá ser estimulado para que manifieste sus emociones y dotes creativas y para evitar que viva en un mundo que no mantiene demasiado contacto con la realidad.

SAGITARIO
FICHA DE IDENTIDAD

Periodo: del 23 de noviembre al 21 de diciembre

Elemento: fuego

Cualidad: móvil, masculino

Planeta: Júpiter

Longitud zodiacal: de 240° a 270°

Casa zodiacal: novena

Color: azul

Día: jueves

Piedra: turquesa

Metal: estaño

Flor: jazmín

Planta: haya

Perfume: bergamota

LOS NIÑOS SAGITARIO

Los pequeños Sagitario son extremadamente vivaces, por lo que es preciso estar muy entrenados para poder correr tras ellos sin cansarse, pero no tienen un carácter difícil, al contrario, son expansivos y simpatiquísimos. Su sonrisa es cautivadora y sus risotadas contagiosas; animados por una gran alegría de vivir, ven la vida como una espléndida aventura y no quieren perderse nada de ella. Mientras sea pequeño, cuidar del «centauro» en miniatura no será ningún problema: ama la vida, le gusta comer, se adapta con bastante facilidad a las costumbres y es raro que tenga caprichos incomprensibles. Pero ya en sus primeros días necesitará calor y movimiento a su alrededor: una habitación vacía y silenciosa podría perturbar su sueño, mientras que podría dormir muy bien con voces y ruidos domésticos, que más que molestarlo le harán compañía.

El movimiento es, de hecho, una de sus necesidades primarias: si es nervioso, un buen paseo será una óptima manera de tranquilizarlo. Y si aún no sabe caminar, raras veces querrá estar sentado en su sillita, sino que no parará de moverse y de agitarse, una primera prueba para enfrentarse cara a cara con el mundo. Cuando ya esté en condiciones de moverse por sí solo, se lanzará con entusiasmo al descubrimiento de su ambiente. Entonces, usted empezará a correr, porque su intrépida curiosidad puede ocasionar algún que otro desastre. Sin embargo, si percibe que quiere limitarle su radio de acción, hará de todo para burlar su vigilancia: espíritu libre e independiente, no soporta sentirse atado ni obligado, y una prohibición no es más que un estímulo más para su carácter emprendedor. Cuando sea capaz de hacer valer sus propias razones, podrá descubrir hasta qué punto puede ser elocuente y persuasivo en defender su causa, pese a ser un poco ingenuo en sus argumentaciones. Conviene decir que no resulta fácil dominarlo. Es enérgico como un cachorro y, por lo tanto, tiende a ocasionar algún que otro desastre; pero cuando le mire con una expresión cándida y desilusionada le resultará muy difícil permanecer serio y reñirlo o castigarlo, aunque se lo merezca.

Como todos los niños, necesita grandes dosis de afecto y dulzura, pero también debe aprender con cierta exactitud cuáles son los límites de su libertad: propenso por naturaleza a correr, a explorar horizontes cada vez más vastos (en sentido figurado, pero también literal), conviene someterlo a las leyes que lo gobiernan hasta que se independice. En definitiva, es bastante adaptable, logra comprender la necesidad de la existencia de determinadas reglas y saber lo que es justo y no. Júpiter, su planeta-guía, le dota de una buena capacidad de juicio y respeto por los buenos principios. Necesita tener puntos de referencia sólidos, afectuosos y reafirmantes que poder imitar de manera natural, pero también alguien que le explique que el mundo no es tan claro y sencillo como parece. Optimista como es, tiende a la facilonería, ayudado por cierta presunción que le hace infravalorar los peligros y las dificultades. Cree que puede afrontar cualquier problema y salir airoso de cada situación, pero por desgracia es obvio que, antes o después, estas convicciones sufrirán una desilusión. De carácter fundamentalmente bueno, a veces es excesivamente confiado con los que le rodean. Considera que todo el mundo es honesto y generoso como él y se sorprende cuando su confianza es traicionada, una promesa no cumplida o un juego que ha dejado no se le ha devuelto. Pero las crisis de abatimiento duran poco en un carácter tan optimista: es un niño que casi siempre está alegre, de buen humor, muy activo y siempre dispuesto a dejarse llevar por el entusiasmo ante cualquier novedad. Sin embargo, debe aprender a desarrollar un poco la astucia y el sentido crítico, de los cuales carece.

Pese a que los otros alguna vez lo decepcionen, no soporta estar solo, al contrario, es el clásico compañero que se encuentra a sus anchas en grupos numerosos, le gusta el jaleo, los juegos de riesgo, correr, saltar, explorar... Sociable y en absoluto tímido, se hace querer con facilidad gracias a su carácter alegre, espontáneo y simpático. Se integra e involucra con desenvoltura en los nuevos ambientes y suele tener muchos amigos, a los que trata con generosa camaradería, compartiendo con ellos todo lo que tiene. Extravertido y comunicativo, le gusta mucho hablar y no siempre sabe estar callado cuando debería (las niñas tienen la lengua más larga), y a menudo suele cometer alguna que otra imprudencia; ya desde pequeño suele dar sugerencias y consejos porque está convencido de que siempre tiene algo que enseñar (un aspecto de su carácter que con los años irá adquiriendo importancia y a veces le hará ser un poco pesado). Está lleno de buenas intenciones y no se muestra demasiado agresivo con los demás, a no ser que vea amenazada su libertad personal. Por lo general, sus enfados duran poco: cuando está irritado descarga impulsivamente toda su ira, y luego se olvida. No le falta el espíritu combativo, especialmente si se trata de luchar con habilidad o de emular las conquistas de cualquier compañero. Tiene un gran sentido del honor y de la honestidad, aunque siempre se muestra indulgente consigo mismo (detesta hacer el ridículo).

Los niños Sagitario poseen una gran vitalidad, por lo que conviene dejar que se desahoguen con ejercicio físico,

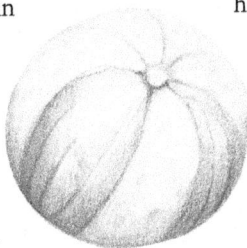

deporte o una vida al aire libre; especialmente les encantan los deportes de equipo, en el que el juego es prioritario, y no se atemorizan ante los retos competitivos. Calurosos y apasionados en su impulsos afectivos, aman apasionadamente a los animales, especialmente a los compañeros despreocupados y siempre fieles: perros y caballos son sus preferidos, mientras que les atraen menos los animales frágiles y de tamaño pequeño.

Ni los niños ni las niñas son criaturas delicadas, pero tampoco traviesos ni con tendencia a hacer diabluras; son intrépidos e inconscientes, más bien despreocupados en su forma de proceder e intentan resolver todas las situaciones ellos solos para afirmar lo antes posible su autonomía. Se aburren con facilidad si están en ambientes cerrados, parados durante mucho tiempo o haciendo cosas repetitivas; por el contrario, se adaptan con mucha facilidad a las novedades, que ven como aventuras potenciales; así pues, no es difícil implicarlos en un viaje o en cualquier tipo de excursión. Sin embargo, llegará un día, cuando alcance la edad adulta, en que el pequeño Sagitario tenderá a la pereza, a acomodarse, pero para entonces ya se habrá independizado y afianzado en la vida. A lo largo de su infancia y juventud, el impulso vital se halla en la cumbre y resulta prácticamente imposible detenerlo. Ardiente y presuroso, a menudo el niño Sagitario no está capacitado para los pasatiempos o juegos sedentarios, ya que no tiene la paciencia necesaria que se requiere para realizar con éxito tales trabajos manuales; también será difícil obli-

garlo a estudiar o a hacer los deberes: su atención es continuamente desviada por miles de distracciones, y su empeño, digamos la verdad, no es de los más tenaces. Así pues, conviene desarrollar en él (o ella) el sentido del deber: de palabra son muy buenos asumiendo responsabilidades, y lo hacen de buena fe, pero luego tienden a tomarse las cosas muy a la ligera, deteniéndose a medio camino desalentados por los obstáculos o distraídos por otras cosas. Sin embargo, no les faltan las ambiciones, y cuando consideran que algo es realmente importante, se dedican con empeño y buena voluntad.

La escuela es, para los pequeños Sagitario, una palestra de vida en la que se encuentran a gusto: la curiosidad por conocer el mundo es el resorte para estimularlos al estudio. Un regalo muy apropiado es un buen atlas geográfico del mundo lleno de fotografías e ilustraciones, por cuyas páginas pueden viajar con la imaginación a la espera de poderlo hacer de verdad cuando sean adultos.

PUEDE LLAMARLO...

Para estos niños tan enérgicos y vivaces son muy apropiados los nombres en consonancia con Júpiter, planeta dominante del signo.

La elección es muy amplia; por ejemplo, para las niñas: Alesia (que significa «la que protege»), por su carácter expansivo y optimista; Morena, buena y comodona; Sara, confiada, dinámica y capaz de plantar cara a las convenciones; Estefanía, sociable y tenaz; Dafne, extraverti-

da y fantasiosa; Georgina, multi-
facética e inestable; la desenvuelta
Cristina o la activa y alegre Olimpia.
Para los niños tampoco escasean los
nombres: Francisco, de carácter leal
e independiente; Damián, que detesta la banalidad; Eros, afable, cordial y con una gran necesidad de
amor; Fabián, amante de la vida
sencilla; y Mirko, amante de la comodidad y el bienestar.

Si se decanta por nombres insólitos o de sonido exótico, puede tener
en cuenta: Altea («aquel que cura»);
Leila («morena, negra»), heroína de
leyendas orientales, o Pamela, nombre inglés que significa «toda miel»;
y para los niños Gunnar, brillante en
la improvisación, o Melvin, un individualista que odia la rutina.

Otros nombres muy apropiados en
sintonía con la simbología y las características del signo son: Fiammetta o Fiama, que recuerda la cálida luminosidad del fuego de Sagitario;
Felipe («amante de los caballos»),
que alude a la mitad animal del centauro; Guido, respetuoso con las tradiciones y la justicia y en armonía
con las leyes de Júpiter; Corrado, audaz en los consejos, dotado de idealismo y buen carácter; Sigfrido, valeroso héroe de la saga nórdica de los
nibelungos; y especialmente Ulises,
que encarna a la perfección la figura
del hombre que se lanza a la búsqueda de nuevos horizontes, vagando
por el mundo y viviendo arriesgadas
y sugestivas aventuras.

La importancia del ascendente

Consulte las explicaciones de la página 184 para descubrir en qué signo cae el ascendente de su hijo y poder así completar su retrato.

Sagitario ascendente Aries

Es una combinación que exalta el
carácter emprendedor: este niño
será ardiente, despreocupado, sincero y con una energía incontrola-
ble, no concederá ni un momento
de descanso. Impetuoso en sus expresiones de afecto e impaciente en
su forma de proceder, apuntará hacia una precoz autonomía.

Sagitario ascendente Tauro

En este caso mengua el espíritu de
aventura y el comportamiento es más
prudente, metódico y perseverante.
Afectuoso y sociable, pero un poco
posesivo. Este niño es un pequeño
gourmet, que a menudo tiende a exagerar con la comida. Ama los placeres
sencillos, la naturaleza y los animales.

Sagitario ascendente Géminis

Tiene un personalidad inquieta, curiosa y locuaz. Es incapaz de estarse
quieto, se aburre con facilidad y
siempre está buscando novedades.
De humor inestable, un poco caprichoso y superficial, peca de falta de
constancia. Deberá ser guiado para
que termine aquello que emprenda.

Sagitario ascendente Cáncer

En este tipo, el carácter emprendedor aparece notablemente atenuado
y es sustituido por una viva emotividad. Más incierto y tímido que el Sagitario medio, este niño tiene una
confianza acérrima sólo con algunas
personas, es sensible e impresionable, tiene una enorme necesidad de
amor y está muy apegado a la familia.

Sagitario ascendente Leo

Tiene un carácter fiero, ambicioso y
expansivo, pero es más bien prepo-

tente y no tolera las limitaciones a su libertad. Tiene unas óptimas dotes creativas y una intensa pasión, así como entusiasmo y generosidad. Provisto de una gran confianza en sí mismo, que puede desencadenar en presunción, este niño puede equivocarse por ingenuidad.

SAGITARIO ASCENDENTE VIRGO
Tiene una combinación que mengua la alegre inconsciencia del signo y aumenta su espíritu crítico, así como el sentido práctico. Menos vivaz y espontáneo, más cauto y reflexivo que el Sagitario típico, este niño es un poco inseguro y complicado, pero sabe valorar las enseñanzas y los buenos consejos.

SAGITARIO ASCENDENTE LIBRA
Es un niño abierto, receptivo, de agradable compañía y no demasiado despreocupado, sino más bien dócil y tranquilo. Comedido en sus manifestaciones, reafirma su autonomía de manera conciliadora. Bastante sociable, se encuentra a gusto en compañía de mucha gente.

SAGITARIO ASCENDENTE ESCORPIO
Tiene un carácter fuerte y complicado: mucho menos cándido que el típico Sagitario, es más bien introvertido, posesivo y obstinado. Coraje y disposición no le faltan, está dispuesto a luchar hasta el final por aquello que quiere y a defender celosamente su libertad.

SAGITARIO ASCENDENTE SAGITARIO
Aquí se hallan acentuadas las características-tipo: así pues, es un niño impetuoso, ingenuo y simpático, pero carente de constancia y que tien-

de a huir de las responsabilidades. Aventurero en exceso, debe aprender a controlar sus deseos, siempre diferentes, y a desarrollar cierta astucia para que no le tomen el pelo.

SAGITARIO ASCENDENTE CAPRICORNIO
En este caso, la impetuosidad disminuye y el carácter pierde entusiasmo; es un niño concreto, serio y tenaz. Es más bien reservado y poco inclinado a dejarse influir, tiene una gran necesidad de estima y respeto hacia sus padres y hacia aquellos que le rodean.

SAGITARIO ASCENDENTE ACUARIO
Tiene un temperamento altruista, generoso, y es sensible a los problemas de los demás, aunque el amor por la propia libertad está por encima de todo. Independiente, sociable y con muchos recursos e inventiva, siempre está buscando nuevos estímulos. Le falta sentido práctico.

SAGITARIO ASCENDENTE PISCIS
Tiene un carácter bueno y sensible, es muy afectuoso y generoso, se conmueve fácilmente y se encariña muy pronto con los demás. Dócil, comodón, optimista y confiado, a menudo es demasiado ingenuo y, por lo tanto, víctima de la astucia de los otros. Sentimental y soñador, a veces tiende a huir de la realidad.

CAPRICORNIO
FICHA DE IDENTIDAD

Periodo: del 22 de diciembre al 20 de enero

Elemento: tierra

Cualidad: cardinal, femenino

Planeta: Saturno

Longitud zodiacal: de 270° a 300°

Casa zodiacal: décima

Color: marrón

Día: sábado

Piedra: ónix

Metal: plomo

Flor: espino blanco

Planta: abedul

Perfume: aloe

EL NIÑO CAPRICORNIO

Tranquilo, silencioso y poco enérgico, el Capricornio es uno de los niños más juiciosos del Zodiaco. Saturno, el planeta dominante del signo, infunde a sus protegidos una precoz madurez que hace que estos niños sean distintos de los demás: «hombrecitos» y «mujercitas» en miniatura con ocupaciones e intereses personales por los que se dejan absorber hasta el punto de que se diferencian del resto del mundo. Para ellos la infancia no es un periodo despreocupado, de juegos, sino una serie de pruebas preliminares ante los deberes y obligaciones de la vida adulta. Naturalmente, de bebé el pequeño Capricornio no puede expresar aún su seriedad y su sentido de la responsabilidad, pero en seguida se hará apreciar por su carácter tranquilo, la falta de gritos sin motivos y la aceptación incondicionada de los horarios y de las costumbres impuestas por los padres: seguir ritmos regulares y ordenados es algo muy afín a su carácter. Y a medida que vaya creciendo, se dará cuenta de que lo suyo no es ni pasividad ni pereza, sino que se trata de un niño muy independiente, reflexivo y prudente, que toma medidas antes de dar un nuevo paso, pero que luego va decidido a la meta. Así pues, en la mayor parte de los casos no será un niño caprichoso, obedecerá las órdenes y peticiones, no intentará escaparse para hacer alguna travesura y ni mucho menos pretenderá una continua atención; en definitiva, con bastante rapidez se merecerá una buena dosis de autonomía, de la que sabrá sacar un buen provecho.

Junto a estas cualidades tan reafirmantes, el pequeño Capricornio desarrollará un carácter más bien introvertido y huraño. Conviene mimarlo y besuquearlo cuando es pequeño, porque en seguida intentará liberarse de los abrazos y no los devolverá con todo el caluroso impulso que se desearía. Ternura y comunicabilidad no sintonizan con su temperamento. Necesita amor como cualquier otro niño, pero los sentimentalismos no son para él (detesta las carantoñas con todo su corazón). Da mucha importancia a los padres como punto de referencia, de los cuales tiene mucho que aprender: más que mimos y besos, apreciará sus enseñanzas, la compañía, el interés que sepan mostrar por lo que hace y por sus progresos. Y esta austeridad la mostrará también con sus compañeros: no confía en casi nadie y no se inmiscuye ni participa en los juegos de grupo, prefiere quedarse aparte jugando tranquilamente por su cuenta. Ya desde muy pequeño es capaz de concentrarse intensamente en lo que está haciendo y le fastidia que le interrumpan o molesten.

De por sí, no le gusta la diversión, y en los juegos pone el empeño que un adulto pondría en el trabajo. Le gusta leer, distraerse con trabajos manuales, observar la naturaleza y recolectar cosas. Es un coleccionista nato, le gusta clasificar y ordenar objetos, sobre todo minerales, monedas y sellos.

No es sedentario por pereza, pero sus intereses lo impulsan a realizar pasatiempos tranquilos, por lo que es preciso estimularlo a moverse y a practicar deporte. Probablemente no se sentirá muy atraído por los juegos en equipo, pero una vez haya comprendido el mecanismo del juego y la importancia de la disciplina y la colaboración, podrá implicarse con entusiasmo. Las excursiones a la montaña, hábitat ideal de este signo, serán para él una espléndida ocasión para entrar en contacto con la naturaleza: mejor aún si se puede llevar a casa cualquier cosa, por ejemplo, setas, castañas, piñas u hojas (es un signo materialista, capaz de contentarse con bien poco, pero siempre preocupado por que ese poco no le falte nunca).

Al pequeño Capricornio conviene enseñarle a ser más sociable: cuando vaya al parque, intente que juegue con los otros niños, o póngase de acuerdo con otros padres para que pase un rato junto a sus hijos. No se trata de timidez en sentido literal, sino más bien de desconfiada reserva: ya a muy tierna edad tiende a crearse a su alrededor una barrera defensiva que lo separa y lo protege de los demás, pero que al mismo tiempo también lo inhibe. Esto es porque en el fondo se siente inseguro de merecer amor y atención: es un pesimista convencido, se muestra frío y desconfiado para ocultar a los demás su vulnerabilidad. Su necesidad de afecto la considera una debilidad, de la que se avergüenza mostrando un rígido autocontrol. Y con el paso del tiempo, esta costumbre a ocultar las propias emociones puede arraigar hasta tal punto que llegue a sofocarle. Para evitar que esto suceda, intente enseñar a su hijo la importancia de los sentimientos y a que desarrolle su afectividad otorgándole confianza en sí mismo, por ejemplo, con el cuidado de pequeños animales domésticos; hágale ver el lado divertido de la vida, intente transmitirle alegría de vivir en todo lo que haga y pasen juntos y alegremente el tiempo del que disponen. Es conveniente que no le vea cansado o de mal humor después de una jornada de trabajo, ya que probablemente desistirá de reclamar su compañía y atención; y si eso se repitiera demasiado a menudo, le constataría la idea de que la vida es dura y poco divertida. Así pues, intente hacer un esfuerzo, y aunque esté cansado ofrézcase a jugar con él (o ella), a repasar sus de-

beres y a leerle un cuento antes de acostarse. En definitiva: aunque no lo pida, hágale ver que tiene un apoyo constante e incondicional al que puede dirigirse siempre que lo desee. Esto le ayudará a abrirse, a confiarle sus esperanzas y sus temores y a instaurar una relación afectuosa y amigable que durará incluso cuando haya crecido.

En cambio, si le trata de manera brusca, tosca o indiferente, no hará más que acentuar su introversión y endurecer su carácter, ya de por sí rígido. Con estos niños, casi nunca es preciso ser autoritario, porque son disciplinados y tienen un gran sentido del deber; sin embargo, cuando hay un motivo de enfrentamiento, debe saber que se enfrentará a una voluntad de hierro. La seriedad que pone en todo aquello que hace la emplea también para sostener sus razones, y la obstinación con la que quiere obtener lo que le interesa lo hace, por lo mismo, testarudo. Si está convencido de lo suyo, rechazará ceder ante cualquier petición o imposición. Ya desde pequeño tiene las ideas claras, y cuando se impone un objetivo lo tiene que alcanzar, cueste lo que cueste. No es nada impetuoso, sino lento y paciente, sabe sacrificarse y esforzarse para llegar adonde quiere, sin desaprovechar el tiempo y las energías. Tiene una mente racional y analítica y pretende darse cuenta de todo: cada pregunta suya requiere una respuesta precisa, como si fuese un adulto. No intente eludirlo con vaguedades e historias de color de rosa, pues detesta la superficialidad y odia que le tomen el pelo. Además, heriría su desmesurado amor propio si él tuviese la impresión de que lo está infravalorando; por ello, si no quiere perder puntos ante sus ojos, no desilusione su anhelo de verdad.

Los jóvenes Capricornio tienen todas las cartas en la mano para destacar con éxito en la escuela: no tienen problemas a la hora de adaptarse a la disciplina y se implican con mucha seriedad en los deberes escolares, concentrándose en el estudio y organizándose escrupulosamente. Dotados de una increíble memoria, recuerdan con facilidad lo que han estudiado u oído en clase. Sin embargo, les falta fantasía y elasticidad mental: la suya es una inteligencia sistemática, precisa, que se apropia de los conceptos con cierta lentitud y que excluye la superficialidad; cuando han aprendido algo, no lo olvidan jamás, pero improvisar les resulta verdaderamente difícil. Entre sus preferencias se hallan las asignaturas de ciencias.

Además, la escuela es una excelente ocasión para permitirle salir del cascarón y hacer amigos: una vez superada la desconfianza inicial y establecida cierta confidencialidad con el grupo de compañeros y con los profesores, el pequeño empezará a sentirse a gusto, y tarde o temprano uno de sus compañeros logrará obtener su confianza y convertirse en su amigo. Raro privilegio este que el Capricornio, tenga la edad que tenga, concede a unos pocos elegidos y seleccionados: cuando se decide a dar su amistad, es porque está realmente convencido, y con sus amigos será un excelente aliado, leal y tenaz, dispuesto a defenderles y a ayudarles en los momentos difíciles.

Puede llamarlo...

Para los pequeños Capricornio son muy adecuados los nombres en sintonía con Saturno.

Si le gustan los nombres tradicionales, puede escoger entre: Eduardo, de carácter lógico y realista; Raimundo, serio, decidido y poco sociable; Ricardo, intransigente soñador; Jorge, tranquilo pero lunático; o Esteban, introvertido y poco dúctil. Para las niñas sugerimos: Rafaela, capaz de seguir su camino hasta el final; Mariana, introvertida y seria; Ticiana, coherente y determinante; Laura, que mejora con el paso de los años; o Gloria, de temperamento reservado pero vencedora.

Si, por el contrario, prefiere los nombres exóticos o más modernos puede escoger entre: Tristán, de temperamento fascinante pero un poco melancólico; Maximiliano, controlador y ambicioso; Úrsula, que alude al carácter un poco huraño del signo; Violeta, confiada y concienzuda pero muy tímida; Tea, que detesta la banalidad y no teme la soledad; o Xenia, dotada de un gran sentido del deber. También hay otros nombres en sintonía con el carácter y la simbología del signo: Humberto, que apunta con precisión hacia el éxito; Mauricio, tranquilo, reflexivo y responsable; Melania, esquiva y tranquila, que sabe ir al meollo del asunto; Ulla, diligente y tenaz; Lucas, esencial y concreto sin ponerse demasiado en evidencia; Pedro (rocas, piedras y montañas son de naturaleza capricorniana); o Saturna, en consonancia con el planeta-guía del signo.

La importancia del ascendente

Consulte las explicaciones de la página 184 para descubrir en qué signo cae el ascendente de su hijo y poder así completar su retrato.

Capricornio ascendente Aries

En este tipo el carácter es más enérgico, expansivo e impulsivo. Más bien brusco, poco diplomático y a menudo agresivo, es un niño combativo y seguro de sí mismo. Detesta los sentimentalismos, no quiere asumir la autoridad de nadie y tiende con decisión hacia la independencia.

Capricornio ascendente Tauro

Concreción, determinación y prudencia son sus cualidades más sobresalientes. Tenaz, lento y desconfiado, se las arregla muy bien en la práctica y da muestras de gran confianza. De carácter más bien materialista, es sensible a las recompensas monetarias, que administra con mesura.

Capricornio ascendente Géminis

En este tipo, la personalidad se aligera y es más despreocupada, sociable y adaptable: más locuaz y animado, menos serio e introvertido que el típico Capricornio. Se trata de un niño que sabe divertirse y vivir con despreocupación, aunque se pone nervioso con facilidad.

Capricornio ascendente Cáncer

Tiene un temperamento lleno de contrastes. Sensible y reservado, se siente vulnerable y eso acentúa su timidez; pero también tiene una enorme necesidad de afecto que le hace temer la soledad y buscar la compañía de personas de confianza. Necesita que lo animen.

CAPRICORNIO ASCENDENTE LEO

De carácter fuerte, orgulloso, obstinado y autoritario, es consciente de sus cualidades y no teme manifestarlas. Más cálido y generoso que el Capricornio medio y bastante menos esquivo, desea en todo momento ser el centro de atención.

CAPRICORNIO ASCENDENTE VIRGO

De carácter tranquilo, metódico y lleno de sensatez, este niño carece de fantasía y muestra escasa energía física; sin embargo, tiene tanta paciencia y perseverancia que puede llegar adonde quiera. Es más bien tímido e inseguro, siempre tiene necesidad de confirmaciones y busca seguridad en las cosas materiales.

CAPRICORNIO ASCENDENTE LIBRA

Es una mezcla que atenúa la introversión y la severidad y otorga sociabilidad y capacidad de resultar agradable al prójimo, así como de apreciar los aspectos agradables de la vida. Pero en este caso tampoco faltan el autocontrol y la voluntad para conseguir lo que se propone, aunque tal vez por un camino menos abrupto.

CAPRICORNIO ASCENDENTE ESCORPIO

Es una combinación que acentúa la voluntad y la fuerza de carácter, la agresividad y las ganas de salir airoso de las dificultades. Tenaz e intransigente y poco diplomático, este niño tiene muchísimos recursos y los sabe utilizar adecuadamente, pero es muy difícil de convencer.

CAPRICORNIO ASCENDENTE SAGITARIO

El entusiasmo caracteriza a esta personalidad, que es más optimista, emprendedora y cordial. Este niño tiene una enorme necesidad de manifestarse a su manera y de tener su espacio de libertad; refuerce sus impulsos y ofrézcale estímulos variados. Hágale practicar deporte de vez en cuando.

CAPRICORNIO ASCENDENTE CAPRICORNIO

Este niño, que tiene intensificadas las características propias del signo, es serio, tranquilo y autónomo, y puede asumir muy pronto pequeñas responsabilidades. Pero es muy introvertido, poco comunicativo y poco despreocupado: intente estimular en él la confianza y el optimismo, pero sin forzar su carácter reservado.

CAPRICORNIO ASCENDENTE ACUARIO

Tiene un carácter más bien extraño, muy independiente y no es fácil de manipular, porque no se presta a ser comprendido y no soporta tener que acatar órdenes. Tiene intereses muy particulares y se desenvuelve mejor si se lo deja libre y actuar a su manera.

CAPRICORNIO ASCENDENTE PISCIS

En este tipo disminuye la rigidez de Saturno. Se trata de un niño tierno, sensible, emotivo, afectuoso y altruista, aunque un poco inestable e inseguro. Necesita tener amigos y sentirse rodeado de amor y comprensión. En él, la racionalidad está menos acentuada.

ACUARIO
FICHA DE IDENTIDAD

Periodo: del 21 de enero al 19 de febrero

Elemento: aire

Cualidad: fijo, masculino

Planeta: Urano y Saturno

Longitud zodiacal: de 300° a 330°

Casa zodiacal: undécima

Color: azul eléctrico

Día: sábado

Piedra: granate

Metal: platino

Flor: narciso

Planta: álamo

Perfume: muguete

EL NIÑO ACUARIO

Cada niño es una caja de sorpresas, pero educar al pequeño Acuario es una experiencia estimulante y en muchos aspectos única. Dominado (también) por Urano, planeta comúnmente asociado al futuro, a la técnica y a la voluntad de cambio, este signo crea individuos muy especiales, que ya en la primera infancia muestran precoces signos de originalidad. Mientras su pequeño sea un bebé, puede ser que no se dé cuenta de su diversidad, pero no se excluye que ya aporte su toque personal a las actividades cotidianas: el horario de las comidas o de los descansos tendrán alguna que otra característica curiosa, y lo mismo sucederá con su costumbre de estar despierto el máximo tiempo posible, observando sin descanso su mundo circundante. Con el paso de los meses y el madurar de sus con-

quistas, cada vez lo verá más entusiasta y orgulloso. Cada día será un nuevo paso en su camino hacia la independencia, objetivo primordial en la psicología del signo, orientado hacia la libertad absoluta. Apenas empiece a moverse por sí solo recorrerá la casa a lo largo y ancho, y en cualquier lugar en el que se encuentre se mostrará curioso por descubrir todo cuanto pueda: y cuanto más grande sea el espacio que pueda recorrer, más libre y dueño de sí mismo se sentirá. Cuando luego comience a hablar, se dará cuenta de hasta qué punto es versátil y despierta su personalidad: lleno de fantasía, le asombrará diariamente con una nueva sorpresa, una observación, una asociación de ideas de aquellas que dejan la boca abierta.

A medida que crezca se distinguirá cada vez más por su ingenio y capacidades inventivas. De temperamento social y abierto, en seguida requerirá la compañía de otros niños, pero también sabrá estar solo en compañía de sus fantasías, que son consecuencia de su desbordante imaginación. Pero no se haga ilusiones: un pequeño Acuario no es un inocente angelito; al contrario, tiene un carácter muy vivo que a menudo puede hacerle perder la paciencia. Sus pretensiones de libertad no casan bien con la inexperiencia de sus pocos años y, sin embargo, la reivindicará con obstinación y con expresión de auténtico revolucionario. Ir detrás de él no es una tarea fácil, porque es un niño imprevisible —y la imprevisibilidad le acompañará también en la edad adulta—, que si no se educa correctamente desarrollará un precoz y radical espíritu de rebeldía. Si quiere que le escuche y obedezca, evite sentar cátedra e imponer su autoridad: si lo hace así, él dirá «no» de inmediato, porque el instinto le sugiere salirse con la suya ya desde muy pequeño y no está dispuesto a someterse y a renunciar a su propia libertad.

El sentido del deber tampoco es su fuerte: presa del entusiasmo por cualquier proyecto en concreto, será capaz de entregarse con devoción absoluta, pero si no se siente implicado no tendrá reparos en mostrar su total desinterés. Ante sus ojos no existen principios rígidos e indiscutibles: quiere comprender el motivo de las cosas y no se adapta a obedecer una autoridad severa e intransigente. Así pues, es preferible argumentar con diplomacia las reivindicaciones sin ofender su dignidad e intentar conducir su interés hacia la dirección deseada. Tómese en serio los problemas que le propone, dele a entender que tiene en consideración sus ideas e intente explicarle las suyas. Si le ofrece respeto y le pide su colaboración, obtendrá mucho más que si procede de forma brusca y sin tapujos. Más que como figuras autoritarias, ve a sus padres como amigos potenciales: le gusta tener con ellos una relación espontánea, un diálogo abierto, y si usted logra establecer con él (o ella) una relación de igual a igual (obviamente dentro los límites de lo posible) habrá encontrado la clave adecuada para proceder a su educación. Como todos los niños, Acuario necesita amor, seguridad y es afectuoso y expansivo, pero sin llegar a ser empalagoso (a no ser que tenga fuertes influencias por parte de Piscis o Cáncer): a la larga, demasiados mimos le molestan; un comportamiento demasiado protector con él es contraproducente (no tardará en hacérselo comprender de manera explícita).

Estos niños están animados por un innato espíritu de descubrimiento, quieren comprender y razonar las cosas: si son oportunamente guiados y estimulados pueden dar muchísimo y sorprender cada día más debido a sus progresos. No son en absoluto tímidos, saben comunicarse con naturalidad, tanto con sus compañeros como con los adultos; son sociables con todo el mundo, deseosos de aprender y de tener experiencias, y desde pequeños sienten la necesidad de intercambiar ideas y expresar sus pensamientos e impresiones, tanto en familia como fuera: el mundo exterior siempre asumirá más importancia a medida que vayan creciendo. No tienden a recluirse en el cascarón familiar, indiferentes a las costumbres y las reglas fijas, necesitan ampliar muy pronto sus horizontes; la guardería y el parvulario serán mejores que las canguros y los cuidados exclusivos de los padres y abuelos.

La amistad es el principal valor en el mundo de los Acuario; a pesar de ser individualita y original, el nacido bajo este signo es todo menos solitario, es más, su principal exigencia es establecer contacto con los demás y encontrar a alguien que sepa compartir sus ideas e intereses. Así pues, es conveniente que su hijo haga amistades en seguida: rápidamente buscará afinidades comunes para realizar con ellos y hará de promotor de iniciativas colectivas y empresas más o menos despreocupadas y fantasiosas (aquí podrían comenzar los problemas).

Por lo general, este pequeño no es muy agresivo, no intenta dominar a los demás ni imponer su voluntad con la fuerza o apropiándose de aquello que no le pertenece. Al contrario, se muestra solidario con los otros niños, se adhiere espontáneamente a las causas comunes del grupo y sabe respetar la libertad ajena. Sin embargo, ninguno debe aventurarse a dominar la suya, porque entonces sí que puede montar en cólera. Cuando tiene que pelear o se le grita o castiga por alguna travesura, no se enfada, sino que se recluye en sí mismo durante largo tiempo: pese a que es obstinado, encaja bastante deprisa las controversias, porque su naturaleza lo lleva a vivir en un continuo presente, en el umbral de un futuro por descubrir, mientras que el pasado es rápidamente archivado y superado. Y si por un lado este poco apego a las pasiones emotivas favorece el «vivir civil» y da coraje a su altruismo, bajo el aspecto puramente sentimental será responsable de cierta falta de calor, de una desenvoltura incluso excesiva al cambiar de amigos y de ambiente.

La escuela representará para el joven Acuario una espléndida ocasión para conocer cosas nuevas y sentirse parte de una colectividad; estudiará, no por deber, sino por deseo de saber, pero si algo no le interesa será realmente difícil convencerlo para que lo haga. Siempre encarado hacia el futuro, se sentirá particularmente atraído por las materias técnicas, científicas y por la informática, pero también por las asignaturas sociales y humanistas. En sus ratos de ocio también destacará su espíritu «futurista», será un gran entusiasta de los juegos electrónicos (que en nuestra

era de Acuario son ya un legado de cualquier niño del mundo desarrollado), pero también mecánicos y de construcción. Fascinado por todo lo nuevo y por los aparatos modernos, pasará mucho tiempo estudiando su funcionamiento. Las niñas también poseen buenas aptitudes técnicas y pueden interesarse por ese tipo de actividades, e incluso en los juegos más tradicionales pretenderán encontrar los últimos avances tecnológicos. Los libros (¿o sería mejor decir CD?) serán un buen soporte para satisfacer sus ansias de conocimiento y también su fantasía. Los niños Acuario están muy capacitados para el deporte, sobre todo en equipo; les interesa la naturaleza y los animales, y desde muy jóvenes les gusta participar en asociaciones y grupos de defensa ambiental.

PUEDE LLAMARLO...

Estos niños se merecen un nombre especial; para un niña puede elegir entre: Futura, que refleja muy bien las características del signo; Urania, musa de la astrología que alude a Urano, uno de los planetas dominantes del signo; o Lilith, mítico y provocador símbolo de emancipación femenina. Para un niño puede ser adecuado: Lionello, de ideas abiertas y controvertidas; Harduino (que significa «amigo valeroso»), de carácter original e indiferente a las convenciones; Falco, desenvuelto habitante de los cielos, de temperamento dinámico y competitivo; o Yuri, muy sociable pero extremadamente independiente (es el nombre de Gagarin, el primer hombre que viajó al espacio, por lo tanto en perfecta sintonía con el espíritu de Acuario).

Si, por el contrario, prefiere nombres menos comprometidos, sugerimos: Julio, con un carácter de líder; Osvaldo, rodeado de amigos y con una fantasía desbordante; Orlando, de carácter indisciplinado y rebelde; Rafael, que no se mueve por los demás; o Mario, que denota un carácter enérgico y vital, de persona fuera de lo común. Los nombres femeninos son más numerosos: Alicia, extravagante y quisquillosa; Marta, fuerte, eficiente y combativa; Marinela, independiente e indiferente a las obligaciones; Liliana, idealista y un poco excéntrica; Silla, receptiva y racional; Solange, que no se deja dominar por nadie; Sibila, muy personal en su modo de expresarse; Linda, que vive intensamente cualquier experiencia; Glenda, original y poco emotiva; Wilma, de ideas claras y poco romántica; Serenela, determinativa y seria, que apuesta con decisión por distinguirse de la media.

LA IMPORTANCIA DEL ASCENDENTE

Consulte las explicaciones de la página 184 para descubrir en qué signo cae el ascendente de su hijo y poder así completar su retrato.

ACUARIO ASCENDENTE ARIES

Tiene un carácter vivaz, emprendedor, combativo y autónomo. En esta combinación aumentan la pasión, la energía física y la impulsividad. Es un niño simpático y muy sociable, que ama la aventura, las novedades y los descubrimientos; sin embargo, es difícil someterlo a la disciplina.

ACUARIO ASCENDENTE TAURO

De temperamento más tranquilo y realista, es un niño más posesivo y celoso que el típico Acuario. Es muy obstinado, reflexivo, un poco lento y da lo mejor de sí ante estímulos materiales; un poco perezoso, además de goloso, deberá ser impulsado a moverse y a que practique algún deporte. Tiene muy arraigado su amor por la naturaleza.

ACUARIO ASCENDENTE GÉMINIS

Sociabilidad, expansión y deseo de conocer y comunicarse, estos son los aspectos-clave de esta combinación. Es un niño versátil y de compañía muy agradable, pero testarudo en sus caprichos, aunque puede cambiar rápidamente de idea. Además, es muy hábil en convencer a los demás con sus palabras.

ACUARIO ASCENDENTE CÁNCER

Tiene una personalidad menos rebelde que el Acuario tipo: la emotividad y el sentimiento frenan su desenvoltura y crean cambios de humor e indecisión en sus elecciones. Manifiesta un fuerte apego a la familia, deseo de protección y seguridad y tiene tendencia a defender a los más débiles.

ACUARIO ASCENDENTE LEO

Tiene un carácter fuerte e independiente, a menudo prepotente. Obstinado y autoritario, no tolera imposiciones y no cambia fácilmente de idea. Pretende mandar y afirmarse ante los demás, y posee óptimas dotes creativas y organizativas; sin embargo, peca de presunción.

ACUARIO ASCENDENTE VIRGO

De carácter metódico, crítico y menos desenvuelto y original que el tipo medio, es bastante más concreto y capaz de llevar a la práctica los ideales de Acuario. Tiene una habilidad especial para resultar útil al prójimo. Además, está muy capacitado para la técnica.

ACUARIO ASCENDENTE LIBRA

Es una combinación agradable y equilibrada que acentúa las dotes de expresividad, sociabilidad y comunicación. En este niño, adaptable y dócil, los instintos de rebeldía dejan lugar a una afectividad mesurada que favorece su adaptación a cualquier ambiente.

ACUARIO ASCENDENTE ESCORPIO

Tiene un carácter combativo y problemático, difícil de manejar. Se obstina en sus ideas y las polémicas son lo suyo. Tiene una fuerte voluntad para conseguir lo que quiere, pero debe aprender a contener su agresividad y a ser más flexible y comprensivo.

ACUARIO ASCENDENTE SAGITARIO

He aquí una mezcla simpatiquísima: cordial, amigable y desenvuelto, este niño tendrá muchísimos amigos y será un gran animador. Apasionado, entusiasta y generoso, amará el deporte y la aventura y vivirá intensamente y con alegría, como el espíritu libre que es.

ACUARIO ASCENDENTE CAPRICORNIO

Es este un Acuario mesurado y reflexivo: serio y perseverante, concreto y prudente, y poco dado a las fantasías, así como propenso a aceptar reglas claras de conducta. Le gusta administrar por sí mismo sus deberes y su pequeña economía.

ACUARIO ASCENDENTE ACUARIO

En este caso se intensifican las características-tipo: independiente y original, este niño siempre pretende hacer las cosas a su manera, asombrar con cosas nuevas. Sociable y abierto, cree mucho en la amistad, pero no soporta las imposiciones y si es contrariado se rebela con determinación.

ACUARIO ASCENDENTE PISCIS

Esta combinación atenúa la desenvuelta extraversión del Acuario: el carácter es más indeciso y emotivo, a veces tímido. Bastante dócil pero un poco caprichoso, este niño puede ser excesivamente ingenuo e idealista, por lo que será conveniente transmitirle un poco de sensatez.

PISCIS
FICHA DE IDENTIDAD

Periodo: del 20 de febrero al 20 de marzo

Elemento: agua

Cualidad: móvil, femenino

Planeta: Neptuno y Júpiter

Longitud zodiacal: de 330° a 360°

Casa zodiacal: duodécima

Color: azul y violeta

Día: jueves

Piedra: aguamarina

Metal: oro blanco

Flor: lirio

Planta: higuera

Perfume: mirra

EL NIÑO PISCIS

Los niños de este signo, los más tiernos del Zodiaco, encarnan la quintaesencia de sus dotes infantiles. Tranquilos y delicados, son muy ingenuos, lo cual suscita de inmediato el deseo de abrazarlos, protegerlos y paliar su gran necesidad de amor. De carácter dócil y afectuoso, son más bien caprichosos, es decir, incluso en eso reflejan totalmente los cambios del estado de ánimo infantil. Durante los primeros meses de vida, el pequeño será plácido y tranquilo, siempre y cuando se encuentre en un ambiente sereno: es muy sensible a los cambios de humor del mundo que le rodea, «sentirá» intensamente las desarmonías a su alrededor, o en el estado de ánimo de su madre, y más que cualquier otro bebé absorberá el nerviosismo que impera a su alrededor, y empezará a inquietarse si oye voces o ruidos demasiado fuertes. Llantos y lamentos prolongados serán la consecuencia más natural, pero en ciertos casos podría verse afectada la regularidad de las comidas o podrían manifestarse trastornos intestinales. Una ligera música de fondo o una cancioncilla cantada en voz baja servirán para proporcionarle la paz y tranquilidad que precisa; de hecho, este signo es particularmente sensible a la música. Si se encuentra a gusto, su pequeño se estará tan quieto que no le molestará para nada, aunque con frecuencia requerirá su compañía. No se sorprenda: la doble naturaleza de este signo a menudo lo induce a dos (o más) tipos de comportamientos distintos, a veces del todo contrarios, según el momento y el estado de ánimo. Pero a medida que vaya creciendo se dará cuenta de lo agradable que es su pequeño, pese a que aflorarán algunos defectos de su carácter: si por un lado sus arrebatos de afecto son conmovedores y sus maneras deliciosamente cautivadoras, por otra, su humor a veces cambia sin motivo aparente, y cuando es víctima de uno de esos momentos es muy proclive a las lágrimas. Por norma general, no será un niño demasiado emprendedor, por lo que es posible que deba ser estimulado en sus primeros pasos hacia la independencia: pero una vez reafirmado, adquirirá confianza y sabrá arreglárselas muy bien.

Puesto que en apariencia estos pequeños Piscis son frágiles e indefensos, existe el riesgo de asumir con ellos un comportamiento hiperprotector que puede resultar perjudicial: a fin de cuentas, no están tan desprotegidos como puede parecer, y con el tiempo podrían aprovecharse de la situación, acomodándose bajo un ala protectora. Así pues, tendrá que utilizar sabiamente la dulzura y la firmeza, animarles cuando tengan miedo a algo, pero instigarles a que lo hagan por sí solos, a que ellos tomen sus pequeñas decisiones. Dotados de una desbordante fantasía, viven en un universo encantado que para ellos es más verdadero que la propia realidad: las emociones y los descubrimientos de la vida real son transformados por la imaginación, y se convierten en parte de este mundo de ensueño, en el cual pasan, gustosos, la mayor parte de su tiempo. No es raro verlos extrañados ante lo que les rodea, inmersos en sus fantasías; tienen una rica vida interior que con el tiempo podrá desencadenar dotes poéticas y artísticas. Fábulas, historias y libros ilustrados son muy apreciados por estos pequeños neptunianos, que fácilmente se dejan embaucar por un cuento y sueñan con las figuras coloreadas que encienden su imaginación. No tema animar estas inclinaciones de su hijo, al contrario, léale cuentos y llévelo a ver películas de dibujos animados, espectáculos teatrales, de marionetas. Pero también intente educarlo en una sana relación con la realidad, limite su tendencia a evadirse y a huir de lo que parece duro, desagradable o sólo aburrido o banal. Poco a poco deberá aprender a enfrentarse con los hechos y a afrontar los deberes, conflictos y responsabilidades.

Las personas nacidas bajo el signo de Piscis suelen ser indecisas, poco combativas y con tendencia a la pasi-

vidad. Y cuando son niños es muy fácil dejarse llevar por la indulgencia y terminar haciendo sus obligaciones en su lugar; entre otras razones porque son bastante torpes, y enseñarles a hacer algo puede resultar más cansado que hacerlo uno mismo (pero no hay duda de que será más útil y educativo). Y si para su hijo puede resultar difícil aprender a arreglárselas por sí solo en las pequeñas cosas prácticas, no será demasiado pronto para que incorpore los valores y esquemas de comportamiento que le pueda transmitir, conscientemente o no: muy receptivo, absorbe como una esponja los mensajes del ambiente circundante, incluidos los inexpresados. Si sabe inspirarle sugestiones positivas y enseñarle sólidos principios morales, ejemplos de conducta serenos, claros y firmes, desde pequeño aprenderá a vencer su inseguridad y a desarrollar un comportamiento coherente y seguro de sí mismo. Júpiter, que junto con Neptuno gobierna el signo, suministra a sus protectores una buena dosis de optimismo y de confianza en el prójimo y en el fluir de las cosas, además de una innegable habilidad para saber aprovechar las ventajas que las distintas situaciones ofrecen (otro aspecto del dualismo del signo, perennemente en conflicto entre el espíritu y la materia).

En la mayor parte de los casos, los niños Piscis son esquivos y tranquilos, a veces solitarios y tímidos; pero cuando se encuentran a gusto se dejan llevar gustosos y pueden manifestar una insospechada energía. Emotivos

como son, los cambios de humor y de las circunstancias externas siempre desvelan aspectos distintos de su carácter, que hacen que sean niños imprevisibles: en determinados momentos se encierran en sí mismos y responden con monosílabos, mientras que en otros demuestran una locuacidad imparable; a veces se exaltan por nada o se abaten por una pequeña derrota; expansivos y dóciles hoy, mañana pueden desconcertar con caprichos irrazonables. Racionalidad y constancia no son sus puntos fuertes, por lo que no intente imponer a su hijo (o hija) una línea de conducta demasiado severa: la rigidez los asusta y por lo general temen lo definitivo, por no hablar de la rutina, que sofoca su fantasía. Sin embargo, deberá disciplinar el desorden en el que viven y enseñarles a organizarse, a llevar a buen término aquello que emprendan; procure darle a su hijo pequeñas responsabilidades, tal vez confiándole el cuidado de un animal doméstico (los Piscis demuestran una gran ternura hacia las criaturas indefensas y más hacia las personas débiles e indefensas). Son sociables y abiertos con sus compañeros, aunque pueden mostrar cierta timidez; no son nada agresivos y menos aún prepotentes, aunque son influenciables y pueden ser propensos a ser víctimas de personalidades más fuertes, a sufrir cualquier abuso. De carácter generoso, comparten gustosos lo que tienen, se implican en las situaciones ajenas y ofrecen ayuda y solidaridad al prójimo. Sin embargo, son más bien alérgicos a los esfuerzos físicos y tienden a evitar los conflictos: cuando se sienten presionados, su reacción más natural es desaparecer.

Difícilmente afrontan las situaciones, prefieren huir de las personas que les causan problemas. En su mundo de límites poco determinados, claridad y verdad no son valores absolutos, por lo que a menudo la mentira se usa como válvula de escape para ahorrarse reproches y castigos.

El colegio sirve para los jóvenes Piscis para aprender a seguir un ritmo constante, para implicarse con una cierta continuidad; sus preferencias se decantan casi siempre por las asignaturas literarias y artísticas, mientras que las científicas, que requieren lógica y precisión, no son precisamente su fuerte. Están dotados de una gran sensibilidad musical, que se desarrollará oportunamente y les ofrecerá la posibilidad de escuchar la música en vivo, cantar y tocar un instrumento. Son muy perezosos con el ejercicio físico y no demasiado intrépidos; se les deberá impulsar a que practiquen algún deporte, preferentemente natación (el agua es su elemento), mientras las actividades demasiado competitivas o violentas no les atraen demasiado. El dualismo del signo se manifiesta, en el plano físico, con una constitución delicada y cierta tendencia a la obesidad, consecuencia de su glotonería; así pues, un poco de movimiento no les vendrá mal.

PUEDE LLAMARLO...

Estos niños tiernos y soñadores se merecen un nombre dulce, tal vez con algún matiz romántico y fabuloso, por lo que conviene evitar nombres duros, como Matilde, o claramente «combativos», como Aquiles. Para los niños sugerimos: Walter, que denota un tipo soñador y un poco fuera del mundo; Óscar, idealista y generoso, a veces desilusionado por la cruda realidad; Jonathan, de carácter tierno, tranquilo y romántico; Bruno, voluntarioso y alegre; o Donato, de carácter amable y generoso, aunque detrás de una ruda apariencia. Para las niñas puede escoger entre: Milena (significa «buena»), animada por un gran altruismo; Bárbara, un nombre bíblico entre espíritu y materia; Úrsula, refinada, tímida y con sentimientos delicados; Estrella, enamorada de todo lo bello; Eloísa, intuitiva y sensible; Iris, muy femenina y con una visión rosa de la vida; y Moira, indulgente, emotiva y siempre dispuesta a seguir lo que le dicta el corazón.

Si le gustan los nombres de carácter literario puede escoger Isolda, de temperamento fuerte bajo una apariencia frágil, o bien Ofelia, dulce, tierna y un poco desarmada frente a las dificultades de la vida; y para un niño, Romeo, de temperamento imprudente, aventurero y materialista, o Hamlet, proclive al entusiasmo e indiferente a la monotonía.

También hay que tener en cuenta los nombres en consonancia con Júpiter, como, por ejemplo, Luciano, sentimental, leal y dispuesto; Horacio, extravertido, sereno y adaptable; Jessica, pragmática y optimista; Prisca, alegre y reflexiva; Tatiana, abierta y cordial; y Rosalinda, comunicativa y alegre.

LA IMPORTANCIA DEL ASCENDENTE

Consulte las explicaciones de la página 184 para descubrir en qué signo cae el ascendente de su hijo y poder así completar su retrato.

PISCIS ASCENDENTE ARIES

Es una combinación que proporciona valor e infunde ánimo, mientras que resta un poco de delicadeza; el comportamiento es un poco brusco, la sensibilidad se tiñe de impulsividad y la imaginación busca desahogarse en aventuras reales y no sólo en la fantasía.

PISCIS ASCENDENTE TAURO

El carácter adquiere concreción y tenacidad, un «hilo directo» con la realidad, sin duda, positivo. Los placeres materiales asumen importancia, por lo que probablemente será un niño goloso, además de un poco perezoso. Se acentúan las dotes artísticas y musicales.

PISCIS ASCENDENTE GÉMINIS

Tiene un carácter notablemente cambiante y caprichoso, pese a ser muy simpático y divertido. Poco resolutivo e indeciso en las elecciones, se dispersa en muchas direcciones distintas. Tiene escasa fuerza de voluntad y tiende a eludir las responsabilidades y las situaciones graves.

PISCIS ASCENDENTE CÁNCER

Tiene una personalidad bastante sensible, receptiva e impresionable. Es un niño muy tierno, más bien tímido, que necesita grandes dosis de afecto y protección. Deberá ser tratado con dulzura para invitarlo a ser autónomo y a concretizar sus hermosas dotes creativas.

PISCIS ASCENDENTE LEO

El carácter adquiere fuerza, orgullo y ánimo. Es un niño muy vivo que tiene la necesidad de hacerse notar, de admirar y de exhibir sus propias dotes.

Más obstinado y seguro de sí mismo que el tipo medio, sabe proteger a los demás con valor y generosidad y, si es necesario, también mandar.

PISCIS ASCENDENTE VIRGO

Los dos signos son opuestos entre ellos, es decir, que se acentúa el dualismo del carácter, que oscila entre orden y desorden, entre sueño y realidad. La necesidad de seguridad y de confirmaciones materiales es muy fuerte, pero también la de sentirse útil. Es un niño tranquilo y servicial, pero también ansioso y nervioso.

PISCIS ASCENDENTE LIBRA

Delicadeza de ánimo y de sentimientos y un comportamiento tranquilo y calmado distinguen a este niño, siempre conciliador, que tiende a huir de los conflictos y de los problemas, pero que puede exagerar en dejar hacer a los demás. Fácil de manejar, debe ser estimulado para actuar y tomar posiciones. Está dotado de talento artístico.

PISCIS ASCENDENTE ESCORPIO

Tiene una personalidad fascinante, introvertida y misteriosa, inmersa en complicadas fantasías: penetrar en su mundo es más bien difícil, porque sólo a algunos les entrega su confianza. Tiene valor y fuerza de voluntad para afirmarse a su modo, además de espléndidas dotes creativas.

PISCIS ASCENDENTE SAGITARIO

Es una combinación que inspira una carga de simpatía y calor humano. De carácter generoso, entusiasta y altruista, este niño se destaca por su idealismo ingenuo y por una gran confianza en la vida y en sí mismo.

Poco tenaz, tiene una innata necesidad de cambiar y de establecerse siempre nuevas metas.

PISCIS ASCENDENTE CAPRICORNIO

El carácter es más firme y resolutivo cuando se enfrenta a la realidad, pero pierde optimismo y candor. Una pizca de desconfianza y de melancolía se insinúan en su forma de proceder. Además, su necesidad de seguridad material le hace más prudente y calculador que el tipo medio.

PISCIS ASCENDENTE ACUARIO

Con esta combinación la fantasía es la nota predominante. Es un niño más bien imaginativo, original, que hace cada cosa a su manera y que está muy contento de su diversidad. Poco provisto de sentido práctico, puede tener dificultades en arreglárselas con las pequeñas cosas cotidianas; su espíritu, por lo demás, vuela alto...

PISCIS ASCENDENTE PISCIS

En este caso se intensifican las características-tipo: es, por lo tanto, un niño dulce, tranquilo y sensible, que se alimenta de fantasías y que vive con ansiedad los deberes y las limitaciones de la realidad concreta. Afectuoso, inestable y poco combativo, necesita ser instigado y aprender a saber qué es lo que quiere, y también a realizarlo.

LOS NOMBRES
Y SU SIGNIFICADO

En las páginas siguientes, los nombres aparecen en orden alfabético: de hecho, hemos preferido reunirlos todos juntos, sin dividirlos entre tradicionales y modernos, o entre españoles y extranjeros; es esta una consideración de la rápida transformación de las costumbres y de la composición de la sociedad actual, que siempre contempla la influencia de las diversas culturas y que mezcla sugerencias antiguas y nuevas procedentes de todos los rincones de la Tierra.

Hemos intentado sugerir el mayor número de nombres posible, pero si realmente quiere poner un nombre completamente original a su hijo, puede tomar prestado uno de la naturaleza, de la geografía, de la historia, de los mitos o de las leyendas; y si tiene un poco de fantasía, puede inventarse uno, jugando con las letras y los números de forma que le dé a su un hijo no sólo un nombre único y especial, sino también provisto de potencialidades particulares, elegido expresamente para él o para ella. En este último caso, procure elegir un nombre equilibrado, cuyo «número mágico» esté en sintonía con el suyo.

ABEL

Deriva del hebreo *helvel* («soplo, respiro»). Así se llamaba el hijo de Adán y Eva asesinado por su hermano Caín. Abel tiene dotes creativas e intuitivas y un profundo sentido de la justicia; es fiel a los sentimientos y proclive al estudio y a la investigación. A las dotes intelectuales y buena voluntad para ayudar al prójimo se une el sentido práctico con el cual maneja eficazmente la propia vida.

NÚMERO 2

SIGNOS

ABRAM O ABRAHAM

Del hebreo *Abraam* («de estirpe noble»), es el nombre del primer patriarca bíblico, fundador del pueblo de Israel. Abram o Abraham posee una carga mágica, una misteriosa vitalidad que le confiere autoridad moral, resplandor interior, coraje y alegría de vivir. Su carácter es flexible, adaptable y creativo.

NÚMERO 8

SIGNOS

ADA

Deriva del germánico *adel* («noble») o del hebreo *hada* («dichosa»). De carácter alegre y optimista, Ada es simpática y vivaz. Íntimamente serena, se dedica con entrega al cónyuge y a la familia. Es muy apta para las profesiones artísticas debido a su sentido estético y creatividad. Sus dotes humanas favorecen las actividades de carácter social.

NÚMERO 6

SIGNOS

ADALBERTO

Compuesto del germánico *athala* («nobleza») y *bertha* («esplendor»), significa «ilustre por nobleza». Adalberto es valeroso, simpático, muy deportivo, generoso y seguro de sí mismo, pero a veces peca de presunción. Es sociable y propenso a las relaciones interpersonales, pero en el amor se muestra un poco desconfiado para protegerse de posibles desilusiones.

NÚMERO 6

SIGNOS

ADÁN

El nombre del progenitor de la especie humana posee dos etimologías: *adán* («hombre») y *adamah* («tierra»). La tradición lo define como generoso y bueno, un poco víctima de las mujeres pero dotado de óptimas cualidades prácticas. A Adán le gusta el estudio, los viajes, las cartas y sabe administrar bien el dinero, aunque para él no sea importante.

NÚMERO 2

SIGNOS

ADELA

Es la forma reducida de Adelaida (tiene la misma etimología), a la que se parece por carácter y por la gran intuición. Es, sin embargo, impulsiva y puede enfrentarse con quien no coincide con sus ideales de justicia. Dada su generosidad debe ser prudente a la hora de administrar el dinero.

NÚMERO 5

SIGNOS

ADELAIDA

Otro nombre derivado del germánico *athala* («nobleza»); significa «noble de maneras y de aspecto». Intuitiva y concienzuda, Adelaida atiende las necesidades del prójimo, al que presta toda su ayuda. Dotada de sentido práctico, no desprecia los bienes materiales.

NÚMERO 1

SIGNOS

ADOLFO

Es un nombre gótico compuesto por *athala* («nobleza») y *wulfa* («lobo»); literalmente significa «noble lobo» (en la mitología germánica, lobo, oso y águila eran consagrados por el dios Odín). Enérgico y determinado, Adolfo manifiesta su agresividad con una actividad muy intensa que hace de él un gran trabajador. Una sombra de melancolía puede frenar la espontaneidad en el amor.

NÚMERO 8

SIGNOS

ADRIANO, ADRIANA

Del latín *Hadrianus*, en su origen era un apellido que indicaba la procedencia de las ciudades de Adria y Atri; y luego con el reino del emperador Adriano se difundió como nombre propio. **Adriano** es serio, leal, fiel en el amor y con dotes de líder, pero tiende a aislarse en su mundo. **Adriana** es más emprendedora, creativa y adaptable; con audaz optimismo podrá ser artífice de su propia fortuna.

NÚMERO 8 para Adriano;
                3 para Adriana.

SIGNOS

ÁGATA

No tiene nada que ver con la piedra homónima; de hecho, deriva del griego *agathé*, que significa «buena». Y no desmerece su nombre: Ágata es generosa y dulce, pero inconstante y más bien dependiente del juicio de los demás. Poco procli-

ve a las frivolidades, prefiere el estudio y el deporte. Es expansiva y prudente en el amor.

NÚMERO 3

SIGNOS

AGLAYA

Apelativo de una de las tres Gracias, deriva del griego *aglaos,* que significa «resplandeciente belleza». Pero lo que más resplandece es su espíritu intelectual y creativo, que la convierten en una persona abierta, sociable y expresiva. Prudente y afable en el amor, está muy dotada para los estudios, actividades artísticas y para entablar relaciones.

NÚMERO 2

SIGNOS

AGNES

Deriva del griego *haghné* («casta, pura»). Su personalidad es leal y transparente. Agnes pone gran entusiasmo en todo lo que hace, y con un espíritu dulce pero decidido consigue influir en los que la rodean. Ama el arte y la belleza, y también está dotada de una gran carga humana.

NÚMERO 1

SIGNOS

AGUSTÍN, AGUSTINA

Ambos derivan de una versión popular de Augusto, a quien nos remitimos para la etimología. Tanto él como ella destacan, debido a su inteligencia y cultura, por sus actividades intelectuales y organizativas. En ambos está presente la aspiración a ser amados y apreciados, pero en el amor se muestran un poco indecisos.

NÚMERO 1 para Agustín;
                2 para Agustina.

SIGNOS

AIDA

Deriva del egipcio *eiti*, con el probable significado de «esa ha llegado». Aida tiene un carácter dulce, afectuoso y reconciliador. Detesta los conflictos y siempre busca vivir en armonía con el prójimo. Tiene un vivo deseo de realización afectiva y familiar, y se dedica con entrega y comprensión a sus seres queridos.
NÚMERO 7
SIGNOS

AIMON

Desciende del sustantivo germánico *haimi* («casa, patria»). Aimon es un tipo serio y reservado, tenaz en sus empeños, pero de carácter un poco rígido y fácilmente irritable.
NÚMERO 1
SIGNOS

ALAN

Deriva del nombre de un pueblo invasor de la Galia; en gaélico significa «bello, recio». Alan tiene un carácter independiente, decisivo e impulsivo. Es un tipo sociable, pero su escasa diplomacia puede enfrentarlo con el prójimo, pese a que va con las mejores intenciones.
NÚMERO 1
SIGNOS

ALBA

Deriva del latín *albus* («blanco»). Alba tiene un romántico espíritu soñador y es lunática y un poco caprichosa. Tiene una excelente intuición pero escasa propensión para los negocios. En el amor, las afinidades espirituales son las que motivan sus elecciones.
NÚMERO 7
SIGNOS

ALBANO

Deriva del latín *Albanus*, que hace referencia a las personas procedentes de la ciudad de Alba (base preindoeuropea *alb*, «altura, monte»). Albano tiene un carácter un poco extravertido y manifiesta su propia ternura cuando se siente afectivamente seguro. Es fantasioso, simpático y fiel en el amor, por lo menos cuando alcanza la madurez.
NÚMERO 9
SIGNOS

ALBINO, ALBINA

Deriva del sobrenombre latín *Albinus*, que alude al color claro de los cabellos o de la piel. Ambos tienen un carácter introvertido, pero dulce, que se abre mediante el amor y que aspira a una existencia tranquila. **Albino** tiene buenas dotes administrativas y organizativas debido al orden y la jerarquía. **Albina** es simpática, fascinante y perfecta para realizar una actividad en contacto con el público.
NÚMERO 8 para Albino;
3 para Albina.
SIGNOS

ALBERTO, ALBERTA

Tienen la misma etimología y significado que Adalberto. **Alberto** tiene dotes de líder, prestancia física y una viva inteligencia; ambicioso, y en apariencia frío, en realidad es abierto y simpático. Ama las aventuras amorosas, pero una vez casado es un marido fiel. **Alberta** es curiosa, ecléctica y un poco voluble, a menudo nerviosa y susceptible, pero amable y dispuesta.
NÚMERO 1 para Alberto;
5 para Alberta.
SIGNOS

ALDO

Deriva del germánico *ald* («anciano» y por lo tanto «sabio, experto»). Aldo es curioso, receptivo y polifacético; tiene una desbordante imaginación y un espíritu idealista y se siente atraído por los viajes y por lo oculto. La vanidad es su principal defecto.

NÚMERO 5

SIGNOS

ALEJANDRO, ALEJANDRA

Procede del griego *Aléxandros*, que significa «defensor de los hombres». **Alejandro** tiene buen corazón, es generoso y tiene una fuerte voluntad y un carisma personal que lo convierten en el líder ideal para asociaciones sociales o humanitarias; sin embargo, los sentimientos pasan un poco a segundo plano. **Alejandra** tiene una personalidad enérgica y decisiva, pero es más bien susceptible y presuntuosa; además, es proclive a hacerse ilusiones.

NÚMERO 8 para Alejandro;
3 para Alejandra.

SIGNOS

ALEJO, ALEJA

Derivado del griego *Aléxios* («defensor, protector»). Ambos son muy sensibles y simpáticos, aunque un poco caprichosos, y están llenos de fantasía, actividad, altruismo y valor. **Alejo** es víctima de frecuentes ataques de pesimismo, mientras que **Aleja** es más confiada, expansiva y optimista.

NÚMERO 7 para Alejo;
2 para Aleja.

SIGNOS

ALFIO

Deriva del nombre y apellido latino *Alphius*, a su vez derivado de *Albius*

(«blanco, muy claro»). Alfio tiene un temperamento prudente y sabio, y una inclinación por la lectura, los viajes, la filosofía y el mundo de lo oculto. Suele casarse a una edad temprana.

NÚMERO 7

SIGNOS

ALFONSO

Procede de un nombre germánico compuesto por *ala* («mucho, del todo») y *funza* («listo, veloz, valeroso»). El carácter del Alfonso es muy sensible, la inteligencia, rápida, y el corazón, leal. Es muy emotivo y peca de falta de voluntad.

NÚMERO 1

SIGNOS

ALFREDO

Deriva del antiguo anglosajón *Aelfraed*, compuesto de *aelf* («elfo») y *raed* («asamblea, consejo»), que luego se ha cruzado con *Ealdfrith*, otro nombre de la misma procedencia y formado por *eald* («viejo, sabio») y *frith* («paz»). Alfredo tiene una personalidad serena y dócil, que no se impone con la fuerza sino con la fascinación. Es muy equilibrado y tiene un intenso sentido de la responsabilidad. Es exitoso en el amor.

NÚMERO 7

SIGNOS

ALICIA

Tiene sus raíces en el antiguo nombre germánico *Athalhaid* (véase Adelaida), y sólo después adquirió la grafía latina Alicia. Es más realista que fantasiosa, por lo que se adhiere más al sentido práctico y a la seguridad en sí misma. Es quisquillosa y un poco extravagante, aunque también es afectuosa, amable y sabe intuir las necesidades de los demás.

NÚMERO 8

SIGNOS ♊ ♎ ♐ ♌

ALIDA

Es un nombre de origen germánico formado por *hildjo* («batalla») y *athala* («nobleza»); significa «noble en batalla». La combatividad de su temperamento está sostenida por intensas dotes intelectuales: se trata de una persona independiente y valerosa, carismática y llena de inventiva.

NÚMERO 9

SIGNOS ♐ ♎ ♑

ALINA

Deriva del latín *alena*, aunque también puede ser una variante abreviada de Adelaida. Amigable, sociable y fácilmente influenciable, Alina se encuentra a gusto en las relaciones mundanas; sin embargo, no es superficial como puede parecer, sino celosa de su independencia y, una vez ha tomado una decisión seria, raras veces cambia de idea. No obstante, no le gusta implicarse demasiado.

NÚMERO 1

SIGNOS ♎ ♑ ♐

ALLEGRA

Es un nombre italiano augural que se remonta a finales de la Edad Media. Allegra es de ánimo generoso, indulgente y gentil, pero también voluble y emotiva. Es muy romántica y tiene un gran deseo de armonía y amor. Destaca por sus dotes intelectuales y comunicativas.

NÚMERO 2

SIGNOS ♋ ♎ ♑

ALMA

Parece derivar del adjetivo latino *almus* («que alimenta, que da vida»), apelativo de diversas divinidades de la religión romana. De carácter fantasioso, idealista, altruista y amante de la belleza y el arte, Alma es simpática y conquista fácilmente la confianza de los demás. Es impulsiva y leal en el amor, pero a veces incomprendida.

NÚMERO 9

SIGNOS ♑ ♎ ♐

ALTEA

Es un nombre perteneciente a la mitología griega y significa «aquel que cura». Altea se caracteriza por su apertura mental y curiosidad por conocer, y vive la vida con entusiasmo; la monotonía no es para ella.

NÚMERO 3

SIGNOS ♒ ♋ ♎ ♐

ÁLVARO

Desciende del visigodo *Alwaro*, formado por *ala* («mucho, del todo») y *warja* («defensa, protección»), por lo tanto, el «defensor de todos» o «aquel que se defiende bien de todos». Creativo y sentimental, en él los valores afectivos prevalecen sobre las ambiciones materiales. Tiene una predisposición a los amores románticos e inclinaciones artísticas.

NÚMERO 6

SIGNOS ♈ ♋ ♎

AMADEO

Es un nombre cristiano medieval compuesto por el verbo *amar* y por *Dios*, por lo que significa «que ama a Dios» o «amado por Dios». Amadeo ama la soledad y la tranquilidad, y para ser feliz debe conciliar espíritu y materia. En el amor sus elecciones son muy ponderadas y es un compañero afectuoso y atento.

NÚMERO 3

SIGNOS

AMADO, AMADA

Ambos tienen un carácter huraño, sobrio, parco y se implican a fondo en sus deberes. **Amado** es impulsivo y posesivo en el amor y tiene mucha voluntad. **Amada** es sincera, tolerante y gentil: la sonrisa es el mejor medio para obtener lo que desea.

NÚMERO 7 para Amado;
2 para Amada.

SIGNOS

AMALIA

Deriva del gótico *ama-l* («perseverante, muy activo»), que constituía la base de muchos nombres ostrogodos y visigodos. Amalia tiene un carácter metódico, perseverante y discreto, que impone con fascinación y capacidad de persuasión. Reservada en el amor, demuestra un gran apego a la pareja y a la familia.

NÚMERO 1

SIGNOS

AMANDA

Deriva del latín *amandus*, gerundio del verbo *amar*; así pues, significa «que debe ser amada». Amanda tienen los afectos velados por la timidez y un carácter sabio y prudente; es selectiva en las amistades. Da po-

ca importancia al dinero y tiene una buena predisposición por el estudio y por las investigaciones.

NÚMERO 7

SIGNOS

AMARANTA

Del griego *Amarantos*, significa «que no se marchita». Posee dotes creativas y comunicativas, y ama la belleza y la cultura. Su amabilidad favorece su popularidad y éxito personal.

NÚMERO 6

SIGNOS

ÁMBAR

Procede del árabe *ambar* («ámbar gris»). Con un carácter creativo y llena de inventiva, Ámbar se caracteriza por su aparente extraversión, que encubre un fondo de melancolía. Enérgica y resistente, se demuestra eficaz y concienzuda en el trabajo.

NÚMERO 8

SIGNOS

AMBROSIO

Deriva del griego *Ambrosios*, que significa «inmortal». Ambrosio tiene sentido del humor y autocontrol, y es riguroso y coherente, además de poco propenso a los arrebatos emotivos. Tiene buena capacidad de persuasión y está dotado para los estudios y la filosofía. Es prudente y sincero en el amor.

NÚMERO 2

SIGNOS

AMELIA

Algunos lo consideran una variante de Amalia y para otros es un diminutivo del etrusco *Amius*, de significado incierto. Amalia tiene un temperamento prudente y equilibrado, es constante cuando quiere conseguir un objetivo, pero también un poco superficial. En el amor es poco expansiva, pero cuando ha elegido a su pareja es muy afable.

NÚMERO 5

SIGNOS

AMERIGIO

Se remonta a los nombres germánicos *Haimerich* o *Haimrich*. Está compuesto por *haimi* («patria») y *rikja* («poderoso, señor») y significa «poderoso en patria». Amerigio tiene una personalidad muy vital, creativa y sincera, pero también inconstante y sujeta a arrebatos imprevistos de ira. Le gustan los cambios y sabe adaptarse a las más diversas situaciones.

NÚMERO 5

SIGNOS

ANA

Deriva del hebreo *Hannah* («Dios ha tenido misericordia»). Ana es dócil y tranquila, pero sólo aparentemente. En realidad tiene un carácter firme, lúcido y realista. Tiene buena disposición para los estudios, amistades y amor, pero una vez ha escogido pareja se muestra fiel y leal. Es más bien pródiga y tiene buen ojo para los negocios.

NÚMERO 7

SIGNOS

ANA MARÍA

A las características de Ana, Ana María añade una gran sentido maternal y una profunda sensibilidad. Sus sueños ideales de amor se realizarán después de algunas complicaciones.

NÚMERO 4

SIGNOS

ANASTASIO, ANASTASIA

Derivan del griego *anastasis* («resurrección»). Ambos tienen un carácter más bien impulsivo, impetuoso, conflictivo, y una sinceridad extrema que puede herir al prójimo. Podrían vivir amores atormentados, pero les falta la fuerza para reaccionar ante las desilusiones.

NÚMERO 9 para Anastasio;

4 para Anastasia.

SIGNOS

ANDRÉS

Es originario del nombre griego *Andréas*, cuya raíz es *andr* («macho, hombre, guerrero»), pero también puede derivar de *andréia* («fuerza, coraje viril»). Andrés tiene un carácter dominante y materialista y una sensibilidad nerviosa que puede desencadenar arrebatos de ira; además es obstinado y un poco excéntrico. Tiene muy agudizado el sentido de los negocios. En el amor tiende a ser infiel.

NÚMERO 2

SIGNOS

ÁNGEL, ÁNGELA, ANGÉLICA

Deriva del latín *Angelus*, que a su vez deriva del griego *anghelos* («mensajero»). **Ángel** es emotivo, voluble, impulsivo y con escaso autocontrol, y bajo una apariencia amable se oculta una cierta indiferencia hacia los demás. **Ángela** es dispuesta, confiada y tiene un buen carácter. Desea mucho ser amada y apreciada, pero no tiene prisa en casarse porque no teme la soledad. La variante **Angélica** denota una personalidad fantasiosa, soñadora, un poco tímida, atraída por el misterio, con tendencia a la meditación y deseosa de profundizar en la propia sabiduría.

NÚMERO **3** para Ángel;
4 para Ángela;
7 para Angélica.

SIGNOS para Ángel y Ángela;

para Angélica.

ANITA

Es el diminutivo hispano-portugués de Ana. Anita tiene un temperamento firme e impulsivo, y es fuerte, altruista y capaz de reafirmarse con su espíritu combativo. Puede ser inconstante en algunos momentos.

NÚMERO **8**

SIGNOS

ANSELMO

Compuesto de *ansa* («dios, divinidad») y *helma* («yelmo, protección»), significa «protección divina, yelmo mágico». Anselmo tiene un temperamento activo, nervioso y deseoso de aprobación. Dotado para los estudios y la investigación intelectual, demuestra un gran amor por la naturaleza y una tendencia a la parsimonia.

NÚMERO **7**

SIGNOS

ANTONIO, ANTONIA

Derivan del antiguo gentilicio latino *Antonius*, de origen tal vez etrusco pero de significado incierto (en el Renacimiento se lo vinculó al griego *anthos*, «flor»). **Antonio** tiene un carácter audaz e independiente, pero también es introvertido e intransigente, y suele padecer arrebatos de ira. Está muy dotado para el arte y los estudios. **Antonia** es más alegre y extravertida, pero también

obstinada y poco adaptable. Es precoz en el amor, en el matrimonio y tiene un fuerte deseo de conseguir el éxito profesional.

NÚMERO **7** para Antonio;
2 para Antonia.

SIGNOS

ANUNCIACIÓN

Nombre cristiano de devoción por la Virgen, alude a la anunciación a María por parte del arcángel Gabriel. Anunciación es tierna, muy sensible, altruista, generosa, reflexiva, prudente y mesurada. Tiene un gran sentido maternal y sabe ganarse al prójimo.

NÚMERO **5**

SIGNOS

APOLO, APOLONIA

En la mitología griega y romana Apolo es una de las figuras más importantes: dios del Sol, de la divinidad, de las artes, de la música y de la medicina. Tanto él como ella son personas fantasiosas, versátiles, comunicativas, briosas y agradables en compañía: tienen el don de las relaciones sociales, pero son poco concretos. **Apolo** es más tenaz, serio y magnético; **Apolonia**, más despreocupada, curiosa e imprevisible.

NÚMERO **5** para Apolo;
2 para Apolonia.

SIGNOS

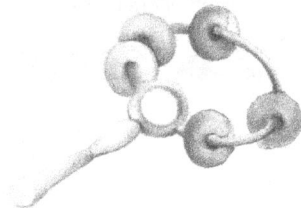

AQUILES

Es el nombre de un héroe griego hijo de un hombre y una diosa, cuya historia fue inmortalizada por Homero en *La Ilíada*. Aquiles se caracteriza por su fuerza, ambición y magnetismo. Es posesivo en el amor y padece fuertes ataques de cólera dictados por su espíritu pasional, que se esfuerza en controlar. La curiosidad lo impulsa a frecuentar diversos ambientes socioculturales.

NÚMERO 3

SIGNOS

ARGENTA

Es un nombre augural medieval que alude al esplendor y la brillantez de la plata *(argentum)*. Argenta posee un buen equilibrio entre una mente aguda y adaptable y una gran alegría y sensibilidad emotiva. Es viva y emprendedora, pero no planifica sus propias actividades.

NÚMERO 3

SIGNOS

ARIADNA

Deriva del griego *Ariadne* («sagrada, casta»). Así se llamaba la hija de Minos, rey de Creta, que ayudó a Teseo a salir del laberinto después de haber matado al Minotauro, pero que fue abandonada por él en Naxos, donde se convirtió en la mujer de Dionisio. Reflexiva, ponderada y obstinada, Ariadna posee grandes dotes organizativas y es cauta y eficiente.

NÚMERO 3

SIGNOS

ARIEL

Deriva del hebreo *Ari'el* («potente»), que indicaba una categoría superior a los ángeles. En el drama de Shakes-

peare *La tempestad*, Ariel es un espíritu del aire que encarna a las fuerzas de la naturaleza. Posee un carácter idealista pero complicado, que oscila entre el deseo de espiritualidad y la atracción por lo misterioso.

NÚMERO 9

SIGNOS

ARLETTE

Es un nombre francés derivado del masculino *Harland* o *Harlé*; está formado por *harja* («ejército, pueblo de armas») y *landa* («país, tierra»), por lo que significa «tierra del pueblo en armas». Arlette tiene un carácter fuerte, instintivo y combativo y es capaz de grandes impulsos, pero también de arrebatos de ira impetuosos. Es muy fascinante y puede realizar cualquier empresa que se proponga.

NÚMERO 9

SIGNOS

ARMANDO

Deriva del francés *Armand*, transformado por la lengua alemana, y significa «soldado, hombre de armas». Armando tiene un temperamento impulsivo y es apasionado en sus sentimientos, pero más bien colérico y proclive a dominar. Puede tener una juventud difícil, pero luego el carácter se le estabiliza con una unión afectiva y la paternidad.

NÚMERO 3

SIGNOS

ARMIDA

Es el nombre de un personaje de *La Jerusalén libertada*, obra de Torquato Tasso, concretamente el de la fascinante maga que se enamora de Rinaldo. Armida tiene un carácter orgulloso, audaz y combativo, tiende a imponerse sin término medio y no teme el riesgo.

NÚMERO 1

SIGNOS

ARNALDO, ARNOLDO

Son nombres de origen germánico formados por *arn* («águila») y *wald* («poderoso»), y significan «poderoso como un águila». Denota un temperamento concreto, concienzudo, taciturno y proclive al pesimismo. Ambos encuentran el apoyo más valioso en el ambiente familiar, pero en el trabajo también saben hacerse valer debido a su seriedad.

NÚMERO 2 para Arnaldo; 7 para Arnoldo.

SIGNOS

ARTURO

Relacionado con el nombre de la constelación de la Osa Mayor y Menor, probablemente deriva del etrusco *Artorius*, de significado desconocido —se hizo popular por la legendaria figura del rey Arturo—. Tiene una personalidad altruista y valerosa, pero también obstinada y oscura. Detesta la superficialidad y alberga sentimientos tan profundos como sus aversiones. Le atraen la música y el ocultismo. Para encontrar serenidad busca las cosas sencillas.

NÚMERO 3

SIGNOS

ASIA

Nombre de origen reciente, alude al continente homónimo, con sus mágicas sugestiones orientales. Denota un temperamento emotivo y creativo, y está muy dotada intelectualmente.

NÚMERO 3

SIGNOS

ASUNCIÓN

Este nombre refleja la devoción por la Virgen María ascendida al cielo. Asunción tiene un carácter modesto, tranquilo, concreto, racional y ordinario. Deseosa de apoyo y protección, necesita una pareja fuerte que realice sus sueños.

NÚMERO 6

SIGNOS

ATILA

Es el nombre del rey de los hunos, que en el siglo V devastó con su ejército la Europa centrooccidental. Su origen es germánico y significa «pequeño padre». Tiene un carácter en el que conviven racionalidad y emotividad con actitudes contradictorias. Posee una fuerte personalidad, es carismático y está dispuesto a luchar por sus ideales.

NÚMERO 7

SIGNOS

ATILIO

Desciende del latín *Atilius*, es de origen etrusco y tiene un significado incierto. Atilio tiene un carácter complejo y susceptible, es inconstante pero muy apegado a la familia, en la que se apoya para superar el temor a la soledad y la vejez. Es realmente hábil en los trabajos que requieren precisión.

NÚMERO 3

SIGNOS

AUGUSTO, AUGUSTA

Derivan del latín *Augustus* —título otorgado al primer emperador romano Cayo Julio César Octaviano y luego empleado por sus sucesores— y más concretamente de *augur*, cuyo significado es «consagrado a los augures». **Augusto** revela un temperamento fuerte, profundo, con predisposición a dominar; leal, orgulloso y a menudo presuntuoso, debe conciliar el deseo de libertad personal con el de firmeza afectiva. **Augusta** tiene un carácter digno, firme, pasional, y un ardiente deseo de amor y matrimonio. No es particularmente apta para las profesiones de carácter financiero ni para las relaciones públicas.

NÚMERO **5** para Augusto;
9 para Augusta.

SIGNOS

AURELIO, AURELIA

Derivan del latín *Aurelius*, que a su vez procede del sabino *Ausel*, nombre de una divinidad solar. Ambos tienen un carácter tranquilo y son un poco inseguros. Poco dados a la competitividad, aman la compañía de familiares y amigos. Su tendencia a soñar en exceso les causa alguna que otra desilusión.

NÚMERO **9** para Aurelio;
4 para Aurelia.

SIGNOS

AURORA

En latín *aurora* significa «luminosa, resplandeciente» y deriva de la misma etimología que Aurelio. Posteriormente se difundió en la Edad Media como un nombre augural referido a la luminosidad del alba. Aurora tiene un buen carácter, es amable, fiel a los afectos y a la familia, eficiente y con un gran sentido de la hospitalidad; sin embargo, pretende imponer sus opiniones a los demás y le encanta coquetear.

NÚMERO **2**

SIGNOS

AVE

Nombre de devoción cristiana, es el principio del saludo angélico a María (del latín *ave*, que significa «hola, salud») y de la oración homónima. Ave tiene un carácter en el que se aúnan la racionalidad, la intuición, el sentido práctico, la pasión y la creatividad, pero en el que puede fallar la adaptabilidad.

NÚMERO **1**

SIGNOS

AZUL

Es un nombre afectivo relacionado con el color homónimo y de reciente difusión. La intuición, la emotividad y la gran creatividad son los aspectos clave de su carácter. Tiene un gran espíritu de iniciativa, pero la falta de realismo puede desembocar en proyectos no siempre realizables.

NÚMERO **6**

SIGNOS

BALDUINO

Es un nombre de origen germánico, compuesto por *bald* («audaz») y *win* («amigo»), por lo que significa «amigo audaz» o «amigo de quien es audaz». Balduino tiene una personalidad concreta y racional, imperturbable frente a las dificultades. Va a la suya y se concentra a fondo en sus objetivos. En los sentimientos es cauto y serio, pero cuando está seguro de sus propios afectos es capaz de darse sin condiciones.

NÚMERO **6**

SIGNOS

BÁRBARA

Del griego *barbaros* («balbuciente»), se utilizaba para designar a los extranjeros. Reservada y misteriosa,

Bárbara oscila entre la espiritualidad y el materialismo. Es práctica, precisa, estudiosa y tiene una gran sensibilidad y sentimientos muy intensos que no siempre son comprendidos.

NÚMERO 7

SIGNOS

BASILIO

Deriva del griego *basileus* («rey»), y en efecto Basilio lleva consigo una innata realeza, aunque sin presunción; posee el don de agradar a los demás y hace el bien de manera desinteresada.

NÚMERO 4

SIGNOS

BAUTISTA

Deriva del griego *baptizein* («sumergir en el agua»). Así fue llamado San Juan, que bautizó a Jesús en el río Jordán. Bautista es versátil y creativo, tierno e intenso, pero un poco celoso en sus relaciones amorosas. Tiene poco sentido del deber, pero se estimula en seguida cuando el amor está por medio.

NÚMERO 3

SIGNOS

BEATRIZ

Nacido en los ambientes cristianos de la Roma imperial, este nombre deriva del verbo *beare* y significa «aquel que da felicidad, beatitud». A diferencia de lo que promete el nombre, Beatriz es todo menos angelical: perfeccionista y siempre insatisfecha, es exhibicionista y al mismo tiempo enigmática, y oculta la intensidad de sus sentimientos. Tiene una pronunciada tendencia a mandar.

NÚMERO 9

SIGNOS

BELINDA

Este nombre tiene un origen incierto y significa «dulcemente luminosa». Belinda es muy iniciativa, creativa y sensata. En ella, la racionalidad y los sentimientos están bien equilibrados, pero a veces le traiciona la emotividad.

NÚMERO 2

SIGNOS

BENITA, BENITO

Proceden del latín *benedictus*, de obvio significado. **Benito** es tímido, introvertido, prudente y tenaz. Puede ir al encuentro de cualquier decepción, pero seguirá siendo un altruista. **Benita** es más bien esquiva y voluntariosa, pero más concreta y resistente.

NÚMERO 2 para Banito;
          6 para Benita.

SIGNOS

BENJAMÍN

Es un nombre bíblico (así se llamaba el hijo más pequeño de Jacob), que significa «hijo de la mano derecha», es decir, la mano justa, que se contrapone a la izquierda, por lo tanto «hijo predilecto». Generoso, sociable y brillante, Benjamín detesta la soledad; pese a que no hace caso a los peligros, está protegido por la buena suerte.

NÚMERO 5

SIGNOS

BERENICE

Deriva del griego *Pherenìke*, compuesto de *phérein* («llevar») y *Niké* («victoria»), y significa «portador de victoria». Es también el nombre de una constelación. Berenice denota un carácter concreto y práctico, pero al mismo tiempo emotivo y sensible. Está vinculada a los placeres terrenales y a la dicha de los sentimientos, pero tiene un notable espíritu de iniciativa.

NÚMERO 7

SIGNOS

BERNARDO, BERNADETTE

Bernardo es un nombre guerrero de tradición germánica, compuesto de *bern* («oso») y *hardu* («valeroso»). Tiene un temperamento autoritario y un poco cerrado, es fiel y sincero pero también agresivo y poco diplomático. **Bernadette** tiene un carácter más concreto y racional, creativo y sensible, pero poco perseverante.

NÚMERO 5 para Bernardo;
        4 para Bernadette.

SIGNOS
para Bernardo;

para Bernadette.

BLANCA

Deriva del germánico *blank* («blanco, resplandeciente»). Blanca posee cierta excentricidad que no le impide ser una fascinante seductora. No le faltan ambición y amor por el lujo, pero teme el futuro y los imprevistos.

NÚMERO 6

SIGNOS

BLAS, BLAISE

Derivan del latín *blaesus* («balbuciente»). Antiguamente se creía que el balbuceo era un privilegio para comunicarse con los dioses. **Blas** tiene un carácter conservador, tenaz, intuitivo y proclive al estudio y a la meditación. Celoso en el amor, es un verdadero *gourmet* en la mesa. Tiene una predisposición para las ciencias exactas. La versión francesa, **Blaise**,

denota un temperamento más manejable, sensible y emprendedor.

NÚMERO 7 para Blas;
        3 para Blaise.

SIGNOS
para Blas;

para Blaise.

BORIS

Procede del eslavo antiguo *borislav* y, más concretamente, de *boro* («combatir») y *slava* («gloria»), por lo que significa «combatiente glorioso». Orgulloso y reservado, Boris no pasa nunca desapercibido. Su idealismo lo instiga a defender a los débiles. Sólo se decidirá a casarse cuando encuentre a la compañera adecuada para ello.

NÚMERO 9

SIGNOS

BRENDA

Nombre procedente de la tradición nórdica, que significa «espada». De naturaleza práctica, Brenda da mucho valor a todo aquello que puede tocar con las manos, pero se deja llevar fácilmente por las emociones.

NÚMERO 8

SIGNOS

BRIAN

Es el diminutivo de Abraham, pero según otras fuentes deriva del celta y significa «fuerte». Brian es emotivo y sentimental y tiende a ocultar sus inseguridades dedicándose a muchas actividades.

NÚMERO 8

SIGNOS

BRÍGIDA, BRIGITTA

Derivan del nombre de una diosa celta, *Brigit*, hija del jefe de los sacerdotes druidas y, a su vez, patrona de las artes y las ciencias. Aventureras y sentimentales, ambas aman la libertad y temen la soledad. Prepotentes y caprichosas, no se dejan doblegar por nada ni por nadie; sólo el amor puede dominarlas.

NÚMERO 5

SIGNOS

BRUNILDA

No deriva de Bruna, al contrario, significa «muchacha radiante» o también «mujer que combate con la coraza». Brunilda es un personaje clave de la saga de los nibelungos; ella fue la que realmente mató a Sigfrido. Caprichosa, voluble, romántica y perezosa, Brunilda es sensible y sentimental, pero en el momento adecuado sabe pasar a la acción.

NÚMERO 9

SIGNOS

BRUNO, BRUNA

De origen germánico, derivan de *brun* («oscuro, marrón»). **Bruno** tiene un buen carácter, es voluntarioso y alegre, aunque un poco presuntuoso. **Bruna** es fiel, sensata y dulce, ideal como mujer, pero un poco impaciente como madre.

NÚMERO 7 para Bruno;
2 para Bruna.

SIGNOS

CAMILO, CAMILA

Del latín *Camillus*, estos nombres tienen un origen sagrado (así se llamaba a los muchachos y muchachas, libres de nacimiento, aptos para sacrificios y ceremonias sagradas). **Camilo** es cauto, metódico, controlador y buen planificador; sabe callar cuando es preciso y escuchar a los demás. **Camila** es reservada pero eso no mengua su fascinación; desea una vida ordenada y acomodada.

NÚMERO 8 para Camilo;
3 para Camila.

SIGNOS

CÁNDIDA

Procede del nombre idéntico latino, con un claro significado, pero durante el cristianismo también asumió el sentido de «pura, de alma inmaculada». Cándida tiene un carácter audaz, se lanza a muchas iniciativas y sabe llevarlas a buen fin. Es tenaz y tiene los pies en el suelo.

NÚMERO 9

SIGNOS

CARLOS, CARLA, CARLOTA

Descienden del francófono *Karl*, que a su vez deriva del germánico *karla* («hombre de libre condición»). **Carlos** tiene un espíritu abierto y alegre, es pródigo con el dinero y a veces colérico. **Carla** es decisiva, orgullosa, cordial y honesta. Tanto él como ella demuestran valor ante las adversidades. La variante **Carlota** denota un espíritu creativo y emprendedor, pero menos realista. Tiene buenas dotes intelectuales, pero la emotividad es su punto débil.

NÚMERO 5 para Carlos;
8 para Carla;
7 para Carlota.

SIGNOS
para Carlos y Carla;

para Carlota.

CARMELA, CARMELO, CARMEN

Son nombres nacidos de la devoción por la Virgen del Carmelo, monte de Palestina (en hebreo *Kar-*

mel, es decir, «jardín»). **Carmela** es intolerante y tiende a exaltarse por aquello en lo que cree, pero es en el amor donde encuentra su verdadera dimensión. **Carmelo** es desenvuelto, vivaz y conciliador. Ambos son espíritus libres, que detestan los compromisos y la banalidad. La forma española **Carmen** denota un temperamento vivo, práctico, que da valor a las cosas concretas, y sabe ser perseverante.

NÚMERO 4 para Carmelo;
            8 para Carmela;
            9 para Carmen.

SIGNOS para Carmelo;

para Carmela;

para Carmen.

CAROLA, CAROLINA

Carola es una variante de Carla, extraída de la forma del latín medieval. **Carolina** es el diminutivo. Ambas son frívolas, susceptibles, soñadoras y vivas en compañía, mientras que solas se entristecen.

NÚMERO 5 para Carola;
            1 para Carolina.

SIGNOS para Carola;

para Carolina.

CASANDRA

Así se llamaba la profetisa que tuvo el trágico destino de no ser nunca creída. Con un espíritu valeroso y anticonvencional, Casandra tiene un fuerte sentido de la rectitud y muchas ganas de vivir.

NÚMERO 7

SIGNOS

CATALINA

Es un nombre cristiano que ahonda en las raíces del griego tardo-bizantino *Hekaterine* (tal vez de *Hekate*, la diosa infernal, o de *Hékatos*, «aquel que lanza», epíteto de Apolo). Catalina es la mujer de las contradicciones: realismo e idealismo conviven en su carácter posesivo, determinante e intransigente, pero sincero.

NÚMERO 7

SIGNOS

CAYETANO

Caietanus en latín, pero de derivación etrusca, significa «originario de Caieta» (es decir, Gaeta), ciudad llamada así por el nombre de la nodriza de Eneas, donde fue sepultada. De carácter tranquilo, frío, racional y no demasiado expansivo, a Cayetano no le gustan los imprevistos ni las aventuras, y desea una existencia que discurra por un sendero seguro. Es altruista y a veces dubitativo en el momento de actuar.

NÚMERO 3

SIGNOS

CAYO

Procede del antiguo nombre romano *Gaius*, que con el tiempo se convirtió en *Caius*. Denota un carácter astuto, caprichoso y soñador. Cayo está muy ligado a la familia y a los amigos, y es escrupuloso en el trabajo.

NÚMERO 8

SIGNOS

CECILIA

Desciende del antiguo gentilicio latino *Caecilius*, cuya etimología popular le da el significado de «ciego»; sin embargo, el verdadero se desconoce. Dulce y reservada en apariencia, Cecilia tiene un carácter anticonformista y es valerosa, enérgica y despreocupada.

NÚMERO 6

SIGNOS

CELESTE

En su base se halla el nombre latino *Caelestis* («celeste, del cielo»); seguidamente fue usado en sentido afectivo y augural. Ingenua y soñadora, Celeste se muestra muy apegada a los bienes materiales. Tiende a idealizar el amor, con consecuentes desilusiones.

NÚMERO 6

SIGNOS

CELIA, CELINDA

Derivan del germánico *segelinde*, es decir, «escudo de la victoria». **Celia** tiene un carácter sensible, indulgente y soñador; a menudo es indecisa, titubeante y necesita afecto y tranquilidad a su alrededor. **Celinda** es más dinámica y determinante, capaz de hacer planes concretos y de respetarlos. También es exigente en el amor.

NÚMERO 3 para Celia;
3 para Celinda.

SIGNOS
para Celia;

para Celinda.

CÉSAR

Desciende del apellido latino *Caesar*, de probable origen etrusco y de significado incierto; tal vez deriva de *caeso*

matris («nacido del tallo de la madre») o de *caesaries* («copa, cabellera»). César tiene un carácter orgulloso y dominante, pero inestable y poco reflexivo; es ambicioso, pero no siempre capaz de conseguir el éxito. En el amor es romántico y afectuoso.

NÚMERO 1

SIGNOS

CHANTAL

Es un nombre francés, originado por el culto a Santa Juana Francisca Frémiot, baronesa de Chantal. Activa y reservada tanto en el amor como con el dinero, Chantal ama el juego y la competitividad en sus conquistas y con sus ganancias, que gestiona con escaso sentido de la responsabilidad.

NÚMERO 5

SIGNOS

CINTIA

Era el apelativo de Diana y Apolo, llamados *Kynthiòs* y *Kynthìa* por el nombre del lugar sagrado de su nacimiento, el monte Cinto (*Kynthos*). Con un temperamento individualista y obstinado, Cintia es creativa, impulsiva e intransigente. Alberga sentimientos muy intensos, que esconde bajo una rígida coraza.

NÚMERO 2

SIGNOS

CIRO

Derivado del griego *Kyros*, en latín *Cyrus*, ambos a su vez derivados del persa antiguo *Kurush*, es el epíteto del Sol. Este era el nombre tradicional de la estirpe de los reyes de Persia durante los siglos VI y V a. de C., de los cuales Ciro el Grande fue el más famoso. Ciro es firme, valeroso, polémico e intransigente, pero un amigo leal; ante los compromisos prefiere la lucha, con la intención de dominar también sus mismas pasiones.

NÚMERO 9
SIGNOS ♐ ♋ ♏

CLARA, CLARISA, CHIARA
Derivan del latín *Clarus* («luminoso, claro»), y significan «famoso, ilustre». **Chiara** tiene un carácter perspicaz, idealista, imaginativo. Su espontaneidad supera a la impulsividad, lo que le causa frecuentes quebraderos de cabeza. En el amor, sin embargo, es demasiado flexible. La variante **Clara** denota más introversión, tenacidad y racionalidad. **Clarisa** es, sin embargo, emprendedora y creativa, pero poco práctica.

NÚMERO 4 para Chiara;
           8 para Clara;
           9 para Clarisa.
SIGNOS ♎ ♐ ♌
para Chiara;
           ♍ ♎
para Clara;
           ♓ ♒ ♏ ♎
para Clarisa.

CLAUDIO, CLAUDIA
Se remontan al gentilicio romano *Claudius*, que a su vez deriva probablemente de un sobrenombre con el significado de «claudicante, cojo». **Claudio** es fascinante y emprendedor y da gran importancia al éxito; en el amor es apremiante y amable, pero no sabe abrir su corazón completamente. **Claudia** es fantasiosa, un poco superficial y voluble en el amor; una pareja fuerte y madura la hace sentir protegida.

NÚMERO 2 para Claudio;
           6 para Claudia.
SIGNOS ♒ ♌ ♐
para Claudio;
           ♎ ♍ ♒
para Claudia.

CLELIA
Deriva del latín *Cloelia*, relacionado con el verbo *cluere* («tener fama») y significa «famosa, ilustre». Original, valerosa y decisiva, Clelia sabe cómo conseguir el éxito y siempre se hace lo que ella quiere.

NÚMERO 6
SIGNOS ♏ ♈ ♋

CLEOPATRA
Nombre de la reina de Egipto que deriva del griego *Kleopatra*, formado por *kléos* («gloria, fama») y *patròs* («padre»); significa «ilustre por nobleza de estirpe». Fascinante y perfeccionista, Cleopatra tiene una gran ambición, que la impulsa a destacar siempre.

NÚMERO 1
SIGNOS ♑ ♐ ♋

CLOTILDE
Es un nombre de origen germánico compuesto por *hluda* («famoso, renombrado») y *hildjo* («batalla»); significa «ilustre en batalla». Clotilde es controladora, decidida, racional y buena organizadora. Aunque tiene éxito en la vida laboral, su excesiva introversión puede resultar perjudicial en el amor.

NÚMERO 8
SIGNOS ♌ ♐ ♍

CONCEPCIÓN
Deriva del latín *concipere* («concebir»); en la religión cristiana asumió el significado de «concebida sin pecado original», referido a la Virgen.

Concepción tiene un carácter bueno y devoto, pero tímido y poco proclive a la alegría. A menudo es fatalista y se deja guiar por las convenciones, lo que puede llevarla a una vida banal. Estudiosa y ordenada, le gusta catalogar y coleccionar.

NÚMERO 7

SIGNOS

CONSTANTINO, CONSTANZA

Derivan del apellido latino *Constans*, que significa «sólido, firme, voluntarioso, resolutivo». Fiel a su propio nombre, **Constantino** es decidido, obstinado y está dotado de un gran sentido del deber, pero con escaso sentido del humor. **Constanza** es más idealista, emotiva y sentimental; está llena de iniciativas, pero es menos tenaz.

NÚMERO 9 para Constantino;
5 para Constanza.

SIGNOS
para Constantino;

para Costanza.

CORA, CORINA

Proceden del nombre de la diosa griega de la ultratumba y la agricultura *Kore*, que significa «jovencita, hija». **Cora** sabe realizar sus propios sueños con gran concreción; un gran amor puede ser el motivo do-

minante de toda su vida. El diminutivo **Corina** refleja un carácter romántico e ingenuo, fácil de engañar, con numerosos proyectos que muchas veces no realiza; encuentra la serenidad en el amor, y se confía gustosa a su pareja.

NÚMERO 1 para Cora;
6 para Corina.

SIGNOS
para Cora;

para Corina.

CORALINA

Es un nombre afectivo, augural para una niña tan hermosa como el coral. Es intuitiva, racional y tiene iniciativa y un carácter tenaz.

NÚMERO 1

SIGNOS

CORDELIA

Parece ser un diminutivo del latín *cordis* («corazón»). Es el nombre de la hija del rey Lear, personaje de Shakespeare, la única de las tres hermanas que se sacrifica por el viejo padre. Cordelia tiene un carácter generoso, es altruista y constante; se puede confiar en ella.

NÚMERO 4

SIGNOS

CORNELIO, CORNELIA

Son gentilicios romanos derivados de *cornus* («corno»), emblema de abundancia (la cornucopia) y protección del mal de ojo (el famoso cuerno de la suerte). **Cornelia** es versátil, fantasiosa, odia la monotonía y siempre va en busca de nuevos estímulos. En el amor es caprichosa, mientras que en el trabajo es bastante menos dispersa y más eficaz. **Cornelio** es dinámico y

obstinado, capaz de mandar, pero tal vez demasiado impulsivo. Ambos son personas delicadas, inteligentes y dotadas de fascinación y originalidad.

NÚMERO 1 para Cornelio;
5 para Cornelia.

SIGNOS para ambos; para Cornelia, también

CORRADO

Desciende del germánico y está formado por *kuoni* («audaz») y *radha* («consejo, asamblea»); por lo tanto, significa «audaz en asamblea» o «que da consejos audaces». Corrado tiene buen carácter, gracias al cual obtiene fácilmente el apoyo de los demás. Le gusta el bienestar y la comodidad y no teme luchar por sus ideales.

NÚMERO 2

SIGNOS

COSETTE

Puede considerarse la abreviación de Cósima. Se difundió por ser el nombre de la protagonista de la novela de Víctor Hugo *Los miserables*. Sensible y altruista, Cosette sabe mantener sus pasiones bajo control mientras irradia armonía a su alrededor. Teme la soledad, y en el amor tiende a mostrarse conciliadora para preservar su relación de pareja, a la que está muy apegada.

NÚMERO 6

SIGNOS

CÓSIMO

Es un nombre de origen greco-bizantino, *Kosmas*, derivado de *kosmion* («ornamento») o *kosmos* («orden»). Cósimo es voluntarioso, generoso y

capaz de manipular las situaciones a favor suyo. Puntilloso y ordenado, en el amor es un compañero ideal.

NÚMERO 2

SIGNOS

CRISTIANO, CRISTIANA, CRISTINA

Todos son nombres derivados de Cristo (del griego *Christòs*, o sea, «el elegido, el escogido»), que se utilizaban para evidenciar la pertenencia a la fe cristiana. **Cristiano** es imperioso y de pocas palabras, muy dotado para las cosas prácticas pero frío y reservado en los sentimientos. **Cristiana** es más abierta y generosa; aunque muy influenciable, sabe apañárselas en cualquier situación. **Cristina** es desenvuelta, diplomática y muy hábil para mostrar una imagen culta y «evolucionada» de sí misma, pese a que la realidad es más modesta.

NÚMERO 9 para Cristiano;
4 para Cristiana;
3 para Cristina.

SIGNOS para Cristiano;

para Cristiana;

para Cristina.

CRISTÓBAL, CHRISTOPHER

Derivan del grecocristiano *Christophoros*, que significa «aquel que lleva a Cristo». **Cristóbal** tiene un carácter fuerte y emprendedor capaz de afrontar cualquier dificultad; se interesa por todo lo religioso y maravilloso, y tiene un escaso olfato para los negocios. Ama apasionadamente y de forma sincera. En su variante exótica, **Christopher**, predomina la emotividad: su carácter es más sensible, inestable, sugestionable y receptivo.

NÚMERO 9 para Cristóbal;
4 para Christopher.

SIGNOS [signos]
para Cristóbal;

[signos]
para Christopher.

DAFNE, DAPHNE

Es el nombre de una ninfa que, para huir de los «asedios» de Apolo, pidió ser transformada en un laurel (en griego, *daphne*). Dafne tiene una personalidad extravertida y fantasiosa, le gusta exhibirse y hacer conquistas amorosas. La variante extranjera **Daphne**, más parecida al original griego y luego latino, es más voluble e intelectual.

NÚMERO 3

SIGNOS [signos]
para Dafne;

[signos]
para Daphne.

DALIA

Deriva de la flor homónima, que a su vez tomó el nombre del botánico finlandés Dahl, que la seleccionó. Dalia tiene un carácter combativo, pero proclive a la espiritualidad, a los grandes ideales. Es apropiada para realizar actividades culturales.

NÚMERO 9

SIGNOS [signos]

DALILA

Tiene sus raíces en el nombre hebreo *Delilah* («pobre, mísera»). Es el nombre de la mujer que cortó los cabellos a Sansón después de haberlo seducido, privándolo así de su fuerza. Determinativa y valerosa, a

Dalila le preocupa mucho su éxito personal y se implica hasta el fondo para mejorarse a sí misma.

NÚMERO 3

SIGNOS [signos]

DAMIÁN, DAMIANA

Derivan del griego *damazein* («domar»). Cordiales, expansivos y pasionales, están dotados de buenas capacidades intelectuales y artísticas, y tienen una profunda aversión hacia las banalidades.

NÚMERO 6 para Damián;
7 para Damiana.

SIGNOS [signos]
para Damián;

[signos]
para Damiana.

DANIEL, DANIELA, DANILO, DANILA

Daniel es el nombre de uno de los cuatro profetas mayores del Antiguo Testamento, y se remonta al hebreo *Daniy'el*, que significa «Dios ha juzgado» o «mi juicio es Dios». **Daniel** es sabio y reflexivo, pero también un poco escéptico; sólo se fía de él. **Daniela** es reservada pero un poco perezosa, se realiza en el amor y en la maternidad. **Danilo**, adaptación italiana de la forma eslava y rusa de Daniel, tiene un carácter orgulloso, independiente, indiferente a los vínculos y convenciones sociales. **Danila** es más alegre, voluble e impulsiva.

NÚMERO 9 para Daniel y Daniela;
1 para Danilo;
5 para Danila.

SIGNOS [signos]
para Daniel;

[signos]
para Daniela;

SIGNOS (símbolos)
para Danilo;

SIGNOS (símbolos)
para Danila.

DANTE

Abreviación de Durante («firme, duradero») difundida por el prestigio de Dante Alighieri. Sobrio, disciplinado y sensato, Dante detesta los excesos y busca la serenidad. Le gusta dar consejos, aunque no se los hayan pedido.
NÚMERO 8
SIGNOS (símbolos)

DARÍO, DARÍA

Derivado del persa antiguo *Darayavaush*, que significa «aquel que mantiene o que posee el bien». No en vano, este fue el nombre de una importante dinastía de reyes persas. Inseguro y tímido en su juventud, con el tiempo **Darío** aprende a utilizar sus propios recursos para alcanzar el éxito. Le gusta la vida cómoda y detesta las complicaciones; en el amor es fiel a aquellos que lo miman y protegen. **Daría** también es afectuosa y un poco vanidosa, pero más emprendedora.
NÚMERO 2 para Darío;
      6 para Daría.
SIGNOS (símbolos)

DAVID

Deriva del hebreo *Dawid* («amado»). Es el nombre del importante personaje bíblico que mató al gigante Goliat y luego se convirtió en segundo rey de Israel. Digno, orgulloso, introvertido e intransigente, David posee una gran fascinación, pero no es una persona fácil.
NÚMERO 4
SIGNOS (símbolos)

DÉBORA, DEBORAH

Débora significa «abeja», y era el nombre de una profetisa bíblica. Valerosa, altruista y poco materialista, odia las injusticias y los combates, y sabe comprender muy bien los problemas de los demás. La variante **Deborah** refleja un carácter más elástico y adaptable.
NÚMERO 9 para Débora;
      8 para Deborah.
SIGNOS (símbolos)

DELFINA

Deriva del griego *delphys* («útero»). Tiene un carácter tranquilo, paciente, soñador y no demasiado sociable, pero es atenta a las necesidades de los demás. Siente un profundo amor por la familia y los niños.
NÚMERO 6
SIGNOS (símbolos)

DELIO, DELIA

Eran dos de los apelativos de Apolo y Diana, ya que nacieron en la isla Delos. Precisa, racional y ordenada, **Delia** es una buena organizadora, pero cuando se enfada pierde toda su discreción. **Delio** es más cauto y tradicionalista, lo programa todo, inclusive el amor.
NÚMERO 9 para Delio;
      4 para Delia.
SIGNOS (símbolos)
para Delio;

SIGNOS (símbolos)
para Delia.

DEMETRIO, DEMETRIA, DIMITRI

Diosa de la Tierra, **Demetria;** gobierna la fertilidad de los campos y de los animales; en griego significa «tierra madre». Muy concreta y austera, deja poco espacio a las fantasías

y da mucha importancia a la seguridad material. **Demetrio** significa «dedicado a Demetria». Tiene un carácter práctico, controlado, lleno de sensatez, y en el amor es esquivo pero afectuoso, fiel a los valores estables. La forma rusa y eslava **Dimitri** refleja más sensibilidad y romanticismo, pero también una impulsividad condicionada por la emotividad.
NÚMERO 8 para Demetrio y Dimitri; **3** para Demetria.
SIGNOS para Demetrio y Dimitri;
para Demetria.

DESIRÉE

Deriva del latín *desideratus*, con un claro significado. Desirée tiene un carácter sensible, teme la soledad, pero sabe poner en práctica su impulso emprendedor con iniciativas concretas.
NÚMERO 2
SIGNOS

DEYANIRA

Es un nombre griego que significa «aquella que destruye al propio marido». Es probable que el nombre proceda del mito de la homónima mujer de Hércules, que involuntariamente le causó la muerte al ponerle una túnica bañada en la sangre del centauro Neso. Deyanira es intuitiva, sensible y dotada de sentido práctico. Es impulsiva y está dispuesta a tomar numerosas iniciativas.
NÚMERO 5
SIGNOS

DIAMANTE

Es un nombre afectivo-augural, que deriva del griego *adamas* («indoma-

ble»), utilizado para designar las cualidades de la preciosa y durísima gema. Racional, reflexiva y dotada de una gran voluntad, Diamante carece sin embargo de fantasía y diplomacia. Es hábil en manejar el dinero y está muy dotada para los estudios científicos.
NÚMERO 4
SIGNOS

DIANA

Es el nombre de la diosa romana de la Luna, de los bosques y de la caza, y se remonta a *dia*, femenino de *dius* («resplandeciente, luminoso»). Alegre y comunicativa, pero en absoluto exhibicionista, Diana ama las cosas pequeñas y simples, es sensible e íntimamente fuerte.
NÚMERO 2
SIGNOS

DIEGO

Sus orígenes se remontan al ibérico *Didacus* (tal vez del griego *didaskein* «instruir»), luego transformado en *Diaco* y *Diago*. Denota un temperamento inquieto, prepotente y obstinado, gran sed de conocimiento y una tenaz resistencia a las adversidades.
NÚMERO 4
SIGNOS

DILETTA

Se trata de un nombre afectivo de origen italiano. Diletta se caracteriza por un buen equilibrio entre los valores emotivos, racionales y prácticos, pero le falta un poco de pasión y entusiasmo.
NÚMERO 8
SIGNOS

DIONISIO, DIONIGIO, DENIS, DENISE

Dionisio deriva de Dioniso, dios griego de la naturaleza, el vino y la alegría de vivir, con el probable significado de «hijo de Zeus». Exigente e inquieto, siempre está en lucha consigo mismo y tiende a desatender las exigencias de los demás, mientras que pretende lo mejor para él. **Dionigio** también es orgulloso, poco adaptable, dotado de amor propio, pero más afectuoso y equilibrado. Por lo que respecta a **Denis**, es introvertido y orgulloso, pero capaz de fuertes pasiones; además, está muy dotado para las ciencias exactas. **Denise** tiene un carácter bondadoso, dócil y altruista; busca la armonía y se dedica con amor a la relación de pareja, pero tiene una constante necesidad de novedad.

NÚMERO 1 para Dioniso y Dionigio;
6 para Denis;
2 para Denise.

SIGNOS para Dionisio;
para Dionigio;
para Denis;
para Denise.

DIRCE

Deriva de *Dirke*, nombre griego de significado incierto. Fue una bacante de Dionisio, el cual la transformó en fuente. Sensible a los aspectos materiales de la existencia, Dirce tiende a seguir sus impulsos, sus necesidades, más que la racionalidad. Carece de adaptabilidad.

NÚMERO 3
SIGNOS

DIVA

Es un nombre afectivo de origen latino que deriva de «divinidad» y que reclama un perfecto equilibrio entre los cuatro elementos. Diva es sabia, estable, determinada y ama las comodidades y las cosas hermosas y útiles.

NÚMERO 6
SIGNOS

DJAMILA

En árabe significa «hermosa». Creativa, comunicativa y de gustos refinados, Djamila detesta la monotonía, pero sabe ser determinante cuando es preciso.

NÚMERO 5
SIGNOS

DOLORES

Es un nombre cristiano-español que se difundió por la devoción a la Virgen de los Siete Dolores, sufridos durante la Pasión de Jesús. Sentimental, impresionable y muy sensible, Dolores tiene un gran deseo de protección. En el amor es pasional, imprudente y caprichosa.

NÚMERO 7
SIGNOS

DOMINGO, DOMINGA

Derivan del latín *dominicus*, que significa «consagrado al Señor». En la Antigüedad, ya se difundió la

costumbre de llamar así a los niños nacidos un domingo. Con un carácter amable, indulgente, sociable y tradicionalista, ambos son amantes del orden y de la precisión. Pese a cierta timidez, tienden a no asumir sus problemas. **Domingo** es más pacífico y tranquilo; **Dominga**, más egocéntrica y determinativa.
NÚMERO 5 para Domingo;
9 para Dominga.
SIGNOS

DONATO, DONATA, DONATELLA

Proceden del nombre latino de carácter cristiano *Donatus*, es decir, «donado, regalado por Dios». Los tres son personas amables, creativas, generosas y dispuestas a abrirse ante los problemas de los demás. **Donata** y **Donatella** son dulces y acomodadizas; **Donato** esconde su timidez tras una dura coraza.
NÚMERO 6 para Donato;
1 para Donata;
3 para Donatella.
SIGNOS
para Donato;
para Donata;
para Donatella.

DORA

Es la abreviación de nombres que empiezan y acaban con *dora* o *doro* (por ejemplo, Teodora o Dorotea); y luego se reafirmó como nombre propio. Seductora, alegre y resplandeciente, Dora detesta las mentiras y falsedades. Aunque sus sentimientos cambian a menudo, tiene un gran sentido maternal.
NÚMERO 2
SIGNOS

DORIANO, DORIANA

Son apelativos augurales en el sentido de «bello, precioso como el oro». **Doriano** es racional, ponderado, un poco intransigente y conservador, así como austero y tenaz, pero tiene las ideas claras. **Doriana** es intolerante, pero más creativa, impulsiva y autoritaria; no teme el riesgo.
NÚMERO 4 para Doriano;
8 para Doriana.
SIGNOS

DORIS

Es un nombre griego que significa «procedente de la región de Doria», pero también es el nombre de una ninfa del mar de la mitología griega. Bondadosa y generosa hasta el punto de rendirse ante los demás, Doris mantiene sus pasiones bajo control, pero tiene una emotividad que se manifiesta en frecuentes cambios de humor. Está muy capacitada para realizar actividades sociales.
NÚMERO 2
SIGNOS

DOROTEA

Es un nombre de origen griego formado por *doron* («don») y *theos* («Dios»), por lo que significa «don de Dios». Llena de fascinación y seducción, Dorotea es, sin embargo, obstinada y a menudo incapaz de perdonar. Dotada de una gran sensibilidad artística, en el amor sabe ser una buena amiga y confidente.
NÚMERO 6
SIGNOS

DOUGLAS

Deriva del celta y significa «negro, de cabellos oscuros». Aunque es racional, diplomático y comunicativo,

Douglas tiene mucha fantasía y sensibilidad.

NÚMERO 7

SIGNOS

DRAGO

Este nombre se inspira en el poder del dragón, pero en realidad deriva del eslavo *drag* y significa «querido, amado». Drago tiene una fuerte e intransigente personalidad, se exalta por sus propios ideales y detesta los compromisos.

NÚMERO 9

SIGNOS

DUILIO

Procede del gentilicio latino *Duilius*, que está relacionado con *duellum* y, por lo tanto, con el significado de «guerrero». Reservado y paciente, Duilio es un buen psicólogo, capaz de análisis e introspección. No tiene mucho sentido práctico y da escasa importancia al dinero, que sin embargo no derrocha.

NÚMERO 7

SIGNOS

DYLAN

Deriva del galés y significa «mar». Práctico y racional, Dylan no se deja arrastrar por la emotividad y es tenaz, aunque sin ser aburrido.

NÚMERO 2

SIGNOS

ECIO

Procede del latín *Aetius*, que a su vez deriva del griego *Aètios* (de *aetos*, «águila»). Reflexivo y metódico, pero también presuntuoso e insatisfecho, Ecio siempre intenta superarse a sí mismo. Tiende a infravalorar

a la mujer y en el amor no destaca por su ternura.

NÚMERO 5

SIGNOS

EDDA

Es una abreviación de *Hedving* (Edvige), pero según otras fuentes se remonta al nombre de un antiguo manual nórdico del arte poético. De carácter reservado, pero dinámica, Edda se siente atraída por la aventura y el juego. En el amor no ama los vínculos demasiado estrechos.

NÚMERO 5

SIGNOS

EDGARDO

Su origen procede del sajón *Edgard*, formado por *ead* («poderoso, rico») y *gar* («lanza»), y significa «poderoso con la lanza». Edgardo tiene un carácter huraño, una personalidad magnética e introvertida. Es inteligente, profundo y reservado. Está muy unido a la familia, ama la verdad y la justicia y aprecia la seguridad económica.

NÚMERO 9

SIGNOS

EDITH

Procede del sajón *ead* («prosperidad, riqueza») y *gyadh* («lucha»), por lo que significa «aquel que lucha por la riqueza». Dotada de un temperamento decisivo y volitivo, Edith es la única dueña de sí misma; independiente, valerosa y ambiciosa, va siempre por su camino sin escuchar consejos. Está destinada a destacar en el trabajo.

NÚMERO 1

SIGNOS

EDUARDO

Nace del anglosajón *Eadward*, compuesto de *ead* («bienes, propiedad») y *weard* («guardián»); significa, por lo tanto, «guardián del bien». De carácter realista, lógico y conservador, Eduardo afronta la vida con mucha fuerza de voluntad.

NÚMERO 5

SIGNOS

EFRÉN

Procede del hebreo *Efrayim* y significa «que crezca». Reflexivo pero brillante, Efrén posee excelentes dotes intelectuales e intuitivas, y es un compañero muy agradable.

NÚMERO 3

SIGNOS

EGIDIO

Se cree que deriva del griego *aighidion* («cabrito»), o tal vez de *Aighéus* («Egeo» en el sentido de «procedente del mar Egeo»). Tranquilo y paciente, Egidio es puntilloso y más bien introvertido; se dedica con tenacidad a sus objetivos, pero la emotividad puede crearle inseguridad.

NÚMERO 4

SIGNOS

EGISTO

Era el amante de Clitemnestra, esposa de Agamenón, y usurpador del trono: después de haber matado a Agamenón, Egisto corrió la misma suerte en manos de Orestes, el hijo de Clitemnestra. Egisto es ambicioso y tiene grandes deseos de éxito; y para conseguir sus fines no teme las dificultades ni los compromisos, siempre ayudado por su gran olfato.

NÚMERO 3

SIGNOS

EGLE

Es el nombre de varias divinidades menores de la mitología clásica: la hija de Helio, dios del Sol, convertida en chopo después de la muerte de su hermano Fetonte; una náyade, una de las Hespérides, Hágale, la más hermosa (de hecho, el nombre significa «resplandeciente, brillante»). De carácter encantador y despreocupado, Egle es afectuosa y sensible, y proporciona a su compañero alegría y serenidad.

NÚMERO 2

SIGNOS

ELDA

Es una variante de Hilsa, de *hildjo* («batalla»). Concreta, metódica, precisa y gran organizadora, Elda desea sobre todo estabilidad y seguridad, y planifica con cuidado el amor.

NÚMERO 4

SIGNOS

ELECTA

Probablemente de origen medieval, significa «destinada a sobresalir» o, en sentido espiritual, «elegida por Dios». Comunicativa, Electa está dotada de un buen equilibrio entre valores prácticos y sensibilidad, que la convierte en una persona capaz de realizar de manera eficaz los propios ideales; para hacerlo debe, sin embargo, vencer una cierta inconstancia.

NÚMERO 1

SIGNOS

ELECTRA

Del griego *Electrón* («que resplandece»), era el nombre de la hija de Agamenón, que, para vengar la muerte de su padre, ayudó a su hermano Orestes a asesinar a su madre Clitemnestra y al usurpador Egisto. De temperamento extremadamente activo y dinámico, Electra es deportiva, apasionada y despreocupada del peligro. Escoge con cuidado las amistades y a veces es incomprendida en el amor.

NÚMERO 1

SIGNOS

ELEONOR

De origen incierto (tal vez deriva del germánico *ali*, «crecer»), llegó a España procedente de la Provenza bajo la forma *Alienor*. En Eleonor, una dulce discreción encubre una naturaleza sentimental y artística, y sobre todo una gran fuerza de ánimo que le permite superar cualquier dificultad.

NÚMERO 3

SIGNOS

ELÍAS

Es el nombre bíblico del primer profeta de Israel, y significa «Jahvé es el verdadero Dios». Intuitivo, esquivo y espiritual, Elías es altruista y soñador y poco expansivo en el amor.

NÚMERO 1

SIGNOS

ÉLIDE

Nombre de origen griego, que indicaba la procedencia de la región del Peloponeso. Concreta y perseverante, Élide tiene un fuerte sentido del deber, capacidad para involucrar a los demás y espíritu constructivo.

NÚMERO 8

SIGNOS

ELIGIO

Deriva del latín medieval *Eligius* («elegido», en el sentido de «elegido por Dios»). Eligio es sensible y está lleno de iniciativas, pero a menudo se dispersa en sus actuaciones.

Su independencia puede impedirle ofrecer estables puntos de referencia en el amor.

NÚMERO 3

SIGNOS

ELIO, ELIANA

Elio deriva del griego *hélios* («Sol»), apelativo de Apolo, dios del Sol. De temperamento cordial, simpático y adaptable, pero tímido y de apariencia desenvuelta, Elio es sentimental, sereno y ama la vida tranquila. **Eliana** es creativa, agradable y refinada.

NÚMERO 5 para Elio;
            6 para Eliana.

SIGNOS
para Elio;

para Eliana.

ELISABETH, ELISA

Elisabeth es un nombre de origen hebreo derivado de *elisheba*, que significa «Dios es juramento» o bien «Dios es perfección»; a su vez, *sheba* («7») es el número perfecto. Dulce y llena de sentimiento, Elisabeth sabe ayudar a los demás y dedicarse con empeño a sus proyectos; el amor y la familia son el complemento ideal de su personalidad. Está dotada de buenas dotes artísticas. **Elisa** también está dotada de sensibilidad y espíritu de iniciativa, pero tiene una emotividad menos intensa, equilibrada por la racionalidad.

NÚMERO 9 para Elisabeth;
            1 para Elisa.

SIGNOS

ELOÍSA

Es una adaptación del nombre francés de origen germánico *Héloise*. Intuitiva, sentimental y sensible,

Eloísa tiene una vida interior rica. En las relaciones con los demás sigue los impulsos altruistas de su corazón.

NÚMERO 7

SIGNOS

ELSA

Es un diminutivo de Elisa o, según otros, un nombre derivado de *kelsa* («asidero»). Elsa —así se llama también la heroína de *Lohengrin* de Wagner— es de carácter romántico, pero desconfiada e indecisa, lo que puede provocarle la pérdida de alguna buena ocasión.

NÚMERO 1

SIGNOS

ELVIO

Deriva del gentilicio latino *Helvius*, que significa «color amarillo rosado» o «amarillo-verdoso». Obstinado, meticuloso y aparentemente huraño, Elvio tiene un carácter bondadoso, sentimental y muchas aptitudes para el trabajo metódico.

NÚMERO 9

SIGNOS

ELVIRA

Es un nombre de origen germánico formado por *gail* («alegre») o *gails* («lanza») y *wers* («amiga, cordial»); así pues significa «alegre y cordial» o «amiga de la lanza». Bajo una aparente frivolidad, Elvira encubre un ánimo complicado, sensible y deseoso de aprobación. Le gusta viajar y tiene aptitudes para la enseñanza.

NÚMERO 4

SIGNOS

EMILIO, EMILIA, EMILIANO

Deriva del antiguo gentilicio latino *Aemilius*, de probable origen etrus-co. Inteligente y desenvuelto, **Emilio** está lleno de recursos y sabe arreglárselas bastante bien en cualquier situación; ama la vida tranquila y en el trabajo se muestra paciente y atento, pero es capaz de montar en cólera y de albergar profundos rencores. **Emilia** es muy agradable y cortés, pero más emotiva, nerviosa y vanidosa. En **Emiliano** las características de Emilio resultan más matizadas y diluidas por la racionalidad, el sentido práctico y estético y el deseo de armonía.

NÚMERO 9 para Emilio;
4 para Emilia;
6 para Emiliano.

SIGNOS

EMMA

Es el diminutivo del alemán *Imma* («diligente y trabajadora»), o tal vez deriva de *Irmin* («grande, poderoso»), epíteto del dios Odín. Imperiosa y enérgica, Emma tiene los pies en el suelo y sostiene sus ideas con determinación y racionalidad. Poco adaptable, es sin embargo protectora y confiada con su pareja.

NÚMERO 5

SIGNOS

EMMANUEL, EMMANUELA

Derivan del hebreo *Immanuel*, que significa «Dios está con nosotros». **Emmanuel** es una persona que sabe lo que quiere y no se deja vencer por las adversidades; prudente y organizado, es poco comunicativo. En las relaciones con los demás no destaca por su altruismo y generosidad. **Emmanuela** es menos determinante y está sujeta a cambios de humor y a todos los caprichos. Necesita mucho amor.

NÚMERO 3 para Emmanuel;
4 para Emmanuela.

SIGNOS para Emmanuel;

para Emmanuela.

ENEAS

Es el nombre del héroe troyano que consiguió salvarse de la destrucción de la ciudad y llegar, después de numerosas aventuras, a Lacio, donde dio origen a la estirpe de la que descendieron los romanos. Durante su juventud, Eneas es voluble y proclive a las pasiones, mientras que en la madurez se hace sedentario, hogareño y amante de la comodidad.
NÚMERO 8
SIGNOS

ENNIO

Deriva del latín *Ennius* y denota un carácter curioso y polifacético. Es impulsivo y un poco perezoso. De joven, Ennio tiene una vida afectiva inestable, pero una vez determinadas sus elecciones desarrolla un intenso apego a la familia.
NÚMERO 3
SIGNOS

ENRIQUE, ENRIQUETA

Derivan del alemán *Haimrich*, compuesto de *haimi* («casa, patria») y *rikja* («poderoso»), por lo que significa «poderoso en casa, en la patria». Honesto, leal y digno de confianza, **Enrique** es ambicioso y está dispuesto a luchar hasta el final por sus propios principios; pero también es muy susceptible y colérico. **Enriqueta** posee un espíritu positivo y tenaz, es discreta y en absoluto

huraña. Los celos y la envidia son sus defectos.
NÚMERO 8 para Enrique;
2 para Enriqueta.
SIGNOS

ENZO

Deriva del alemán *Heinz*, abreviatura de *Heinrich*. Amable, tranquilo y sensible, a Enzo no le falta fascinación ni la posibilidad de llevar a cabo numerosas conquistas en el amor. Tiene una acentuada predisposición por el arte y la música.
NÚMERO 6
SIGNOS

ERASMO

Deriva del verbo griego *éromai* («desear, bramar»), y significa «hijo muy esperado». Determinante, carismático y combativo, Erasmo tiene carácter de líder, pero detrás de su autoritarismo oculta sentimientos puros y un interés por los demás.
NÚMERO 8
SIGNOS

ERICA, ERIKA

Del germánico *erich* («dueña»), ambos están relacionados con la etimología popular de una familia de plantas de los páramos (Ericáceas). De temperamento determinante y emprendedor, Erica (y también Erika) escoge su camino con originalidad, y suscita, además, mucha admiración en los demás.
NÚMERO 9 para Erica;
8 para Erika.
SIGNOS

ERNESTO

Deriva del alemán antiguo *Ernust*, procedente a su vez de *arni* («batalla»), pero posteriormente asume el significado de «serio, severo». Emprendedor e inconstante, Ernesto es de humor cambiante pero simpático. Es emotivo, pero está dotado de un buen sentido práctico.

NÚMERO 6

SIGNOS

EROS

Es el nombre del dios griego del amor, hijo de Afrodita y de Hermes. De carácter afable y cordial, Eros sabe agradar al prójimo y sacia de este modo su gran necesidad de amor y atención.

NÚMERO 3

SIGNOS

ESCILA

Del griego *Skyllé* o *Skylla* (probablemente derivado de *skylax*, «cachorro»), es un nombre mitológico, el de una hermosa ninfa marina. Cuando Glauco, divinidad del mar, se enamoró de ella, le pidió a la maga Circe un filtro de amor para conquistarla; Circe, a su vez, estaba enamorada de él, pero este la rechazó, así que como venganza transformó a la ninfa en un horrible monstruo con seis cabezas. Entonces, Escila se escondió en una roca en el estrecho de Mesina, en el lado opuesto de donde vivía otro monstruo, Caribdis, que cuando los navegantes intentaban atravesar el estrecho los devoraba con sus seis bocas. De espíritu sensible, receptivo y un poco vulnerable a las emociones,

Escila tiene sentimientos intensos, pero también una lúcida racionalidad que le permite no perder de vista sus objetivos. En el amor es romántica y entregada, generosa y altruista con el prójimo, y siempre intenta preservar la armonía, el bienestar.

NÚMERO 4

SIGNOS

ESMERALDA

Del griego *smaragdos*, alude al nombre de la preciosa piedra verde. Desbordante y comunicativa, pero también concreta y sensata, Esmeralda tiene mucho espíritu de iniciativas y fuerza de voluntad. Ama las comodidades y las cosas bonitas.

NÚMERO 6

SIGNOS

ESPERANZA

Es un nombre augural, que arraigó en los ambientes cristianos por devoción a las tres virtudes teologales —las otras dos son Fe y Caridad—. Dulce y amable a primera vista, Esperanza posee, de hecho, una gran fuerza de voluntad y no se doblega jamás ante las adversidades. Expansiva, dinámica y envolvente, en el amor demuestra fidelidad y abnegación.

NÚMERO 6

SIGNOS

ESTEBAN, ESTEFANÍA

Del griego *Stéphanos* («corona»), originariamente representaba un símbolo de triunfo y victoria, pero con el cristianismo tomó el sentido de «corona del martirio» (San Esteban es el primer mártir cristiano). Ambos tienen un carácter más bien introvertido y poco manejable; siempre intentan salirse con la suya, lo que puede

generar problemas en su educación. Con el tiempo destacan gracias a su fuerza de voluntad y a la tenacidad con que defienden sus propios intereses. **Esteban** es más introvertido, serio y esencial. **Estefanía** es más adaptable, sociable y alegre.

NÚMERO 3 para Esteban;
8 para Estefanía.

SIGNOS

ESTER

Es un nombre de origen hebraico, procedente del asirio-babilónico *ishtar* («diosa»). Autoritaria y determinativa, Ester sabe abrirse camino en el mundo con decisión; es dulce y protectora con su pareja, con la que está dispuesta a compartir el bien y el mal.

NÚMERO 4

SIGNOS

ESTRELLA

Es un nombre afectivo que ya se utilizaba en la Edad Media para augurarle a la recién nacida la belleza y el resplandor de una estrella. En parte refleja la devoción por la Virgen, de la que procede el nombre de María Estrella. Se caracteriza por su gran romanticismo y por un profundo amor por la belleza en todas sus formas: en las personalidades más sensibles eso puede desembocar en un profundo talento artístico y en una natural tendencia a la armonía, mientras que en los casos más inmaduros puede desembocar en superficialidad, gusto por las apariencias y gastos excesivos para mejorar el propio aspecto. El amor es el centro de sus sueños, por lo que se dedica con ternura a la persona amada.

NÚMERO 5

SIGNOS

EUGENIO

Es un nombre de origen griego, compuesto de *eu* («bien») y *génos* («estirpe»), por lo que significa «bien nacido, de gente digna». De temperamento tranquilo y más bien introvertido, Eugenio es muy celoso de su intimidad, leal y esquivo con sus sentimientos.

NÚMERO 4

SIGNOS

EVA

Es el nombre de la compañera de Adán, progenitora de todos los seres humanos según el Antiguo Testamento. Activa, impulsiva y aguda, Eva tiene mucha imaginación y creatividad. Es alegre y astuta, y no acepta que el hombre la ponga en segundo plano.

NÚMERO 1

SIGNOS

EVELINA, EVELYN

No son diminutivos de Eva, sino que derivan del inglés antiguo *Aveline* (de *awi*, «agradecimiento»). Juveniles, alegres, aventureras, curiosas y un poco frívolas, a ambas les gusta estudiar, viajar y las novedades. En el amor prefieren no atarse demasiado pronto.

NÚMERO 5 para Evelina;
4 para Evelyn.

SIGNOS
para Evelina;

para Evelyn.

FABIO, FABIA, FABIOLA, FABIÁN, FABIANA

Fabio es un gentilicio romano derivado de *faba* («haba»). Fabio es reflexivo, indeciso, sensible y cohi-

bido; de gustos frugales, se siente a gusto en ambientes sencillos y agrestes. Sin embargo, **Fabia** y **Fabiola** son más dinámicas y decididas a la hora de abrirse camino en la vida, además de posesivas en el amor. Los derivados **Fabián** y **Fabiana** tienen un carácter muy parecido al de Fabio; Fabián es muy curioso, optimista y desenvuelto, mientras que Fabiana es más emotiva e insegura y necesita mucha protección.
NÚMERO **6** para Fabio;
      1 para Fabia y Fabiola;
      5 para Fabián;
      7 para Fabiana.
SIGNOS
para Fabio;
para Fabia y Fabiola;
para Fabián y Fabiana.

FABRICIO, FABRICIA

Derivan del latín *Fabricius*, que a su vez deriva de *faber* («artífice»). Activo y simpático, **Fabricio** siempre está muy ocupado, aunque a veces se dispersa. Tanto en el amor como en la vida, apuesta por los objetivos fáciles, pero en el fondo desea sentirse protegido y arropado. **Fabricia** se muestra más determinante, capaz de imponerse y asumir puestos de autoridad.
NÚMERO **9** para Fabricio;
      4 para Fabricia.
SIGNOS

FALCO

Desciende de un sobrenombre medieval que alude a la velocidad, al espíritu agresivo y a la vista aguda del ave rapaz. Denota un temperamento dinámico y competitivo, que

tiene la necesidad de imponer y destacar, pero con matices egoístas.
NÚMERO **1**
SIGNOS

FÁTIMA

Era el nombre de la hija de Mahoma, además de una de las heroínas de *Las mil y una noches*. Adoptado por los cristianos, está relacionado con el culto a la Virgen de Fátima, localidad de Portugal donde la Virgen se apareció ante tres pastorcitos. Fátima es soñadora, perezosa, refinada y amante de la belleza y de la música: una fascinante seductora que cuando ama es extremadamente celosa.
NÚMERO **5**
SIGNOS

FAUSTO, FAUSTA

Del latín *Faustus* («feliz, afortunado»), son nombres que auguran y auspician felicidad y buena suerte. Inquietos y nunca contentos, tanto él como ella desean siempre progresar y están colmados de saber y prestigio. Optimistas y seguros, no se dejan vencer por las dificultades.
NÚMERO **1** para Fausto;
      5 para Fausta.
SIGNOS

FEDERICO, FEDERICA

De origen germánico, derivan de *frithu* («paz») y *rik* («rico, poderoso»), por lo que significan «poderoso en la paz». Determinado, dinámico y ambicioso, **Federico** busca el equilibrio interior, pero se siente atraído por el poder. Es un poco frío en las emociones, pero tiene buenas cartas para destacar en el trabajo, así como en las relaciones humanas y afectivas. **Federica** también es activa y motivadora, y da mucha importancia a las relaciones interpersonales y amorosas.

NÚMERO 2 para Federico;
6 para Federica.

SIGNOS

FEDORA

Es un nombre ruso. De carácter práctico, Fedora es prudente, intransigente, parsimoniosa y una óptima organizadora.

NÚMERO 4

SIGNOS

FEDRA

Deriva del griego *phaidròs* («luciente»). Según la mitología, Fedra (hija de Minos y esposa de Teseo) se enamoró de su hijastro Hipólito. Este la rechazó, y ella lo hizo matar y luego se suicidó. Vaga y distraída, Fedra tiende a vivir en un mundo muy suyo, pero cuando es necesario tiene los pies en el suelo y utiliza sus mejores dotes creativas y prácticas.

NÚMERO 7

SIGNOS

FELIPE

Deriva del griego *philippos* («amante de los caballos»). Dotado de fascinación más que de voluntad, Felipe tiene bastante éxito con las mujeres, pese a su carácter reservado, pero no se aprovecha de ello.

NÚMERO 8

SIGNOS

FÉLIX, FELISA, FELICIDAD

Todos proceden de *Felix*, nombre augural latino que en su origen significaba «fértil, fecundo», y luego «favorito de los dioses» y también «contento, radiante». **Félix** es vale-

roso, determinante, metódico y sabe cómo organizarse para realizar lo que anhela. **Felisa** es más creativa, ingeniosa y combativa; la impulsividad gobierna sus actos. A ambos les gusta la compañía, la diversión en su forma más simple, y aman la familia. **Felicidad** es, sin embargo, más tranquila, sensible y huraña; de carácter tranquilo, en el amor cede con facilidad para preservar la armonía.

NÚMERO 2 para Félix;
7 para Felisa;
8 para Felicidad.

SIGNOS
para Félix;

para Felisa;

para Felicidad.

FERDINANDO, FERNANDO, FERNANDA

Ferdinando deriva del germánico *Frithunanths*, de tradición visigoda, y está compuesto de *frithu* («seguridad, paz») y *nanths* («valeroso, audaz»); así pues, puede significar «deseoso de establecer la paz». Severo, enérgico y orgulloso, detesta la mezquindad y la banalidad y hace todo lo posible para alcanzar sus ideales. **Fernanda** es susceptible, combativa y se parece a Ferdinando. **Fernando** es, sin embargo, más voluble y seductor, pero menos profundo y determinante, pese a ser muy hábil para los negocios.

NÚMERO 9 para Ferdinando
y Fernanda;
5 para Fernando.

SIGNOS
para Ferdinando y Fernanda;

para Fernando.

FERRUCCIO

Deriva del sobrenombre medieval *Ferrutius*, que procede de *ferro* («hierro»). Valeroso, tenaz y determinante, Ferruccio tiene unos principios morales muy sólidos. En el amor es apasionado, pero muy susceptible.

NÚMERO 8

SIGNOS

FIAMMA, FIAMMETTA

Ambos son nombres medievales que están inspirados en la resplandeciente luminosidad del fuego. Tanto Fiamma como Fiammetta son prudentes, sabias, afectuosas y un poco tímidas. Fieles, pacientes y concienzudas, son óptimas compañeras, pero no siempre comprendidas del todo.

NÚMERO 7

SIGNOS
para Fiammetta, también.

FILIBERTO

De origen germánico, está compuesto por *viel* («mucho») y *berhta* («ilustre»), por lo que significa «muy ilustre». De temperamento activo e inquieto, Filiberto ama los viajes y las nuevas experiencias. En el amor es esquivo y controlador; con los hijos, muy afectuoso.

NÚMERO 6

SIGNOS

FILOMENA

Procede del griego *philo* («amigo») y *menein* («que permanece»), lo que significa «aquella que permanece amiga». Sin embargo, con el tiempo Filomena se relacionó con el nombre de una princesa ateniense que, según la leyenda, fue transformada en pájaro por los dioses; por eso

asume el valor de «amante del canto». Dotada de una fina inteligencia y amante del arte y la belleza, pese a ser poco expansiva, Filomena se hace apreciar y querer. Poco emprendedora, tiene necesidad de una pareja que la sostenga.

NÚMERO 3

SIGNOS

FIONA

Deriva del celta y significa «blanca». Tiene un carácter equilibrado, en el que conviven el entusiasmo y el realismo, la emotividad y la racionalidad. Fiona es, además, combativa, aunque poco tenaz.

NÚMERO 9

SIGNOS

FLAMINIO, FLAMINIA

Son nombres clásico-renacentistas que proceden del antiguo gentilicio latino *Flaminius*, que a su vez deriva de *flamens* («sacerdote»). Con un carácter proclive al estudio y a la meditación, son sensibles y altruistas, carecen de determinación y concreción, pero son muy aptos para las profesiones artísticas y tienen un profundo interés por el ámbito espiritual.

NÚMERO 7 para Flaminio;
2 para Flaminia.

SIGNOS

FLAVIO, FLAVIA

Ambos proceden del gentilicio latino *Flavius*, derivado de *flavus* (es decir, «rubio, amarillo dorado»). De carácter tranquilo y refinado, poseen la capacidad para destacar en muchos campos; en efecto, tanto Flavio como Flavia se sienten un poco superiores a los demás y gozan de prestigio y consideración.

NÚMERO **2** para Flavio;
6 para Flavia.

SIGNOS

FLOR

Es un nombre afectivo y augural de claro significado. Denota amabilidad de ánimo, delicadeza de sentimientos y amor por la naturaleza, pero también cierta dependencia del juicio de los demás.

NÚMERO **8**

SIGNOS

FLORA, FLORIANA

En la base de **Flora**, y de sus numerosas variantes, se halla el nombre homónimo de la divinidad romana de la primavera. Flora es sensible, delicada, emotiva y afectuosa; para ella, sin ninguna duda, el amor está en la cima de su escala de valores. La variante **Floriana** denota un carácter más racional, práctico y determinativo.

NÚMERO **6** para Flora;
4 para Floriana.

SIGNOS
para Flora;

para Floriana.

FLORENCIO, FLORENCIA

Derivan del latín *florens*, participio presente del verbo *florere* («florecer»), por lo que significa «floreciente». De carácter alegre, optimista, voluntarioso y expansivo, ambos tienen un pronunciado gusto por los placeres de la vida y son pródigos con el dinero.

NÚMERO **9** para Florencio;
4 para Florencia.

SIGNOS

FOLCO

Es un nombre de origen germánico en cuya base se halla el término *fulca* («pueblo en armas, ejército»). Inquieto y emprendedor, Folco tiene una muy buena opinión de sí mismo y siempre está dispuesto a luchar por sus ideales de justicia.

NÚMERO **6**

SIGNOS

FOSCA

Del latín *fuscus* («de color oscuro»), inicialmente se usó como sobrenombre y luego, en la época imperial, como nombre. Impulsiva, emotiva, idealista y sentimental, Fosca es proclive al entusiasmo, pero está muy poco dotada de sentido práctico.

NÚMERO **8**

SIGNOS

FRANCISCO, FRANCISCA

Proceden del latín *Franciscus*, que a su vez deriva del germánico *frankisk*, que primero hacía referencia a la pertenencia al pueblo de los francos y después al de los franceses. **Francisco** tiene un temperamento pacato y reflexivo y es cínico pero leal. Intenta preservar su independencia, pero es capaz de ser muy fiel en el amor. **Francisca** tiene un carácter ordenado y preciso, es una perfecta organizadora tanto en casa como en el trabajo. ¿Los defectos? Susceptibilidad y consideración por aquellos que poseen éxito y poder.

NÚMERO **7** para Francisco;
2 para Francisca.

SIGNOS

FRANCO, FRANCA

Aunque a menudo son utilizados como forma abreviada de Francisco o Francisca, tienen una etimología propia; derivan del germánico *franka*, que significa «perteneciente al pueblo de los francos» y también «hombre de condición libre». Tranquilo, metódico y en apariencia sumiso, **Franco** es capaz de albergar rencores profundos y es proclive a frecuentes ataques de ira; en el amor es sincero pero celoso. **Franca** está dotada de intuición y fantasía, y ama el arte y la cultura; en el amor pierde con frecuencia su ostentada independencia, y deja a su compañero en primer plano.

NÚMERO 3 para Franco;
7 para Franca.

SIGNOS

FULVIO, FULVIA

Fulvius, gentilicio de numerosos personajes de la historia de Roma, deriva del adjetivo *fulvus* («rojizo, rubio intenso»). Fascinantes, pero inconstantes y más bien vanidosos, tanto él como ella poseen grandes dotes organizativas para destacar en el ámbito profesional.

NÚMERO 4 para Fulvio;
8 para Fulvia.

SIGNOS

FURIO

Deriva del gentilicio latino *Furius*, de origen y significado inciertos. Furio es de carácter romántico, ingenuo y tranquilo, salvo por sus ocasionales ataques de cólera. Es un gran sentimental, un tipo enamoradizo, proclive a los amores impulsivos, idealistas y apasionados. Posee un notable gusto por el arte y la belleza.

NÚMERO 6

SIGNOS

FUTURA

Es un nombre de reciente aparición, en sintonía con el clima de renovación que invade la Edad de Acuario. Denota un carácter idealista y lleno de impulsividad, adaptable, sincero y abierto, pero más bien inestable y poco práctico. La amabilidad es su mejor arma.

NÚMERO 6

SIGNOS

GABRIEL, GABRIELA

Gabriel es un nombre de devoción cristiana. En hebreo significa «Dios es fuerte» (de *gabar*, «ser fuerte», y *El*, abreviatura de *Elohim*, que significa «Dios»), o bien «hombre de Dios» (de *gheber*, «hombre», y *El*, «Dios»). Inteligente, hábil y valeroso, Gabriel es extravertido y tiene muchos intereses, pero ante posibles desilusiones fácilmente se deja llevar por el pesimismo. Versátil y atraída por los placeres culturales, **Gabriela** tiene, sin embargo, un carácter más practico, estable, optimista y difícilmente se deja abatir por las dificultades.

NÚMERO 9 para Gabriel;
1 para Gabriela.

SIGNOS

GALEAZZO

Es un nombre de origen incierto, aunque algunos sostienen que deriva del latín *gàlea* («yelmo»), y otros del celta *gail* («alegría»). Firme y orgulloso, Galeazzo tiene grandes ambiciones, pero también la necesidad de sentirse aprobado, aplaudido por un público benévolo. Alegre, sociable y generoso, le resulta fácil encontrar amigos y admiradores.

NÚMERO 3

SIGNOS

GALVÁN

Es el nombre del héroe de varios poemas de caballerías del ciclo bretón (*Gauvain* en francés antiguo, *Gwalchmei* en celta), sobrino del rey Arturo que murió en combate contra el malvado Mordred. Galván tiene un carácter estable, determinante, idealista y opiniones muy concretas acerca de por lo que tiene que luchar hasta el fondo.

NÚMERO 3
SIGNOS

GAYA

Es un nombre de origen incierto, hoy en día utilizado para augurar a una recién nacida un carácter encantador. Dotada de temperamento fuerte, generoso y desprendido, Gaya se empeña con determinación para alcanzar sus ideales; en las relaciones de pareja también está dispuesta a darlo todo.

NÚMERO 7
SIGNOS

GEA

Es el nombre de la divinidad griega de la Tierra. En Gea, tenacidad y fuerza de carácter combinan con profundas dotes creativas; Gea sabe ir derecha hacia lo que quiere, sin perder de vista el contacto con la realidad.

NÚMERO 4
SIGNOS

GEMA

Es un nombre augural latino del último imperio. Inicialmente significaba «brote» (de vid o de otras plantas), pero luego, «piedra preciosa». Simpática, dócil y extravertida, Gema es discreta, mesurada y dotada

de autocontrol. Es reservada con las emociones, sin embargo tiene unas enormes ganas de realizarse en una relación de pareja estable.

NÚMERO 8
SIGNOS

GENARO

Este nombre deriva del latín *iannuarium*, a su vez transformado en *Ianus* (Jano). Genaro era el dios bifronte que vigilaba las puertas, los pasajes, los inicios. De carácter impulsivo y soñador, vive un poco fuera de la realidad pero es capaz de ser hábil y trabajador cuando es necesario. Genaro es susceptible, alberga profundos rencores y es bastante vengativo. Es tradicionalista en su relación con las mujeres.

NÚMERO 6
SIGNOS

GERARDO

Procede del germánico y se compone de *ger* («lanza») y *hardhu* («valeroso, fuerte»); por lo tanto, significa «lanza valerosa». Gerardo posee un carácter decisivo y racional, poco expansivo y capaz de afrontar la realidad tal como es, aprovechándose de las situaciones favorables. Tendrá numerosos amores, pero la elección definitiva se producirá bastante tarde.

NÚMERO 5
SIGNOS

GERMÁN, GERMANA

Derivan del sobrenombre y luego del nombre latino de la época imperial *Germanus*, y pueden tener un doble significado: «hermano, hermana», o bien «de origen germánico». **Germán** tiene un carácter firme, sobrio, determinado, combativo y un poco rudo, pero básicamente es bueno. **Germana** también es fuerte, decisiva, sincera, expansiva y tiene sentimientos sólidos y constantes.

NÚMERO **4** para Germán;
5 para Germana.

SIGNOS

GERTRUDIS, GELTRUDIS

Del germánico *ger* («lanza») y *trut* («fiel»), Gertrudis significa «fiel a la lanza»; no en vano era el nombre de una valquiria. **Gertrudis** es reflexiva, reservada y tiene ideas profundas, a veces fuera de lo común, por las que no teme implicarse, aunque sea a costa de mostrarse rebelde. Sus sentimientos son particularmente intensos. Sin embargo, la variante **Geltrudis** denota un carácter más emotivo, tranquilo y sensible; sus intereses se centran en el ámbito afectivo y familiar.

NÚMERO **4** para Gertrudis;
7 para Geltrudis.

SIGNOS
para Gertrudis;

para Geltrudis.

GIGLIOLA

Según algunos deriva de *Gilles* (forma francesa de Egidio), pero también se cree que está relacionado con *lilius*, es decir, «lirio», la flor de la pureza y el candor. Tranquilo y conciliador en apariencia, Gigliola tiene, en realidad, un carácter firme y proclive a mandar. No siempre consigue llevar a término lo que emprende, sobre todo en el ámbito del estudio, pero por naturaleza tiene maneras refinadas y elegantes que le abren muchas puertas.

NÚMERO **9**

SIGNOS

GILBERTO

Es un derivado medieval del francés antiguo *Gibert*, a su vez procedente del germánico *Wigbert*, compuesto de *wig* («batalla») y *berhta* («ilustre»), por lo que significa «ilustre en batalla». Inventivo y curioso, Gilberto ama experimentar e investigar, y sabe ser útil al prójimo. Apasionado en el amor, en la vida parece más interesado en las nuevas experiencias que en el verdadero y auténtico éxito.

NÚMERO **7**

SIGNOS

GILDA

Deriva del alemán *gild* («valeroso, valiente»). Apasionada, sensual y muy fascinante, Gilda es fundamentalmente afortunada tanto en la vida afectiva como en la familiar. Le gustan las cosas bonitas y caras, teme la soledad y desea realizarse a través del amor.

NÚMERO **6**

SIGNOS

GINEBRA

Es el nombre de la mujer del rey Arturo y amante de Lancelot. *Guenievre*, en la forma anglonormanda y del francés antiguo, desciende del galés *Gwenhwyfar* y significa «elfo luminoso» o «resplandeciente entre los elfos». De temperamento artístico y soñador, Ginebra es afectuosa con su pareja y tierna con los niños. Le gusta la naturaleza, los animales y detesta todo aquello que pueda alterar su vida idílica; en el momento preciso sabe ser luchadora.

NÚMERO **2**

SIGNOS

GISELA

Nombre de origen germánico, que deriva de *gisil*, diminutivo de *gaiza* o *gaira* («flecha, lanza»). Astuta, frívola y dotada de encanto, a Gisela le gusta que la adulen numerosos admiradores, pero en el fondo es una persona equilibrada y capaz de mostrar un gran apego por su pareja, a quien le pide cariño y protección.

NÚMERO 2

SIGNOS

GLAUCO

Así se llamaba el mítico pescador que, por haberse comido una hierba mágica, se convirtió en un dios marino. El nombre griego originario deriva del adjetivo *glaukos* («resplandeciente, brillante»), que alude al color azul-verde del mar. Versátil y curioso, es inconstante en los sentimientos y las amistades. A Glauco le atraen el riesgo, el juego y todo lo misterioso.

NÚMERO 5

SIGNOS

GLENDA

Es el femenino de Glen, nombre celta que significa «valle». De carácter original, innovador e independiente, Glenda tiene buenas dotes intelectuales y mucha sensatez y sentido común para afrontar la realidad. Desde el punto de vista afectivo es más bien fría, pues los sentimientos deben ser aprobados por su racionalidad.

NÚMERO 2

SIGNOS

GLORIA, GLORIANA

Gloria procede del latín, y puede entenderse en sentido laico como augurio de honor y fama por la recién nacida, o bien en sentido religioso, retomado del antiguo himno litúrgico *Gloria in excelsis Deo*. Gloria tiene una fuerte personalidad, viva e intransigente, que hace de ella una mujer vencedora, pero un poco proclive al aislamiento por ser demasiado reservada. **Gloriana** es, sin embargo, más despreocupada y maleable. Se toma la vida como un juego divertido y se siente atraída por los viajes y las aventuras, incluso las amorosas.

NÚMERO 8 para Gloria;
          5 para Gloriana.

SIGNOS
para Gloria;

para Gloriana.

GORDON

Deriva de un apellido de origen escocés que significa «gran colina». Gordon posee un carácter creativo y fantasioso, pero al mismo tiempo le interesan las cosas materiales de la vida. Dotado de una fuerte voluntad, persigue con tenacidad sus propósitos. Tiene un espíritu independiente, por lo que no soporta sentirse limitado.

NÚMERO 1

SIGNOS

GRACIA, GRACIELA, GRACIANO

Gracia es un nombre afectivo que procede del latín de la época imperial *Gratia*, que augura gracia y belleza a la recién nacida. Relacionado con las tres Gracias de la mitología clásica, colmadas de belleza y armonía, también puede tener el significado religioso de «gracia divina». Gracia y también **Graciela** tienen un carácter susceptible, reservado y soñador, un poco difícil de comprender. En el amor dan lo mejor de sí mismas: sinceras y fieles, se dedican tiernamente a la pareja y a los hijos. El nombre masculino, **Graciano**, denota un carácter sensible y estudioso; es un poco tímido y pedante. Reserva sus mejores energías para el amor.

NÚMERO 3 para Gracia;
               2 para Graciela;
               5 para Graciano.

SIGNOS

GRETA

Es el diminutivo sueco de *Margaret* (Margarita). Greta posee una personalidad discreta y refinada, alejada de las banalidades. Su actitud generalmente es distante, por lo que puede parecer altiva.

NÚMERO 6

SIGNOS

GUALTERO

Es un nombre de origen germánico compuesto de *walda* («tener poder, mandar») y *harja* («ejército»), por lo que significa «aquel que manda el ejército». Tranquilo, afectuoso y de pocas palabras, Gualtero es una persona simple, honesta, amante de viajes y de la compañía, pero sobre todo de la verdad. En el amor es fiel y tenaz.

NÚMERO 9

SIGNOS

GUIDO

Es un nombre germánico; originariamente es un diminutivo de nombres compuestos con la raíz *widu* («madera, bosque») o bien *wida* («lejano»). Independiente y proclive a mandar, Guido siente un gran respeto por las tradiciones y la justi-

cia. Es ordenado y concienzudo en el trabajo, romántico e idealista en el amor, afectuoso como pareja y un padre comprensivo.

NÚMERO 2

SIGNOS

GUILLERMO

Deriva del germánico *Willihelm* y está compuesto de *wilja* («voluntad») y *helma* («protección, yelmo»), por lo que parece significar «protección de la voluntad» o «voluntad protectora». Guillermo tiene un carácter complicado: es orgulloso, vanidoso y al mismo tiempo impresionable, además de caprichoso. Independiente, atraído por la aventura y básicamente inquieto, demuestra sin embargo un gran apego por la familia.

NÚMERO 4

SIGNOS

GUNNAR

Es un nombre tomado de la epopeya de los nibelungos y que significa «guerrero valeroso». Emprendedor pero voluble, Gunnar posee una mente racional, creativa, fantasiosa, pero no privada de sentido práctico y paciencia. Sin embargo, su dispersión a menudo le impide llevar a cabo los proyectos; con frecuencia, en él el deseo de orden deja lugar a la improvisación.

NÚMERO 3

SIGNOS

GWENDOLIN

Procede del galés *Gwendelan* o *Gwendolen*, que a su vez derivan del adjetivo *gwen* (femenino de *gwyn*), que significa «blanca, resplandeciente, luminosa». Así se llamaba la mujer del mago Merlín. Gwendolin tiene un carácter sabio y meditativo y es proclive a la espiritualidad, al arte y al ocultismo, pero también es capaz de tener ambiciones concretas. Inquieta pero sincera, especialmente en el amor Gwendolin no encuentra siempre a quien pueda comprenderla del todo.

NÚMERO 4

SIGNOS

HAMLET

Nombre conocido por la tragedia homónima de Shakespeare. Procede de las sagas escandinavas medievales. El significado de su posible origen islandés *amlodhi* es «loco, desequilibrado». Hamlet vive con entusiasmo, conquista fácilmente la simpatía de los que le rodean y a menudo también la popularidad; detesta la monotonía. Es muy apto para profesiones independientes o en contacto con el público.

NÚMERO 5

SIGNOS

HARDUINO

Del germánico *Harduwin* o *Hardwin*, se compone de *hardhu* («fuerte, valeroso») y *wini* («amigo»); así pues, significa «amigo valeroso». De carácter ambicioso y más bien prepotente, Harduino tiende a la

competitividad con tal de conquistar poder y dinero. Tiene un carácter original y le son indiferentes las convenciones sociales.

NÚMERO 9

SIGNOS

HAROLDO

Su origen se remonta a los términos germánicos *harja* («ejército») y *walda* («poder»), por lo que significa «aquel que es poderoso en el ejército». Haroldo tiene un temperamento obstinado y autoritario, es poco conciliador y tiende a asumir instintivamente el mando de cada situación. Concreto y preciso, se desenvuelve bien en las actividades prácticas y científicas, pero le falta fantasía y adaptabilidad.

NÚMERO 1

SIGNOS

HEBE

Es la diosa griega de la juventud. De espíritu fresco y siempre juvenil, en ella conviven precisión, sensibilidad, un espíritu con iniciativas y volubilidad; tiene una gran necesidad de novedad y alegría.

NÚMERO 2

SIGNOS

HÉCTOR

Deriva del griego *echein* («regir»); la tradición le otorga el significado de «regidor del pueblo». Héctor, hijo del rey Príamo, fue un héroe troyano; Aquiles lo mató. Determinativo, idealista y autoritario, tiende a afirmarse y a escoger su propio destino. Afectuoso en familia, es un amigo generoso y confiado.

NÚMERO 6

SIGNOS

HELENA

Del griego *Heléne* («esplendor del Sol»), era el nombre de la «hermosísima», que fue la causa de la guerra de Troya. Helena muestra un temperamento audaz, aventurero y dominador; sabe lo que quiere y cómo convencer a los demás.
NÚMERO 9

HELGA

Es un nombre alemán que significa «sagrada, santa». Reservada y un poco melancólica, es poco práctica y no le atraen las cosas materiales. Helga es, sin embargo, proclive a la espiritualidad, al ocultismo, a los estudios profundos. No siempre encuentra a quien sepa amarla y apreciar por sus dotes fuera de lo común.
NÚMERO 7

HELMUT

Es un nombre alemán compuesto por *helm* («yelmo, protección») y *muot* («mente, espíritu»); por lo que significa «protección del espíritu». Reservado e introvertido, Helmut no se comunica fácilmente con los demás y puede sufrir de soledad. Demuestra un profundo interés por la ciencia y la filosofía y un gran amor por la naturaleza. Es hábil en la gestión del dinero y los negocios.
NÚMERO 7

HERMÁN

Es un nombre de origen germánico, compuesto de *harja* («ejército») y *mann* («hombre»); así pues, significa «hombre de guerra». Esquivo y reflexivo, Hermán es exigente y muy selectivo en las amistades, en las que busca afinidades espirituales y artísticas.
NÚMERO 5

HERMELINDA

Otro nombre germánico, compuesto por *ermin* («grande, poderoso») y *linta* («escudo en madera de tilo»), por lo que significa «escudo del poderoso». Valiente y segura de sí misma, Hermelinda vive intensamente y le gustan los placeres de la vida, pero no está dispuesta a aceptar compromisos.
NÚMERO 8

HERMES

Es el nombre del dios griego (Mercurio para los romanos), mensajero de los dioses y protector de los viandantes, mercaderes y ladrones. Hablador, voluble y curioso, Hermes ama la novedad y las situaciones extrañas, y está muy dotado para los negocios y el comercio. Es superficial en los sentimientos, aunque tiene una gran necesidad de ser amado.
NÚMERO 5

HERMINIO, HERMINIA

Derivan del latín *Herminius*, *Herminia*, de origen etrusco y con un significado desconocido. Tenaces y de temperamento fuerte y orgulloso, no se detienen ante nada y no toleran imposiciones y limitaciones.
NÚMERO 1 para Herminio;
            5 para Herminia.

HERMIONE

Es un nombre inspirado en los acontecimientos de la guerra entre atenienses y troyanos; de hecho, así se llamaba la hija de Helena y Menelao, abandonada por su madre cuando esta huyó a Troya con Paris. Un sentido práctico y la intuición son los principales rasgos de su carácter, que para obviar las inseguridades emotivas se apega a las certezas de las cosas tangibles y materiales.

NÚMERO 6
SIGNOS

HERSILIA

Deriva del gentilicio romano *Hersilius*, de origen etrusco y significado desconocido. Versátil y comunicativa, Hersilia despierta simpatía por su alegre carácter extravertido y por su sinceridad.

NÚMERO 9
SIGNOS

HIGÍA

El nombre procede de la divinidad greco-romana de la salud, del griego *hygies*, «sano» (de la misma raíz proviene la palabra *higiene*). Razón y sentimiento conviven en su carácter que, pese a ser muy imaginativo, también posee un acentuado sentido práctico. Sin embargo, le falta un poco de entusiasmo.

NÚMERO 7
SIGNOS

HILARIO, HILARIA

Hilarius es un nombre latino de la época imperial que deriva de *hilaris*, que a su vez procede del griego *hilaròs*, que significa «alegre, contento, proclive a la risa». Tanto él como ella poseen un carácter despreocu-

pado, optimista y comunicativo: tienden a aprovechar el momento, sin negarse jamás el placer de vivir una aventura, una novedad. Encanto y talento favorecen su éxito en el amor y en la vida. ¿Su principal defecto? La superficialidad.

NÚMERO 9 para Hilario;
4 para Hilaria.
SIGNOS

HILDA, HILDE

Ambos son nombres alemanes que significan «batalla» (véase Ilda, Ilde).

NÚMERO 7 para Hilda;
2 para Hilde.
Ambos son números de vibración lunar que dulcifican el sonido contundente y más bien duro de estos nombres.

SIGNOS

HIPÓLITO, HIPÓLITA

Hippolyte, e *Hippolytos* en la antigua forma griega, están compuestos de *hippos* («caballo») y *lyein* («deshacer»), por lo que significan «aquel que desata, que suelta a los caballos». Impulsivos y determinantes, tanto él como ella saben muy bien llevar a buen puerto sus propias decisiones. Simpáticos y amantes de la compañía, en el amor son un poco toscos, pero leales y fieles.

NÚMERO 5 para Hipólito;
9 para Hipólita.
SIGNOS

HORACIO

Deriva del antiguo gentilicio latino *Horatius*, procedente probablemente del etrusco *Huras*, de significado oscuro. Sereno y extravertido, Horacio sabe adaptarse a las circunstancias más diversas y posee un claro instinto de juicio, tanto hacia sí mismo como hacia los demás. Detesta la violencia y en el amor es un compañero comprensivo.

NÚMERO 6
SIGNOS

HORTENSIA

Procede del nombre latino *Hortensius*, derivado de *hortus* («jardín, huerto»), con el significado de «jardinero, cultivador de huertos». De carácter simple, optimista y vital, Hortensia ama la naturaleza y la vida al aire libre; cultiva los valores genuinos y positivos sin complicaciones.

NÚMERO 1
SIGNOS

HUGO, HUGA

En su origen, **Hugo** era una abreviación de los nombres germánicos compuestos con la raíz *hugu* («ingenio, pensamiento»), pero luego se difundió como nombre propio. Tranquilo y tímido, es un hombre de pensamientos, más que de acción; vive en un mundo completamente suyo, a menudo no comprendido por los demás, que lo consideran un soñador. Pero eso no le importa: prefiere ser libre y vivir y pensar a su modo. El femenino **Huga** denota un carácter dulce, tranquilo y ordenado; se halla muy a gusto en la rutina, no le gustan las aventuras, los viajes ni los cambios. En el amor busca un punto de referencia y seguridad.

NÚMERO 6 para Hugo;
1 para Huga.
SIGNOS
para Hugo;

para Huga.

HUMBERTO, HUMBERTA

De origen germánico, están compuestos por *hun* («uno»), y también por *hunna* («joven oso»), y *bertha* («ilustre, famoso»). **Humberto** posee una personalidad reflexiva, ambiciosa y calculadora; apuesta por el éxito y se empeña con tenacidad para conseguirlo. Prudente y dotado de sentido práctico, teme la soledad y necesita la aprobación de los demás. **Humberta** denota un carácter orgulloso e independiente, pero es impaciente y más bien desorganizada. Su principal defecto es la dispersión.

NÚMERO 3 para Humberto;
7 para Humberta.
SIGNOS
para Humberto;

para Humberta.

IDA

Nombre de origen germánico, que procede del diminutivo de nombres con la raíz *id* (con probable significado de «trabajo, actividad»); otros sostienen que procede de *idis* («valquiria») o *itha* («guerrera»). De carácter dinámico, Ida es activa, polifacética e independiente. El amor por la libertad puede inducirla a renunciar a la responsabilidad del matrimonio a favor de relaciones menos comprometidas.

NÚMERO 5
SIGNOS

IGNACIO

Deriva de *Egnatius*, luego *Ignatius*, antiguos nombres latinos de origen etrusco; probablemente está relacionado con *ignis* («fuego»). Empeñado en tener éxito, Ignacio pone toda su voluntad al servicio de sus ambiciones. Es sociable y generoso con los que le rodean. En el amor es apasionado, pero poco dado a las relaciones comprometidas.

NÚMERO 4

SIGNOS

IGOR

Es un nombre ruso de origen escandinavo; el originario *Ingvaar* deriva de *Ing* o *Yngvi*, apelativos de una divinidad nórdica. Igor tiene un carácter esquivo, tranquilo, y es ordenado y racional. Desenvaina la espada sólo cuando se trata de reparar una injusticia, una infamia cometida a los más débiles. Es concienzudo y programa con cuidado su trabajo y también el amor. Tiene un buen olfato para las finanzas.

NÚMERO 4

SIGNOS

ILDA, ILDE

De origen germánico —Hilda, Hilde—, estos nombres proceden de *hildjo* («batalla»), pero a menudo se utilizan como abreviaturas (de Brunilda, Matilde, etc.). Luchadoras natas, no temen abrirse camino en la vida; aman la independencia, la libertad y la vida deportiva, aunque sin perder jamás su amabilidad y dignidad innatas.

NÚMERO 8 para Ilda;
3 para Ilde.

SIGNOS

ILEANA

Es una forma rumana de Helena; así se llama una reina de la literatura popular rumana. Sociable y comunicativa, Ileana está llena de ideas y curiosidades, pero tiene en consideración los valores concretos y materiales. Se siente atraída por el arte, la naturaleza y la belleza.

NÚMERO 6

SIGNOS

ILONA

Es una variante de Helena propia de los países eslavos. De espíritu emprendedor, creativo e innovador, Ilona es sentimental e impulsiva. Se fía de su intuición, y hace bien.

NÚMERO 6

SIGNOS

INDRO, INDRA

Indra es un nombre inspirado en una divinidad védica de la India, *Indra,* luego transformado al masculino en *Indro*. Otra versión explica que **Indro** deriva de *indri* («hombre de los bosques»). Intuitivos y perspicaces, ambos siguen sus propias intuiciones. En el ámbito de los sentimientos son afables y afectuosos.

NÚMERO 6 para Indro;
1 para Indra.

SIGNOS

INÉS

De carácter emotivo, afectuoso pero inestable, Inés necesita mucha seguridad, por lo que busca certezas de índole moral y material. Poco independiente, no le disgusta apoyarse en una pareja que la proteja, con la que intercambia sinceridad y afecto.

NÚMERO 2

SIGNOS

INGRID

Deriva del danés y significa «amada por el dios Ing». Ingrid es muy creativa e imaginativa. La intuición es su dote principal, pero cuando es necesario sabe demostrar su sentido práctico y claridad de intenciones. Siente un profundo amor por la familia y a veces se muestra un poco tímida en presencia de extraños.

NÚMERO 7

SIGNOS

IOLE

Es un nombre de carácter mitológico (así se llamaba la amante de Heracles), que procede del griego *ion* («violeta»). Iole tiene un carácter tranquilo, débil e influenciable; es dulce y soñadora, y se encuentra muy a gusto en el ámbito familiar, junto a una pareja que la ame y proteja.

NÚMERO 5

SIGNOS

IRENE, IRINA

Irene deriva del griego *Eire'ne*. En la mitología es una de las Horas, colmada de ramitas de olivo y espigas; significa «paz». De carácter tranquilo y sereno, es reflexiva y ordenada, no soporta los conflictos y complicaciones, y da lo mejor de sí cuando se halla en un ambiente tranquilo. Posee las dotes adecuadas para destacar en el ámbito profesional. **Irina** es la variante oriental: también es tranquila y pacífica, aunque más sentimental y emotiva.

NÚMERO 1 para Irene;
            6 para Irina.

SIGNOS

para Irene;

para Irina.

IRIS

Para los antiguos griegos, Iris era la personificación del arco iris, y de hecho es eso lo que significa. Iris es, además, el nombre científico del gladiolo. Curiosa, despreocupada y muy femenina, Iris es sentimental y afectuosa, pero muy celosa con respecto a su pareja. Ve la vida con romántico optimismo, como a través de un par de cristales de color rosa.

NÚMERO 9

SIGNOS

IRMA

Es un nombre germánico, que originariamente correspondía a la abreviación de nombres compuestos por *ermin* o *irmin* («grande, poderoso»), término con el que se aludía a un antiguo dios nórdico del cielo. De carácter dinámico y vivaz, enérgica pero voluble, Irma se caracteriza por una brillante versatilidad intelectual. Ama los viajes y las aventuras, pero teme las responsabilidades.

NÚMERO 5

SIGNOS

ISABEL

Es la variante española del nombre italiano *Elisabetta* (*Elisabel*, transformado luego en *Isabel*). Isabel sabe lo que hace y calcula muy bien sus jugadas; sabe cómo agradar a los demás y le complace la admiración que despierta, sin implicarse demasiado. Aparentemente es dócil, pero en realidad tiende a imponerse con mano dura.

NÚMERO 3

SIGNOS

ISADORA

Es la variante femenina de Isidoro (del griego, «don de Isis»). De carácter reservado y poco expansiva, Isadora concede sus grandes reservas de afecto a tan sólo unos pocos, preferentemente a su familia, pareja e hijos. Le gusta el campo y tiende a ser avariciosa.

NÚMERO 4

SIGNOS

ISIS

Retoma el nombre de la máxima divinidad femenina del antiguo Egipto, la mujer de Osiris. Volitiva y autoritaria, Isis tiende a destacar en todo lo que hace, incluso triunfa en el trabajo. Es posesiva en el amor y tiende a imponerse a su compañero.

NÚMERO 2

SIGNOS

ISMAEL, ISMAELA

En hebreo *Yishmael* («Dios escucha») es el nombre del hijo de Abraham y de su esclava concubina Agar. Ambos son racionales y concretos, pero es sobre todo la intuición la que los guía en su camino; mantienen sus compromisos con perseverancia pero se reservan un pequeño espacio para cambiar; se adaptan con inteligencia a la transformación de los acontecimientos.

NÚMERO 5 para Ismael;
6 para Ismaela.

SIGNOS

ISOLDA

De origen incierto: probablemente deriva del germánico *Isanhild*, nombre compuesto de *is* («hielo») o *isan* («hierro») y de *hildja* («batalla»), por lo que significa «guerrera de hielo» o «guerrera de hierro». Otros sostienen que deriva del francés antiguo *iseut* («rubia»). El nombre se hizo famoso por la célebre leyenda del trágico amor entre Tristán e Isolda, perdidamente enamorados a causa de una poción mágica y luego separados por el destino para reunirse finalmente en la muerte. Tranquila y frágil en apariencia, pero de espíritu fuerte y emprendedor, Isolda tiene una elevada opinión de sí misma. Cambiante, apasionada y valerosa, confía en sus propios sueños, a los cuales se dedica con energía.

NÚMERO 6

SIGNOS

IVÁN

Es la forma ruso-eslava de Juan. Voluble, curioso y lleno de intereses, a Iván le gusta viajar, conocer y probar cosas nuevas. En su comportamiento es, sin embargo, ambiguo, huidizo y sujeto a bruscos cambios de humor.

NÚMERO 1

SIGNOS

IVONNE, IVO, IVA

Ivonne tiene un doble origen: puede ser la adaptación al italiano de la forma ruso-eslava de *Giovanni* y *Giovanna*, o puede proceder del francés *Yvain* (un héroe de las leyendas bretonas). **Ivo** e **Iva**, con frecuencia utilizados como abreviaciones de Iván e Ivana, descienden sin embargo de *Yves*, nombre de origen celta o germánico derivado de *ivos* o *ivorix* («madera de tejo»), árbol sagrado empleado para fabricar las armas. Quien lleva uno de estos nombres posee una viva inteligencia, pese a que a primera vista no resulte especialmente brillante. Todos son perseverantes y están dotados de buena voluntad, pero con el tiempo se dejan llevar por las costumbres;

su máxima aspiración es una vida tranquila, sin imprevistos. **Iva** es más curiosa y voluble mientras que **Ivo** es más intrépido y ambicioso.
NÚMERO 5 para Iva;
       1 para Ivo;
       7 para Ivonne.
El 7 es un número de vibración lunar que acentúa el lado emotivo y sentimental del carácter.
SIGNOS
para Ivo e Iva;

para Ivonne.

JACOBO

Es una variante de Jaime (véase). De carácter tranquilo y tolerante, Jacobo inspira confianza, necesita armonía a su alrededor y siempre intenta evitar las situaciones conflictivas. En el amor es romántico y sentimental.
NÚMERO 1
SIGNOS

JADE

Es un nombre afectivo que proporciona a quien lo lleva la belleza y la preciosidad de su homónima piedra verde, a la que en Extremo Oriente se le atribuyen propiedades mágicas. Dotada de buen gusto y refinamiento, Jade tiene un carácter tranquilo y metódico, intransigente consigo misma y es muy organizada. En el amor es tenaz, reservada y programada.
NÚMERO 2
SIGNOS

JAIME

Deriva del hebreo *Ya'aqobh*, nombre del hijo de Isaac y Rebeca, nacido en un parto de gemelos después de su hermano Esaú. El probable significado es «Dios ha protegido».

Jaime es original pero desordenado y esquivo hasta resultar huraño, y ama la tranquilidad del campo. Afectivamente es reservado, pero una vez tomada su elección se muestra tenaz en sus sentimientos.
NÚMERO 2
SIGNOS

JAMIL

Deriva del árabe y significa «hermoso, fascinante». Jamil posee una personalidad intensa, impulsada por fuertes deseos y sensaciones. Creativo, ambicioso y con tendencia a dominar, está bastante seguro de sí mismo hasta el punto de infravalorar a los demás. Es incapaz de tener compromisos y carece absolutamente de diplomacia.
NÚMERO 9
SIGNOS

JASMINE

Deriva del persa *Yasmin* («jazmín»). De naturaleza práctica, tenaz y autosuficiente, Jasmine es capaz de mandar y dirigir a los demás y no teme el compromiso ni tomar decisiones importantes; desde joven muestra un precoz sentido de la responsabilidad. En el amor también apunta a los compromisos estables basados en la afinidad de intereses y de espíritu.
NÚMERO 8
SIGNOS

JASÓN

Es la forma inglesa del nombre del mítico héroe, jefe de los Argonautas, que conquistó el vellocino de oro. Deriva del griego *jaesthai* («curar»). Jasón tiene un carácter versátil y está dotado intelectualmente; es curioso y sociable, pero inconstante. Con frecuencia su vida se desarrolla de una forma inestable, caótica, ya sea por su alergia a la rutina como por la posibilidad de desilusionar al prójimo.

NÚMERO 5

SIGNOS

JAVIER, JAVIERA

Derivan de *Francisco de Jassu Xavier*, santo muy conocido, ya que fue el fundador, junto a San Ignacio de Loyola, de la Compañía de Jesús, es decir, de la orden de los jesuitas. A ambos les gusta vivir una vida intensa y aman la aventura, los viajes y las novedades; sin embargo, son muy tenaces a la hora de alcanzar sus propios objetivos. Tienen un carácter fuerte que tienden a imponer también en el hogar.

NÚMERO 2 para Javier;
3 para Javiera.

SIGNOS

JENNIFER

Es una variante de Ginebra. De temperamento combativo, ardiente pero con poco tacto por lo que respecta a su relación con los demás, Jennifer difícilmente acepta consejos o reconoce sus errores, por lo que se muestra testaruda y orgullosa, cuando en realidad es idealista y generosa. Además es impulsiva y cambiante.

NÚMERO 9

SIGNOS

JESSICA

En el Antiguo Testamento es el nombre de la hermana de Abraham, *Iskah*, de *sakah* («mirar»); significa «Dios mira». Shakespeare tomó este nombre para un personaje del *Mercader de Venecia*, en donde Jessica es la hija del usurero judío Shy-

lock. De carácter optimista, valerosa y pragmática, Jessica es consciente de sus dotes y de sus derechos, y sabe conquistar su espacio sin timidez alguna. Tiene un vida afectiva muy movida en la juventud, pero se estabiliza al alcanzar la madurez.

NÚMERO 3

SIGNOS

JIMENA

Era el nombre de la mujer del Cid Campeador, don Rodrigo Díaz de Vivar, héroe épico de la Edad Media española. De carácter cordial, expansiva, amigable y locuaz, Jimena es espontánea y confiada, no tiene problemas para entablar amistades, y en su vida muy raras veces se siente sola.

NÚMERO 7

SIGNOS

JOEL

Deriva del hebreo *Yoel* y significa «*Yahweh* es Dios». Es la forma francesa de un profeta menor del Antiguo Testamento. Joel es sereno, agradable, comprensivo, afectuoso y espontáneo. Consigue lo que quiere con su amabilidad y sonrisa, y se encuentra a disgusto en situaciones conflictivas y en los roles de mando.

NÚMERO 6

SIGNOS

JONATHAN

En hebreo significa «don de Dios»; en el Antiguo Testamento es el nombre del hijo del rey Saúl. De carácter cambiable, lunático y bastante sensible, Jonathan es poco luchador y competitivo; tiene un mundo interior variable en el que, gustoso, se refugia cuando la realidad externa lo perturba. En el amor es amable, romántico y tierno.

NÚMERO 2

SIGNOS

JORDÁN, JORDANA

Derivan del latín cristiano *Iordanus*, que a su vez procede del río Jordán (en hebreo *Yarden*), sagrado porque en él fue bautizado Jesús. En ambos, bajo un equilibrado control, se oculta un temperamento apasionado e impulsivo. Son fieles como pareja y amigos, y concienzudos en el trabajo. Tienden a construirse una existencia tranquila adaptada a su escaso espíritu de lucha.

NÚMERO 8 para Jordán;
9 para Jordána.

SIGNOS

JORGE, GEORGINA

Derivan del latín de la época imperial *Georgius*, tomado del griego *Gheo'rghios*, que significa «agricultor». Jorge era también el nombre del legendario caballero que mató al dragón, símbolo del mal. De espíritu autoritario y dominante, posesivo en familia y en el amor, **Jorge** es aparentemente tranquilo y reposado, pero también emotivo y lunático. Profesionalmente es ambicioso y apto para las actividades técnicas, pero le gusta mucho la naturaleza. **Georgina** es más dinámica, polifacética y un poco caprichosa. En el amor es inestable, pero no por ello menos celosa.

NÚMERO 1 para Jorge;
4 para Georgina.

SIGNOS

JOSÉ, JOSEFA

Derivan del hebreo *Yoseph*, que a su vez deriva de *yasap* («añadir»), con el significado augural de «Dios añade, aumenta» (la familia). En el Antiguo Testamento, José era hijo de Jacob y Raquel y fue vendido por sus hermanos como esclavo y deportado a Egipto. Tanto José como Josefa tienen un temperamento sencillo, honesto y fiable, y con creatividad e inventiva saben aportar alegría a la vida de aquellos que aman. **José** es sobrio y tranquilo, reflexivo y a menudo demasiado ingenuo, aunque capaz de una enorme dedicación amorosa. **Josefa** es amable, simpática y sociable, pero un poco perezosa y vanidosa.

NÚMERO 4 para José;
2 para Josefa.

SIGNOS

JOYA

Este nombre se empleaba en la Edad Media para augurar que la recién nacida fuese la joya de sus padres, por lo que significa «joya, piedra preciosa». Versátil, curiosa, creativa y voluble, Joya es audaz y competitiva, pero con alegría, y lo ve todo como un juego, incluso el amor. Gracias a su fascinación no tiene problemas para seducir a cualquiera, pero se siente poco atraída por las relaciones serias.

NÚMERO 6

SIGNOS

JUAN, JUANA

Derivan del hebreo *Yohanan* o *Yehohanan*, compuesto de *Yoh* o *Yah* (abreviación de *Iahweh*, «Dios») y de *hanan* («ha habido misericordia»), por lo que significan «Dios ha tenido misericordia». Ambos están dotados de una personalidad egocéntrica, dinámica y competitiva, y les seduce mucho el éxito socio-profesional; la vida familiar reviste menores atractivos, pero no abandonan las habituales responsabilidades. Seguros de sí mismos, son simpáticos, valientes y actúan con inteligencia. **Juan** es sereno y tranquilo; **Juana** es sabia y equilibrada, capaz de asegurar a sus seres queridos una vida serena y colmada de afectos.

NÚMERO 1 para Juan;
           2 para Juana.

SIGNOS

JUDIT

Del hebreo *Yehudit*, que significa «judía, hebrea», es el nombre de la heroína bíblica que liberó a la ciudad asediada por los asirios, decapitando mientras dormía al general Holofernes después de haberlo seducido. Valiente, independiente y emprendedora, Judit no teme luchar por aquello que desea. Orgullosa y autoritaria, en el amor exige una dedicación total.

NÚMERO 1

SIGNOS

JULIO, JULIA, JULIANO, JULIANA

Derivan del antiguo gentilicio latino *Iulius*, propio de la *gens Iulia* de la que descendía Julio César, y cuyo fundador fue Iulus Ascanio, hijo de Eneas. O quizás de *Iovilios* («consagrado a Júpiter»). **Julio** es susceptible, celoso y sentimentalmente impulsivo. **Julia** es expansiva y brillante, pero en el fondo alberga cierta inseguridad. En el amor es apasionada pero autoritaria. Ambos son egocéntricos, apuestan por reafirmarse con coraje y lucidez. **Juliano** tiene un carácter apaciguado, tierno y optimista; y es trabajador y emotivamente influenciable. **Juliana** es viva y alegre, pero

su extrema sensibilidad puede hacerla tímida y un poco vulnerable.

NÚMERO 4 para Julio;
           8 para Julia;
           1 para Juliano;
           5 para Juliana.

SIGNOS
para Julio y Julia;

para Juliano y Juliana.

KAREN, KARINA

Karen es un nombre de origen ruso que significa «casta, pura». De carácter tenaz y responsable, se conciencia en sus quehaceres, que lleva hacia adelante con paciencia y método. En el amor anhela la seguridad. El diminutivo **Karina** denota mayor sensibilidad e idealismo, y un menor sentido práctico; altruista, emotiva y sujeta a cambios de humor, su generosidad la expone a las desilusiones.

NÚMERO 4 para Karen;
           9 para Karina.

SIGNOS
para Karen;

para Karina.

KATIA

Procede del ruso y es un diminutivo de Catalina. Katia posee un carácter amable y comprensible y es sensible a los problemas de los demás. Tiende a huir de los conflictos y a crear armonía a su alrededor. Siente un profundo amor por la familia y los niños, pero también por el arte y la música.

NÚMERO 6

SIGNOS

KEITH

Tiene orígenes escoceses y significa «campo de batalla». Denota una naturaleza agresiva, orgullosa e independiente, impulsada por grandes ambiciones. Siempre insatisfecho, Keith nunca descansa y siempre va a la constante búsqueda de nuevas experiencias, mejoras y estímulos.

NÚMERO 8

SIGNOS

KEN

De origen celta, significa «encanto». Ken posee una personalidad ágil y activa, muy sociable, expresiva y elocuente. Poco perseverante, tiende a dejar las cosas a la mitad y a huir cuando ve amenazada su libertad. Sus puntos débiles son la organización y el sentido de la responsabilidad.

NÚMERO 3

SIGNOS

KENDRA

Deriva de la antigua lengua sajona y significa «mujer sabia». De carácter decidido, Kendra es responsable, juiciosa y capaz de asumir roles de mando; sin embargo, el deseo de ayudar al prójimo puede inducirla a interferir en la vida de los demás. Le gusta el bienestar material.

NÚMERO 8

SIGNOS

KEVIN

Es la forma anglosajona del nombre irlandés *Caoimhin*, derivado del más antiguo *Coemgen*, formado por *coem* («amable, bello») y *gein* («nacimiento»), por lo que significa «hermoso, refinado de nacimiento». Kevin posee un temperamento hipersensible y creativo y, con frecuencia, está muy capacitado artísticamente. No siempre consigue expresar con palabras la profundidad de sus sensaciones y sentimientos. Indiferente a la monotonía, necesita vivir en un ambiente hermoso y armónico.

NÚMERO 6

SIGNOS

KLAUS

Es la forma alemana de Nicolás (véase). De carácter diligente, serio y concienzudo, Klaus posee un método personal para hacer lo que se propone, aunque, de hecho, tiende a imponer su punto de vista sin tener demasiadas consideraciones con el prójimo.

NÚMERO 1

SIGNOS

KURT

Es la forma germánica contraída de Conrado. De espíritu creativo y sensible, a menudo turbado por una aglomeración de pensamientos y emociones, generalmente Kurt encuentra un gran placer en el arte y en las tendencias culturales. Para relajarse y ahuyentar a los fantasmas, el contacto con la naturaleza es su remedio preferido.

NÚMERO 7

SIGNOS

LAMBERTO

Se trata de un nombre de origen germánico compuesto por *landa* («tierra, país») y *berhta* («ilustre, famoso»), por lo que significa «ilustre en la patria». Lamberto posee un carácter práctico y animoso, aparentemente concreto, mientras que su idealismo lo lleva a anticiparse a los tiempos, a las tendencias. Modesto y austero, es un poco tímido en el amor.

NÚMERO 5

SIGNOS

LANFRANCO

Es un nombre franco-germánico compuesto de *landa* («tierra, país») y *franka* («de condición liberal, no siervo), por lo que significa «hombre libre en su país». De carácter inquieto, valeroso pero irascible y prepotente, Lanfranco es en el amor fiel pero despótico. Es hábil en las ganancias y pródigo en los gastos.

NÚMERO 3

SIGNOS

LARA

Es un nombre de origen mitológico: Lara era, de hecho, una ninfa, hija del río Tiberio. Rechazó ayudar a Zeus en una conquista amorosa y se lo contó todo a Hera, divina consorte del dios, el cual por venganza le hizo cortar la lengua; luego le encargó a su hijo Mercurio que la condujera al Tártaro, pero Mercurio se enamoró y se unió a ella. De esa unión nacieron los Lares. Con una personalidad desenvuelta, locuaz y juvenil, Lara siempre es animosa y muy cortejada. Tiene una cierta aversión hacia las relaciones fijas y prefiere ser una eterna novia, divertida y simpática.

NÚMERO 5

SIGNOS

LAURA

Deriva del latín *Laurus* («laurel»), que alude a la planta sagrada, a Apolo y a su corona de laurel *(laurea)*, símbolo de la victoria en la época griega (en los tiempos de las persecuciones de los cristianos era, sin embargo, la corona del martirio). Delicada, frágil, hipersensible y nerviosa en su juventud, con los años Laura se vuelve más equilibrada psi-

cológicamente, más serena de ánimo. Tenaz en los sentimientos, es capaz de brindarle una gran dedicación a su pareja.

NÚMERO 8

SIGNOS

LAVINIA

En la *Eneida* de Virgilio es el nombre de la hija del rey Latino que se casó con Eneas. Probablemente significa «originaria de Lavinio», ciudad fundada por el héroe troyano. Lavinia tiene un carácter dinámico y un poco frío, y es amante de la novedad y de la libertad, mientras que siente una profunda aversión hacia la rutina y los compromisos. Tiene una buena predisposición para el arte, la literatura y el espectáculo. Su vida afectiva es variada y muy movida.

NÚMERO 5

SIGNOS

LEANDRO

El nombre griego originario, *Léandros*, está compuesto de *leos* (variante de *laòs*, «pueblo») y *andròs* («hombre»), por lo que significa «hombre del pueblo» (libre). En la mitología, Leandro era un joven que murió ahogado en el Helesponto mientras, como cada noche, lo atravesaba a nado para reunirse con Ero, su enamorada que vivía en la otra orilla. Generoso, sensible y romántico, Leandro se enamora a menudo y tiende a idealizar el objeto de su amor. Tiene un profundo gusto por el arte y la música, y una escasa ambición material; para ser feliz le basta un poco de bienestar y mucho amor.

NÚMERO 6

SIGNOS

LEDA

Era la esposa del rey de Esparta y la madre de Helena y de los gemelos Castor y Pólux, nacidos de su unión con Zeus, que la amó bajo la apariencia de un cisne blanco. De carácter voluble y extravagante, Leda es romántica, apasionada, celosa y susceptible. Se deja seducir fácilmente y el amor puede ocasionarle problemas. Tiene un acentuado gusto artístico e intelectual.

NÚMERO 4

SIGNOS 🐐 🐏 ⚖

LEILA, LAILA

Leila es el nombre de la heroína de una leyenda árabe-persa, y significa «oscura, negra». Está dotada de un espíritu original e innovador, además de una buena dosis de enigmático encanto; tiene un desmesurado amor por los viajes y el conocimiento. En su variante **Laila** se acentúa la energía intelectual; así pues, en ella hay muchas ideas, proyectos e intereses, pero carece totalmente de sentido práctico.

NÚMERO 3 para Leila;
        8 para Laila.

SIGNOS ♈ 🐐 ♓
para Leila;
        🐐 ⚖ ♒
para Laila.

LEO, LEA, LEÓN, LEÓNIDAS, LEONELA, LIONELO

Derivan del latín *leo, leonis*, a su vez transformado del griego *léon*, todos ellos inspirados en el rey de la selva. Se pueden definir como nombres totémicos, utilizados para infundir al recién nacido la fiereza y la majestuosidad propias de este animal. **Leo** y **Lea** están dotados de una mente

ágil, un poco intrigante, son pródigos con el dinero, les gusta viajar y las novedades y saben mostrarse juiciosos cuando es necesario. **León** es independiente y audaz, muy apto para las profesiones científicas, pero demasiado perfeccionista para sentirse satisfecho. Con un carácter orgulloso, apasionado y soberbio, **Leónidas** es intelectualmente brillante e innovador, pero no demasiado simpático debido a su presunción. **Leonela** y **Lionelo** son más bien obstinados pero de ideas abiertas; a menudo van a contracorriente.

NÚMERO 5 para Leo;
        9 para Lea;
        1 para León;
        7 para Leónidas;
        6 para Lionelo.

SIGNOS ♒ 🐏 ♌ ♒
para Leo y Lea;
       🐏 🐐 ♒
para León;
       🦂 🐐 ♒
para Leónidas;
       🐐 🦂 ♌
para Leonela y Lionelo.

LEONARDO

Es un nombre germánico de tradición francófona, compuesto de *lewo* o *leo* («león») y *hardhu* («fuerte, valeroso»), por lo que significa «fuerte como un león». Encantador y comunicativo, bajo una apariencia expansiva Leonardo encubre un carácter fuerte, profundo y ambicioso, pero a menudo depende del juicio de los demás. Le gusta el deporte y tiene capacidades para los negocios. En el amor es vanidoso y un poco impulsivo.

NÚMERO 3

SIGNOS 🐐 🐏 🦂 🦂 ♌ ♈

LETICIA

Del latín *laetitia*, que a su vez deriva de *laetus* («encantador, fértil»), es el nombre de la diosa romana de la abundancia. Alegre, tierna y muy femenina, Leticia tiene una personalidad contradictoria y caprichosa: su dulzura va acompañada de cierto egoísmo, mientras que su inteligencia es brillante pero despreocupada. La vida con ella no siempre es generosa, sobre todo cuando se deja llevar por los sentimientos.

NÚMERO 5

SIGNOS

LÍA

Es un nombre bíblico —deriva del hebreo *Leah*— y parece significar «cansada, fatigada»; Lía, considerada una gran trabajadora, fue la primera mujer de Jacob. Sin embargo, otra etimología la asocia a la vaca (al mismo tiempo con su hermana Raquel, segunda mujer de Jacob, asociada a una oveja): según la tradición, los hijos de Jacob y Lía se dedicaron al cuidado del ganado. Honesta y activa, Lía es muy organizada con sus responsabilidades. Prefiere la eficacia práctica a las emociones, por lo que su vida interior puede ser más bien árida.

NÚMERO 4

SIGNOS

LIBERTO, LIBERTAD

Son nombres ideológicos de uso bastante reciente que aluden al valor de la libertad; Libertad también puede tener un valor cristiano (de hecho a menudo se la relaciona con María, única criatura libre del pecado original). En ambos la amplitud de ideas y el idealismo sentimental conducen a menudo a la sabiduría.

Son ambiciosos, perfeccionistas y se interesan por la investigación.

NÚMERO 9 para Liberto;
8 para Libertad.

SIGNOS

LICIA

Procede del griego *Lykia*, luego latinizado en *Lycia*, que significa «originaria de Licia» (región histórica de Asia Menor). De carácter soñador, Licia no tiene un temperamento fuerte, al contrario, es más bien frágil, tímida y bastante susceptible. Sentimentalmente es capaz de albergar fuertes pasiones y de sacrificarse por la persona amada. En el trabajo no tiene un rendimiento demasiado brillante.

NÚMERO 7

SIGNOS

LIDIA, LYDIA

Derivan del griego *Lidia*, luego difundido entre los romanos para designar a las esclavas procedentes de Oriente (Lidia era una región histórica de Asia Menor). **Lidia** posee un temperamento enérgico y volitivo; es carismática, seria y capaz de ir hasta el final en todo aquello que emprende. **Lydia** es, sin embargo, más romántica, tranquila y sensible; en el amor es celosa y suspicaz, pero sabe dedicarse con afecto a su pareja.

NÚMERO 8 para Lidia;
6 para Lydia.

SIGNOS
para Lidia;

para Lydia.

LILIANA, LILIA

Popularmente, **Liliana** se asocia a *lilium* («lirio»), pero en realidad deriva de *Lilian*, abreviatura inglesa de *Elizabeth*. Impulsiva, romántica, idealista y un poco extravagante, es simpática, alegre, vanidosa y voluble. Se enamora con facilidad pero es inconstante en los sentimientos, al menos cuando es joven. La variante **Lilia** denota buenas dotes intelectuales e intuitivas, pero una falta de sentido práctico; con el tiempo, Lilia también conseguirá estabilizarse, tanto en el amor como en el estilo de vida.

NÚMERO **4** para Liliana;
7 para Lilia.

SIGNOS ♑ ♐ ♊
para Liliana;
♋ ♍ ♎
para Lilia.

LILITH

En el mito hebraico, Lilith fue la primera compañera de Adán, a quien luego abandonó furiosa porque él no la consideraba su semejante; entonces, Dios la relegó al fondo del mar y sustituyó a Lilith, feminista *ante litteram*, por la más aplacada (pero no menos peligrosa) Eva. En quien ostenta este nombre, en su tiempo puesto de moda por las feministas, razón y sentimiento vibran con la misma intensidad. En ella no hay ningún atisbo de materialismo: las ambiciones están motivadas por el deseo de crecimiento interior.

NÚMERO **7**

SIGNOS ♑ ♏ ♓ ♊

LINDA

Es la forma abreviada de nombres femeninos germánicos que terminan en *-inda* (Teodolinda, Rosalinda, etc.), que luego fue retomado por la etimología popular como *lindo*, es decir, «limpio, ordenado». Significa «hermosa». De carácter enormemente vital, Linda vive los sentimientos y los instintos muy intensamente; su vida es densa y apasionante, pero no siempre estable desde el punto de vista económico. Es generosa y le gustan los viajes y las novedades.

NÚMERO **4**

SIGNOS ♑ ♈ ♐ ♋

LIUBA

Es un nombre ruso-eslavo que significa «amor». Impulsividad, intuición y sentimiento, filtrados por una transparente racionalidad, caracterizan a quien tiene este nombre. Liuba carece de sentido práctico cuando llega la hora de concretar las ideas.

NÚMERO **9**

SIGNOS ♈ ♋ ♎

LIVIO, LIVIA

En latín, *Livius* y *Livia* son antiguos gentilicios derivados de un sobrenombre de origen etrusco, *Livus*, de incierto significado; pero también pueden derivar de *livére* («ser de color lívido» o bien «estar lleno de rencor, de recelo»). **Livio** es una persona positiva: sabe salir airoso de cualquier situación. Es sentimental, apegado a la familia y tierno con su esposa y sus hijos. **Livia** también es afectuosa, está llena de fantasías y dotada de sentido estético y un gran encanto.

NÚMERO **4** para Livio;
8 para Livia.

SIGNOS ♈ ♌ ♏

LODOVICO, LUDOVICO, LODOVICA, LUDOVICA

Derivan del francófono *Hlodowig*, compuesto de *hload* («fama, gloria») y *wig* («batalla») y significan «valeroso, combatiente». Amante del riesgo y de la lucha, **Lodovico** tiene un temperamento autoritario y pasional, es aventurero e indiferente a los vínculos y a la rutina. **Ludovico** también es luchador, pero más manejable; sus defectos son el desorden y la confusión. **Lodovica** y **Ludovica** también son orgullosas y decisivas, pero un poco más dulces y menos intransigentes. Una característica común a todos es el fuerte instinto que los hace imprevisibles.

NÚMERO 5 para Lodovico;
2 para Ludovico;
9 para Lodovica;
6 para Ludovica.

SIGNOS

LORA, LORELLA, LORETA, LORIS

Estos nombres tienen un origen confuso; probablemente son abreviaturas de Eleonora, Laura, Lorenza y Loredana; Loris es la forma masculina. **Lora, Loreta** y **Loris** son ambiciosos e independientes, orgullosos y dotados de una fuerte voluntad: con sus esfuerzos, a menudo consiguen obtener el éxito, mientras que la felicidad en el amor está condicionada por sus excesivos pretextos, por la indiferencia que sienten ante las relaciones estables. **Lorella** también es orgullosa y luchadora pero más sensible y deseosa de aprobación; proclive a las relaciones, posee una mayor capacidad para amar.

NÚMERO 1 para Lora y Loris;
8 para Loreta;
3 para Lorella.

SIGNOS para Lora, Loreta y Loris;

para Lorella.

LOREDANA

Es un nombre que fue inventado en Venecia a principios del siglo XX; está inspirado en el modelo de un apellido de una aristocrática familia veneciana, *Loredàn*, vinculada a la ciudad de Loredo o Loreo en la provincia de Rovigo, y con los laureles que en aquella época crecían en cantidad. Tiene la misma etimología que Lorenzo y Laura (laurel). Ambiciosa y desenvuelta, Loredana tiene la necesidad de llamar la atención y muestra, gustosa, su estilo sofisticado, su gusto estético y su intelectualismo. En el amor finge un cierto desapego, pero en realidad teme la soledad.

NÚMERO 7
SIGNOS

LORENA

Es un nombre ideológico que se remonta a finales del siglo XVIII y que nació como expresión de consenso con los grandes duques de la Toscana de la dinastía de Lorena (región histórica de Francia oriental), apreciados por sus ideas reformistas. De carácter sensible y amable, Lorena busca constantemente el equilibrio interior; no soporta los conflictos e intenta evitar sistemáticamente cualquier situación difícil. Necesita seguridad y hace todo lo posible para mantener a salvo su relación de pareja. Es proclive al compromiso social.

NÚMERO 2
SIGNOS

LORENZO, LORENZA

Derivan del antiguo latín *Laurentius*, que significa «originario de Laurentum», nombre de una antigua ciudad del Lacio a la que los romanos se referían como *lauretum* («bosque de laureles»). Introvertido y tranquilo, **Lorenzo** afronta las dificultades con imperturbable serenidad. Está predispuesto al arte, al ocultismo y a la medicina. En el amor es frío y poco sensible, pero sólo hasta cuando encuentra a la compañera que es capaz de hacer que se enamore. **Lorenza** es vanidosa y seductora, está dotada de sentido del humor y es particularmente alegre; se siente atraída por el lujo, la moda y las compañías de cierto nivel.

NÚMERO **6** para Lorenzo;
1 para Lorenza.

SIGNOS

LUANA

Es un nombre de origen cinematográfico: la primera vez que apareció fue en una película de 1932 ambientada en la Polinesia. Denota un carácter metódico, racional y rutinario. Austera y discreta, Luana da mucho valor a la seguridad material y afectiva.

NÚMERO **4**

SIGNOS

LUCAS

Procede de *Lukas*, del griego, que luego fue latinizado en *Lucas*; es una abreviación de *lukanòs*, es decir, «nacido al alba», pero desde hace tiempo alude a San Lucas evangelista. De carácter reflexivo y desconfiado, es práctico, esencial y un poco egoísta. A Lucas no le gusta llamar la atención, se concentra en lo suyo y sabe obtener lo que quiere, es de-

cir, la tranquilidad interior y una sólida posición económica. En el amor es fiel, pero poco expansivo.

NÚMERO **2**

SIGNOS

LUCIANO, LUCIANA

Derivan del sobrenombre latino *Lucianus*, que a su vez procede de *Lucius* (véase Lucio), y significan «nacido a las primeras luces del día». **Luciano** es una persona fascinante y sentimental; de él, las mujeres y los amigos aprecian su lealtad, su disponibilidad y su serenidad de ánimo. **Luciana** es romántica, soñadora, fantasiosa y un poco perezosa. Es muy emotiva, pero tiene escasa fuerza de voluntad.

NÚMERO **3** para Luciano;
7 para Luciana.

SIGNOS

LUCILA, LUCINDA

Sobrenombres, posteriormente nombres latinos de la época imperial, que son una variedad de Lucía. **Lucila** es práctica, racional y muy determinante en sus opiniones y deseos, así como proclive a la filosofía y a la reflexión. **Lucinda** tiene un carácter tranquilo y despreocupado; es vanidosa y le gusta que la cortejen, pero cuando ama de verdad se muestra celosa y posesiva.

NÚMERO **4** para Lucila;
1 para Lucinda.

SIGNOS
para Lucinda, también

LUCIO, LUCÍA

Lucia en latín, *Lukìa* en griego, derivan de *lux* («luz»), término que se halla en la base de tantos nombres impuestos a quien nacía a primeras horas de la mañana. **Lucía** esconde, bajo una apariencia cerrada y tímida, una instintiva personalidad; intelectualmente también tiene un gran interés por saber qué la impulsa a seguir investigando para no resultar nunca banal. **Lucio** posee un carácter bueno y afectuoso, con el que consigue el éxito en el campo sentimental, y tiene buenas inclinaciones artísticas.

NÚMERO 6 para Lucio;
1 para Lucía.

SIGNOS

LUCRECIA

Procede del gentilicio romano *Lucretius, Lucretia*, de origen etrusco y con un significado desconocido; pero popularmente se asoció al término *lucrum* («ganancia»). Sensual y soñadora, Lucrecia es también muy activa y sabe aprovechar muy bien sus recursos. Le gusta gastar por vanidad, para viajar y para satisfacer sus curiosidades intelectuales.

NÚMERO 9

SIGNOS

LUDMILA

Es un nombre de origen eslavo, compuesto de *ljod* («pueblo») y *mil* («amado, querido»), por lo que significa «amada por el pueblo». Sus principales características son firmeza y fuerza de decisión, racionalidad clara, espíritu anticonformista y en absoluto indiferente a los valores concretos. La emotividad está un poco apartada; en realidad Ludmila es un poco fría.

NÚMERO 9

SIGNOS

LUIS, LUISA

El origen remoto de Luis (y de Luisa) es el mismo que el de Ludovico, aunque no derivan directamente del francófono *Hlodowig*, sino del francés antiguo *Loois*, luego *Louis*, de los cuales también deriva Luisa. Orgulloso y susceptible, **Luis** es, en el fondo, muy tímido. Si se le trata con cuidado, se muestra tranquilo y dispuesto, pero en según que momentos puede montar en cólera y mostrar de pronto toda su fuerza instintiva. Sincera, pero un poco superficial, a **Luisa** le gusta recibir cuidados y regalos. Sus aspiraciones, en el fondo, son simples: con la edad y con un compañero afectuoso, se convierte en una mujer amable y tranquila, aunque sea poco pasional.

NÚMERO 7 para Luis;
8 para Luisa.

SIGNOS
para Luis;

para Luisa.

LUNA, LUNERA

Son nombres afectivos y augurales inspirados en el color plateado de la Luna. Pese a su carácter fantasioso e inspirador, quien ostenta este nombre tiene los pies en el suelo y no se deja condicionar por la emotividad. **Luna** es más cambiable e inconstante. **Lunera** es más obstinada, aunque sin perder su adaptabilidad.

NÚMERO 3 para Luna;
8 para Lunera.

SIGNOS

LUPO

Deriva del sobrenombre latino *Lupus*, luego adoptado como nombre en la Edad Media. Al igual que Leo, augura al recién nacido inteligencia y la fuerza del animal salvaje. Impulsivo, obstinado y valeroso, Lupo puede alcanzar grandes éxitos, aunque para satisfacer su ambición deba recorrer el camino en solitario. Es pasional y celoso en el amor.

NÚMERO 1

SIGNOS 🦂 🦂 🦁

MAFALDA

Deriva de una adaptación al portugués del nombre franco-provenzal *Mahalt* (Matilde), con el fin de facilitar su pronunciación a los portugueses: su rey Alfonso I se casó en 1146 con una princesa que se llamaba así. Discreta y tranquila, aparentemente Mafalda es tímida y frágil, pero es capaz de dedicarse por completo a sus asuntos. De carácter introvertido, tiende a dejarse dominar y no siempre consigue el éxito que se merece.

NÚMERO 2

SIGNOS 🐂 👯 🏹

MAGDALENA, MAGDA

María Magdalena era la pecadora arrepentida que, perdonada por Jesús, se convirtió en una de sus principales fieles. En los Evangelios, el nombre griego es *Maria he Magdalene*, es decir, Maria de Magdala (*Magdolon*, o *Migdal* en hebreo, que era un pueblo cerca del lago Tiberiades en Galilea). Enérgica y apasionada, bajo una aparente frialdad **Magdalena** esconde dotes intelectuales y una buena intuición psicológica, pero cuando está de mal humor hay que ir con cuidado para no herir su susceptibilidad. La variante **Magda** denota un carácter racional y determinativo, muy poco proclive a los sentimentalismos y a los impul-

sos: tiene las ideas claras, pero carece de toda adaptabilidad.

NÚMERO 4 para Magdalena;
8 para Magda.

SIGNOS 🐐 🦂 para Magdalena;
🐂 👯 ♎ para Magda.

MANFREDO, MANFREDI

Maginfredus y luego *Manfredus* en latín medieval descienden de un nombre de origen germánico compuesto de *magin* («fuerza, poderío») y *fridhu* («amistad, paz»); significan, por lo tanto, «fuerza de la paz, poderoso en la paz» o bien «aquel que con la fuerza asegura la paz». Las características más evidentes que ostentan estos nombres son honestidad, rectitud, método y meticulosidad. Íntimamente sabios y respetuosos con las normas, saben mover con habilidad el dinero y construirse una sólida vida amorosa.

NÚMERO 4 para Manfredo;
7 para Manfredi.

SIGNOS 🐐 🦂 🐂

MANILA

Es un nombre ideológico de carácter democrático-libertario, que apareció a finales del siglo XIX con la revolución de Manila (1896), capital de Filipinas, que estalló para liberarse de la dominación española. De carácter abierto, sociable, comunicativa y animada, Manila es, sin embargo, un poco fría emocionalmente. Tiene las ideas claras y es tenaz. Para ella lo ideal es un círculo de amistades con el que compartir intereses intelectuales y sociales.

NÚMERO 5

SIGNOS 👯 🐐 👫

MANLIO

Procede del antiguo gentilicio latino *Manlius*, que a su vez procede de *Manes* (del adjetivo arcaico *manus*, «benévolo, propicio»). Manlio tiene un temperamento de líder, es dinámico y nervioso, y está capacitado para salir adelante en la vida, ayudado por la buena suerte que la tradición atribuye a este nombre. En el amor es apasionado pero exigente, y reacio a asumir responsabilidades.

NÚMERO 1

SIGNOS

MANOLO, MANOLA, MANUELA

Todos ellos son variantes de Emmanuel, al que nos remitimos. El carácter también es muy parecido, pero con matices más emotivos y dulces para **Manola** y **Manolo**, y más idealistas y perfeccionistas para **Manuela**.

NÚMERO 7 para Manolo;
2 para Manola;
4 para Manuela.

SIGNOS
para Manolo y Manola, también.

MARA, MARICA, MARIKA

Mara es un nombre bíblico vinculado a Noemí, que a la muerte de su marido y de sus hijos renunció a su nombre (que significa «alegría») para adoptar el de *Marah* («amarga»). Recientemente se han difundido las variantes Marica y Marika. Ellas son sensibles y generosas, pero deben ser tratadas con cuidado para no su ofender su acusada susceptibilidad. Necesitan sentirse amadas y apreciadas, y a veces muestran cierta dependencia del juicio ajeno. En el amor no son fáciles de contentar.

NÚMERO 6 para Mara;
9 para Marica;
8 para Marika.

SIGNOS
para Mara;

para Marica y Marika.

MARCELO, MARCELA

Proceden del latín *Marcellus*, diminutivo, en su origen, de *Marcus*, que significa «dedicado a Marte». Ambos poseen un carácter muy sensible, fantasioso y un humor apacible aunque cambiante. Aman el estudio y la lectura; en el trabajo son serios y trabajadores. En el amor, sentimentales y celosos y sienten un gran apego por la familia.

NÚMERO 4 para Marcelo;
8 para Marcela.

SIGNOS

MARCIO, MARCIA

Derivan de *Martius*, es decir, «consagrado a Marte». **Marcio** es una persona dinámica, ardiente, egocéntrica, indiferente a las convenciones y los vínculos; tiene ideas originales y le gusta despertar admiración en los demás. En el amor da y pretende mucho. **Marcia** es emprendedora y activa, pero está sujeta a constantes cambios de humor. Teme las ataduras, pero está dotada de un gran encanto que le resulta muy beneficioso en las conquistas amorosas.

NÚMERO 5 para Marcio;
9 para Marcia.

SIGNOS

MARCOS

Procede del antiguo nombre romano *Marcus*, forma contraída de *Marticus*, y significa «sagrado a Marte». Es el

nombre de uno de los cuatro evangelistas, razón por la que está tan difundido. Desenvuelto y desprendido,
Marcos apuesta por vivir experiencias
diversas que valora por sí mismas y
por encima del resultado. Simpático
en compañía, ama la vida despreocupada; en general intenta no compli-
carse la vida, pero en el amor necesita comprensión y dulzura.

NÚMERO 6
SIGNOS

MARFISA

Es el nombre de la joven y orgullosa
guerrera y heroína del poema *Orlando enamorado*. Su autor, Boiardo, se
inspiró probablemente en *Marpessa*,
nombre de una ninfa amada por
Apolo. El nombre de Marfisa des-
prende intuición, emotividad e impulsividad. Su gran altruismo puede
causarle altos y bajos en la suerte,
pero en el fondo se mantiene estable, confiada y fiel a sus ideales.

NÚMERO 4
SIGNOS

MARGARITA

Su origen se remonta al latín *Margarita*, derivado a su vez del sánscrito
Maujari, que significa «botón de
flor» y por lo mismo «perla». En la
tardía Edad Media asumió el actual
significado con referencia a estas
sencillas flores del campo. Discreta,

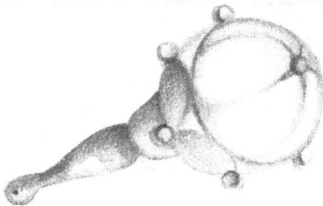

dulce y alegre, Margarita tiene las
ideas claras y sabe demostrar su
fuerza interior esforzándose en salir
adelante en la vida, sin clamor pero
con óptimos resultados. En el amor
es afectuosa, capaz de sacrificarse y
buena administradora del hogar.

NÚMERO 7
SIGNOS

MARÍA

Es, sin duda, uno de los nombres
más difundidos. Deriva del hebraico
Maryam, que a su vez deriva del
egipcio *mrj* («querido, amado»), se-
guido del diminutivo femenino hebraico -*am*. En el Antiguo Testamento es el nombre de la hermana
de Moisés, pero fue el culto de la
Virgen María, madre de Jesús, el
que lo difundió universalmente, como nombre solo o compuesto, incluso como segundo nombre masculino (Jose María, Luis María,
etc.). María posee una fuerte personalidad, es firme y está llena de cualidades que sabe mostrar, más que
exhibir. Parsimoniosa, ordenada,
serena y dotada de sentido estético,
en las relaciones de pareja tiende,
sin embargo, a dejarse someter para
vivir tranquila y también para no
comprometer la estabilidad afectiva, a la que se siente muy apegada.

NÚMERO 6
SIGNOS

MARÍA ESTRELLA

Inspirado en el culto a la Virgen, es
un apelativo derivado de un error
interpretativo del hebreo *Maryam*
como «estrella de mar», como «go-
ta de mar». María Estrella reúne las
cualidades y los defectos de María y
de Estrella, es decir, orden, seriedad

y capacidad de realización, pero también una desmesurada preocupación por las apariencias y una excesiva dependencia de la aprobación ajena. Agradable y afable, pero cambiante y superficial, vive el amor con tierno romanticismo.

NÚMERO 8

SIGNOS

MARIANNA

Más que una contracción de María Ana se puede considerar un nombre por sí mismo, derivado del griego *Mariàmne*, que significa «amada por el dios Amón». De carácter serio, orgullosa e intransigente, Marianna nunca se despreocupa de sus deberes. Hábil tanto en el hogar como en el trabajo, da el máximo de sí misma en la familia y se entrega a sus seres queridos con cariño. Su carácter, un poco introvertido al principio, no incita al amor, pero una vez se la conoce, la relación funcionará a la perfección.

NÚMERO 8

SIGNOS

MARIANO, MARIANA

Derivan del romano *Marianus*, que a su vez procede de *Marius*; pero también reflejan la devoción por la Virgen (su culto es el denominado «mariano»). Tanto él como ella tienen un temperamento tranquilo, sereno, racional y metódico; poco inclinados a la fantasía, tienen los pies en el suelo y se comprometen a fondo con todo lo que hacen, prefieren evitar los imprevistos y las profesiones demasiado dinámicas. Dan la justa importancia al dinero.

NÚMERO 8 para Mariano;
3 para Mariana.

SIGNOS

MARILENA

Inicialmente representaba la contracción de nombres dobles como María Elena o María Magdalena, pero luego se convirtió en un solo nombre. De carácter ambicioso y competitivo, Marilena apuesta con decisión por el éxito, y lo obtiene con sangre fría e intransigencia. Es muy orgullosa y poco comprensiva incluso con aquellos que ama.

NÚMERO 1

SIGNOS

MARINO, MARINA, MARINELA

Derivan del latín *Marinus*, que procede a su vez de *Marius*, pero siempre está relacionado con «mar». De modales toscos, rudos y un poco brutos, **Marino** muestra su carácter bonachón a quien lo sabe tratar de la manera adecuada. Sus dotes organizativas e intelectuales son óptimas. **Marina** es desprendida, fría y un poco soberbia, pero cuando encuentra a la persona adecuada cambia de inmediato de registro y se vuelve dulce y devota. **Marinela** es más imaginativa, independiente e indiferente a las obligaciones y compromisos en el amor.

NÚMERO 7 para Marino;
2 para Marina;
1 para Marinela.

SIGNOS para Marinela, también.

MARIO

Deriva del antiguo gentilicio romano *Marius*, transformado por el etrusco *maru*, título de un sumo sacerdote o magistrado, por lo que no tiene nada que ver con María. Vital, enérgico y muy viril, Mario se empeña con pasión en todo lo que hace. Es expansivo, le gusta hablar de sí mismo y se siente atraído por todo lo que es insólito y está fuera de lo común. Posee un corazón afectuoso y sensible.

NÚMERO 2

SIGNOS

MARISA

Inicialmente era la contracción del nombre compuesto María Luisa, aunque luego se constituyó como un solo nombre. Cambiante y caprichosa, dividida entre los intereses materiales y la necesidad de espiritualidad, Marisa busca una felicidad difícil de encontrar. La relación de pareja y la familia pueden ofrecerle la paz interior a la que aspira.

NÚMERO 7

SIGNOS

MARLON

Deriva del celta y significa «halcón». Marlon tiene un carácter variable; a su indudable materialismo se añaden una rica vida emotiva y una racionalidad no privada de fantasía. Además es susceptible y tiene un humor cambiante.

NÚMERO 2

SIGNOS

MARTA

Deriva del antiguo arameo, femenino de *mar*, y significa «señora, dueña». Marta tiene un temperamento fuerte, eficaz, riguroso, anticonvencional y sigue con esfuerzo su propio camino sin rendirse ante las dificultades. Se desenvuelve bien en el trabajo. No obstante, pese a ser muy admirada, el amor puede reservarle alguna que otra desilu-

sión, lo que hace que se incline por la independencia.

NÚMERO 8

SIGNOS

MARTÍN, MARTINA

En la base de estos dos nombres se halla el antiguo sobrenombre latino *Martinus*, que deriva de *Mars, Martis*, es decir, «dedicado a Marte» (dios de la guerra). Célebre es la leyenda del verano de San Martín: cuenta cómo el futuro santo, apiadándose de un mendigo que tenía frío, cortó con su espada su propia capa para darle un trozo; Dios, conmovido por su gesto, hizo salir el sol para calentar el frío día de noviembre. **Martín** tiene un carácter austero, es prudente, susceptible y receloso; mejor no provocarlo, puesto que es un poco peleón. En el amor, sin embargo, es sincero y fiable. **Martina** es más equilibrada, metódica y ordenada; está muy apegada a la familia y es muy ahorrativa.

NÚMERO 3 para Martín;
4 para Martina.

SIGNOS

MARVIN

Deriva del celta y significa «amigo del mar». De carácter enérgico, ambicioso, independiente e inventivo, Marvin siempre está dispuesto a emprender nuevas aventuras, que, sin embargo, no suele concluir porque es muy voluble en sus preferencias. Tiende al nerviosismo y se irrita con facilidad.

NÚMERO 5

SIGNOS

MASCIA

Es la forma rusa de María. De temperamento firme y carismático,

Mascia es orgullosa, apasionada e impulsiva, y tiende a seguir su instinto, por lo que es poco prudente.
NÚMERO 1
SIGNOS

MATEO, MATÍAS

Matithyah en hebreo antiguo está compuesto de *matath* («don») y de *Yah*, abreviación de *Yahweh* («Dios»), por lo que significa «don de Dios». Mateo ha tenido una gran difusión por ser el nombre de uno de los cuatro evangelistas. La misma raíz para la variante Matías, nombre del apóstol que fue elegido en sustitución de Judas después de la muerte de Cristo. **Mateo** tiene un carácter tranquilo pero obstinado y es capaz de soportar dificultades e injusticias. La juventud puede no ser para él una edad fácil; sin embargo, la madurez le será mucho más satisfactoria. **Matías** es bastante concreto y prepotente; raras veces tiene dudas y sabe concebir brillantemente sus objetivos.
NÚMERO 9
SIGNOS

MATILDE

Es un nombre de origen germánico-francófono compuesto de *mahti* («fuerza, potencia») e *hildjo* («batalla»); por lo tanto significa «poderosa en la batalla». De temperamento reflexivo, es lenta pero valerosa y determinante. Matilde está dispuesta a destacar. Autoritaria cuando es necesario, sabe hacerse valer en cualquier situación. Espera mucho del amor y está dispuesta a entregarse por completo.
NÚMERO 1
SIGNOS

MAURO, MAURA, MAURICIO, MAURICIA

Derivan del latín *Maurus*, que significa «oriundo de Mauritania». **Mauro** y **Maura** tienen un carácter curioso y polifacético y son amantes de la novedad, del juego y del riesgo; son impulsivos y aventureros, no en vano les suelen pasar muchas cosas, aunque nunca pierden la confianza en sus propios sueños. **Mauricio** y **Mauricia** son, sin embargo, reflexivos, tranquilos y poco expansivos; son leales y tienen un sentido del deber que les lleva a conseguir sus propios planes y satisfacer su innata ambición. Los sentimientos son profundos y están bien motivados, excepto su testarudez.
NÚMERO 5 para Mauro;
     9 para Maura;
     8 para Mauricio;
     3 para Mauricia.
SIGNOS
para Mauro y Maura;

para Mauricio y Mauricia.

MÁXIMO, MAXIMILIANO

Derivan del latín *maximus*, superlativo de *magnus* («grande»), que inicialmente significó «el primero, el mayor de los hijos» y luego «grandísimo, superior a todos». Serio, escrupuloso y poco sociable, **Máximo** es un hombre recto, no soporta la hipocresía ni la pereza. Se desenvuelve bien, tanto en los estudios como en la vida profesional. En los sentimientos es un poco cerrado, pero bajo una dura coraza se esconde un corazón capaz de amor y de entrega. **Maximiliano** también posee un carácter bastante parecido: posesivo, intransigente, controlador, ambicioso y calculador, apuesta por el éxito, aunque tenga que pasar por encima del amor.

NÚMERO 3
SIGNOS

MAYA
Es un nombre de origen mitológico: Maya era, de hecho, una de las Pléyades, hija de Atlante, que con Zeus engendró a Hermes (Mercurio). Significa «madre, partera». De carácter alegre y creativa, Maya ama la vida y la naturaleza, además de los placeres y las cosas hermosas. Tiene facilidad para relacionarse y para establecer contactos con las personas.

NÚMERO 4
SIGNOS

MEDEA
Es un nombre de carácter mitológico: *Me'deia* (en griego «hábil, astuta») era la maga que ayudó a Jasón en la conquista del vellocino de oro; se casó con él y luego fue abandonada, por lo que ella se vengó matando a su nueva esposa, hijos y suegro. Materialista y poco proclive a la comprensión y a los impulsos emotivos, Medea tiene muy buenas dotes organizativas y de análisis. Destaca en el ámbito laboral, porque persigue con tenacidad y eficacia todos sus objetivos.

NÚMERO 1
SIGNOS

MELANIA
Deriva del griego *Melanìa* o *Melané*, que procede a su vez de *mélas*, *mélanos* («negro, de cabellos o de piel oscura»); antiguamente era muy usado por las mujeres de origen oriental y griego. Esquiva y melancólica, pero interiormente fuerte y decisiva, Melania posee una aguda inteligencia, que le permite extraer el significado más profundo de las cosas. Es muy femenina y tiene impulsos afectivos muy intensos.

NÚMERO 1
SIGNOS

MELBA
Deriva del griego y significa «dulce». De carácter afectuoso y comunicativo, Melba aprecia los placeres tangibles y hace todo lo posible para que la vida sea lo más agradable posible para ella y para los que ama. Pero también es capaz de una gran seriedad y demuestra una precoz madurez de intereses y sentimientos.

NÚMERO 6
SIGNOS

MELISA
Deriva del griego *Mélissa* («abeja»), que a su vez procede de *méli* («miel»). Era el nombre de una de las náyades (ninfas del río), además del de la hada buena que en *Orlando furioso*, de Ariosto, protege la boda de Ruggero y Bradamente. Encantadora y romántica, Melisa posee una estética refinada, está dotada para el arte y la música, pero también para la medicina y la psicología. En el amor es fiel y casi siempre afortunada.

NÚMERO 5
SIGNOS

MELVIN

Nombre que deriva del celta y significa «jefe». Expansivo, optimista, espontáneo y lleno de intereses, Melvin se compromete con gran entusiasmo en las más variadas empresas que lleva a cabo, pero no tiene demasiadas dotes organizativas, por lo que, a menudo, su acción resulta dispersa e inconstante. Es muy celoso de su independencia y sufre cuando se debe someter a la rutina.
NÚMERO 3
SIGNOS

MERCEDES

Es un nombre español, plural del sustantivo *merced* («paga, recompensa»), que a su vez deriva del latín *merx, mercis* («merced, precio de una gracia»). Refleja el culto por la Señora de las Mercedes, patrona de una orden monástica que se ocupaba de rescatar esclavos. Pasión y sentimiento son las principales características de su carácter. Mercedes captura al hombre con su magnetismo y lo subyuga con su sensualidad, pero es celosa y desconfiada, por lo que nunca baja la guardia. Es también altruista, inteligente y tiene muy buen gusto.
NÚMERO 9
SIGNOS

MIGUEL, MIGUELA, MICAELA

El originario hebreo *Mika'el* está formado por *mi* («¿quién?»), *ke* («como») y *El* (abreviatura de *Elohim*, «Dios»), por lo que significa «¿quién es como Dios?». **Miguel** es el nombre del arcángel que se halla a la cabeza de los ángeles fieles a Dios, vencedor de Satanás y de los ángeles rebeldes. Seductor y combativo, posee las cualidades del conquistador: fuerza de voluntad, tenacidad, inteligencia y una personalidad carismática, que le aseguran el éxito en el campo profesional, mientras que en el amor es orgulloso y autoritario. Se interesa mucho por la ciencia y el ocultismo. **Miguela** es más sensible y afectuosa, el amor se halla en el centro de su existencia, aunque no es indiferente a las desilusiones, con sus consecuentes momentos de depresión. **Micaela** es menos sentimental, determinada a seguir su camino, aunque sea sola.
NÚMERO 4 para Miguel;
5 para Miguela;
8 para Micaela.
SIGNOS

MILENA

De origen serbio, puede ser un derivado de *milen* («benévolo, bondadoso») o la abreviación de nombres compuestos con esta base, por ejemplo *Miloslava*. Buena, idealista, sensible y un poco melancólica, Milena sufre por la desarmonía y la injusticia e intenta ser siempre útil a los demás. No tiene una buena relación con el dinero: más que usarlo o disfrutarlo, lo gasta para ayudar a los demás. Afectuosa pero contenida en el amor, no siempre encuentra a quien puede realizar sus sueños.
NÚMERO 9
SIGNOS

MILVIA

Procede del nombre del *Puente Milvio*, en el cual en el año 312 tuvo lugar la histórica batalla entre Majencio y Constantino: la victoria de este último, preanunciada por una visión, sancionó el reconocimiento oficial del cristianismo en el Imperio romano. Alegre, entusiasta, dinámica y curiosa, Milvia es simpática y original, pero también muy obstinada.

NÚMERO 3

SIGNOS ♐ ♍ ♌

MIMOSA

Es el nombre de la flor amarilla de gran significado simbólico por ser ofrecida a todas las mujeres el 8 de marzo, Día de la Mujer. Sus rasgos más representativos son dulzura, afectividad, fantasía y creatividad.

NÚMERO 7

SIGNOS ♉ ♓ ♋ ♎

MIRANDA, MIREYA

Miranda deriva del gerundio del verbo latino *mirari* («admirar»), por lo que significa «digna de admiración». Es un nombre de un personaje de *La tempestad* de Shakespeare. Mireya comparte el mismo origen, es decir, que también significa «hermosa, digna de admiración». Orgullosa de su propio encanto, **Miranda** asume con frecuencia actitudes soberbias y vanidosas que la hacen parecer superficial. Dotada de buen gusto, tiene buenas posibilidades de destacar en actividades relacionadas con el arte y la belleza. **Mireya** es más seria, estudiosa, afectuosa y tímida; tiene pocas amistades pero bien elegidas. Se empeña a conciencia en sus responsabilidades, pero a menudo le falta la capacidad de coger al vuelo las buenas ocasiones.

NÚMERO 6 para Miranda;
          8 para Mireya.

SIGNOS ♉ ♋ ♎
para Miranda;

♋ ♍
para Mireya.

MIRIAM, MYRIAM

Derivan del hebreo antiguo *Maryam* («María»). Ambas son afectuosas, voluntariosas, pragmáticas y están dotadas de una gran imaginación; aman la tranquilidad y la familia. **Miriam** es más emotiva, altruista, ingeniosa y luchadora cuando es necesario. **Myriam** es más impulsiva y emprendedora, pero tiene cambios de humor y a veces es pesimista.

NÚMERO 9 para Miriam;
          7 para Myriam.

SIGNOS ♉ ♋;
para Miriam, también

♐

para Myriam, también

♐

MIRKO

Es la abreviatura del nombre eslavo *Miroslav*, compuesto de *mer* («gloria») o *mir* («paz») y *slava* («fama, celebridad»), por lo que significa «famoso por su gloria» o «glorioso por haber traído la paz». Adaptable, sereno y optimista, a Mirko le gustan las adulaciones. Alcanza con facilidad el bienestar económico y la tranquilidad en el amor.

NÚMERO 3

SIGNOS ♐ ♌ ♓

MIRNA

Procede del gaélico y significa «amada». Optimista, enérgica y llena de vitalidad, Mirna siente un gran deseo por destacar y se empeña hasta el fondo para conseguir lo que se propone, sin pararse nunca a reflexionar ni a descansar. Suele tener mucho éxito en la economía y en el campo profesional.

NÚMERO 1

SIGNOS ♑ ♌ ♏

MIRTO, MIRTA

Proceden del latín tardío *Myrta*, a su vez retomado de *myrtus*, nombre de la perfumada planta sagrada dedicada a Venus. Se caracterizan por una aguda sensibilidad; ambos son sentimentales y afectuosos y viven de sus intuiciones y fantasías, aunque no por ello olvidan la importancia de la seguridad material. **Mirto** es alegre, curioso y dinámico; mientras que **Mirta** es dulce, meditativa y da mucha importancia al amor y a la familia.

NÚMERO **3** para Mirto;
7 para Mirta.

SIGNOS 🐂 🐟 🦂 🐐

MOIRA

Moirai era el término griego para designar a las Parcas, tres míticas mujeres que presidían el nacimiento y el destino de los seres humanos: primero hilando y luego cortando el hilo que marcaba la duración de su vida. También puede ser una variante del irlandés *Maire* («María»). Moira posee un carácter generoso, indulgente y altruista, y es muy emotiva; en sus actuaciones sigue siempre a su corazón. Tiende a los amores románticos y muestra una profunda comprensión en la relación con su pareja.

NÚMERO **2**

SIGNOS 🐂 🐏 🐟

MÓNICA

Deriva del griego *monakos* («monje, ermitaño»), a su vez transformado en *monos* («solo, único»). Activa, eficaz y llena de sensatez, Mónica tiene un carácter sincero y optimista y buenas dotes para destacar en el trabajo y despertar simpatía y amistad. Cuando tiene problemas afectivos no suele hacer un drama: posee un sereno dominio de sus propias emociones.

NÚMERO **1**

SIGNOS 🦁 ♎ ♐

MORENO, MORENA

Derivan del mismo nombre español que significa «oscuro de piel y cabellos». Ambos están dotados de una personalidad carismática, creativa, original, encauzada a imponerse con autoridad y fuerza de voluntad. **Moreno** es notablemente inflexible, controlador y reservado en el amor: desvela sus necesidades de afecto sólo a aquellos que ama verdaderamente. **Morena** es más locuaz, ama la comodidad y sabe crearse con todas sus fuerzas una buena reputación en el trabajo y una vida satisfactoria.

NÚMERO **8** para Moreno;
3 para Morena.

SIGNOS 🦁 🐏
para Moreno;
♑ ♐
para Morena.

MORGAN, MORGANA

Son nombres de origen celta, probablemente transformados del irlandés *Muigen*, derivado de *mor* («mar»). Personaje de varios poemas del ciclo bretón, la maga o el hada Morgana era hermana del rey Arturo. De carácter versátil, imaginativa y original, **Morgana** tiene ideas brillantes e innovadoras, y es muy sociable: en definitiva, es un auténtico espíritu comunicativo. Es, además, dulce y gentil y ama el arte y la belleza. **Morgan** es curioso, ecléctico, locuaz y aventurero.

NÚMERO **5** para Morgan;
6 para Morgana.

SIGNOS ♉ ♒ ♎ 🦁

NADIA

Deriva del ruso *Nadja*, abreviatura de *Nadezda* («esperanza»). De carácter introvertido, sobre todo en la juventud, con los años Nadia se vuelve más dulce y sociable. Es desordenada, soñadora, se entusiasma con todo y en el amor es dócil y comprensiva.

NÚMERO 2

SIGNOS

NARA

Significa «encina» en el lenguaje de los nativos americanos. Posee una personalidad fantasiosa, que se impone con encanto sutil aunque sin perder la claridad y la simplicidad. Está muy unida a la naturaleza.

NÚMERO 7

SIGNOS

NATIVIDAD, NATALIA, NATACHA

Natividad es un antiguo nombre cristiano que deriva del latín *Natalis* (de *dies natalis*, es decir, «día del nacimiento»); la forma femenina, difundida en los países eslavos, es de tradición greco-bizantina. Natacha es la adaptación gráfica de la abreviación rusa de *Natalja*. Estas mujeres hacen oídos sordos a cualquier consejo y llevan sus iniciativas adelante con gran empeño. Poseen una personalidad romántica en el amor y son fieles en el matrimonio. **Natividad** es más introvertida y tosca; **Natalia**, más precisa y concreta, y **Natacha**, carismática y luchadora.

NÚMERO 3 para Natividad
y Natacha;
4 para Natalia.

SIGNOS

para Natividad y Natalia;

para Natacha.

NAUSICA

Es el nombre de un personaje de *La Odisea*, la hija de Alcínoo, rey de los Feacios, que se encontró a Ulises tendido en la playa y lo condujo al reino de su padre. Nausica es amable y de buenos modales, serena, comunicativa, generosa y con un gran gusto por el arte y la belleza. En el amor es romántica.

NÚMERO 5

SIGNOS

NEDO, NEDA

Del griego *nedé* («que gorgotea»), Neda era el nombre de una ninfa oceánica nodriza de Zeus; Nedo puede considerarse el nombre masculino. Ambos poseen un carácter práctico y concreto, muy apegado a la tierra, a la seguridad de la materia. **Nedo** es afectuoso, emotivo y amante de la familia. **Neda** es capaz de sortear con buen gusto la vida cotidiana.

NÚMERO 2 para Nedo;
6 para Neda.

SIGNOS

NELSON

Es un nombre ideológico que se remonta a principios del siglo XIX, en honor al almirante inglés vencedor de la famosa batalla naval de Trafalgar contra los franceses de Napoleón. Significa «hijo de Nels». De carácter escrupuloso, atento y receptivo, Nelson está iluminado por ideas originales a las que permanece fiel, aunque por naturaleza es más bien inestable.

NÚMERO 7

SIGNOS

NEREO, NEREA, NEERA, NERINA

Este grupo de nombres es de origen mitológico. Nereo, del griego *nareo* («discurrir, fluir»), era el dios marino, padre de las nereidas; Nerina se puede considerar el diminutivo de Nerea. Neera es una excepción, ya que procede de *néaira* («joven»), término usado por los poetas clásicos latinos para designar a la mujer amada. **Nereo** es un individuo simple y juvenil, amante de la vida natural, muy austero, pero un gran calculador cuando se trata de dinero. **Nerea, Neera** y **Nerina** son, sin embargo, emotivas y tienen un humor variable, un carácter tranquilo, tímido y soñador; poseen una fuerte intuición y dotes de clarividencia.

NÚMERO 3 para Nereo;
            7 para Nerea, Neera
            y Nerina.

SIGNOS 🏹 🦀 🐐
para Nereo;

🦞 ♌ 🐐
para Nerea, Neera y Nerina.

NEVIO

Retoma el antiguo nombre latino *Naevius*, derivado de *naevus* («neo»), que significa «personas con muchos lunares en la piel». Receptivo, indulgente y generoso, Nevio da importancia a los valores concretos para asegurar una sólida ancla a su espíritu vacilante y un poco caprichoso. Siente un profundo afecto por la familia y es más bien hogareño.

NÚMERO 2

SIGNOS 🦞 ♌

NICOLÁS, NICOLASA, NICOLETA, NICLA

Derivan del grecobizantino *Nikolaos*, compuesto de *nikan* («ganar») y *laos* («pueblo»), por lo que significa «vencedor del pueblo». **Nicolasa** y **Nicolás** son un poco inseguros, débiles de carácter, pero tenaces a su manera: llegan con lentitud a la meta y evitan con cuidado cualquier posible conflicto externo. Aman los placeres y la vida cómoda y son volubles en el amor. Original, fantasiosa e inquieta, **Nicoleta** tiene grandes objetivos que a menudo suele concretar con habilidad; su mayor defecto es que es peleona. **Nicla** es más equilibrada, serena, expansiva y cordial, capaz de un gran empeño.

NÚMERO 1 para Nicolás;
            7 para Nicoleta;
            2 para Nicolasa;
            3 para Nicla.

SIGNOS ♉ 🦁 ♍ ♈ ♏

NIRVANA

Deriva del sánscrito y significa «sin llama, sin soplo de vida»; en el budismo implica una ausencia absoluta de pasión e implicación, fuente de suprema beatitud. Quien tiene este nombre se caracteriza por un equilibrado desapego, por una serena tranquilidad de ánimo y por una racionalidad transparente alimentada por el poder de la intuición y por la fe en lo absoluto.

NÚMERO 7

SIGNOS 🦞 ♎ ♌

NIVES

Retoma el culto a la Virgen de las Nieves (María *ad Nives*). De carácter dócil y fiel, Nives tiene una existencia tranquila centrada en el amor y la familia. De escasa ambición profesional, tiene un intenso gusto artístico, que está unido al deseo de bienestar material.

NÚMERO 6
SIGNOS

NOEMÍ, NAOMÍ
Deriva del hebreo *no'am* («alegría, delicia») y era el nombre de un personaje bíblico que a la muerte del marido y de los hijos lo cambió para adoptar el de Mara («triste, amarga»). De carácter tranquilo, poético y optimista, Noemí (o Naomí) es capaz de ver siempre el lado bueno de la vida, de valorar las pequeñas cosas con alegría. Es muy afectuosa y tiene un acusado instinto maternal.

NÚMERO 2 para Noemí;
7 para Naomí.
SIGNOS

NORBERTO
Deriva del germánico *Nordobert*, compuesto de *northa* («fuerza»), o tal vez de *Nord,* y de *bertha* («ilustre, famoso»), por lo que significa «ilustre por su fuerza» o «famoso en el Norte». Serio, severo y poco sociable, Norberto desea una existencia tranquila, retirada; sentimentalmente es reservado y poco pasional. Está capacitado para las matemáticas y las ciencias.

NÚMERO 8
SIGNOS

NORMA
Es un nombre inventado en el siglo XIX por la protagonista de la homónima ópera lírica de Bellini. De carácter cambiante y un poco frívola, ama las cosas hermosas y preciosas. Norma es desprendida en

el amor, aunque fiel. Tiene escasas inclinaciones domésticas.

NÚMERO 2
SIGNOS

NORMAN
Del francés *norman, normand* significa «nórdico, que viene del Norte». Concreto, metódico y tranquilo, Norman posee cierta frialdad de sentimientos que queda paliada por su optimismo y por una moderada extraversión. Le gusta el bienestar material.

NÚMERO 3
SIGNOS

NOVELLA
Deriva de un nombre medieval transformado por el latín *novellus,* diminutivo de *novus* («nuevo»), que se utilizaba para nombrar al último recién nacido de la familia. De espíritu idealista, dotada de inventiva e intelectualmente vivaz, Novella es amante de los descubrimientos y de las novedades.

NÚMERO 9
SIGNOS

OCTAVIO, OCTAVIA
Del latín *Octavius,* que a su vez procede de *Octavus,* era el nombre dado originariamente al octavo hijo. **Octavio** posee un carácter sereno, equilibrado, sociable y cordial, y el encanto justo para tener éxito en compañía. Tiene, además, una buena predisposición para los negocios, las profesiones en el ámbito jurídico y la enseñanza. En **Octavia** el carácter asume matices más inquietantes: es soñadora, sensitiva y está sujeta a cambios de humor; se siente atraída por el ocultismo y la filosofía.

NÚMERO 4 para Octavio;
        8 para Octavia.
SIGNOS

ODETTE, ODILIA

Son nombres de origen germánico, derivados de *othal* («patria, posesión, herencia»), o bien de *odon* («dueño, señor»). **Odette** es inteligente pero poco precisa, sincera pero susceptible y se irrita con facilidad. **Odilia** tiene un carácter parecido; sin embargo, es más práctica e independiente y busca las emociones y novedades.
NÚMERO 6 para Odette;
        5 para Odilia.
SIGNOS
para Odette;

para Odilia.

OFELIA

Deriva del griego *ophéleia* («socorro, ayuda»). Era el nombre (inventado para la ocasión) de una pastorcita de una novela pastoril del siglo XVI, que luego recuperó Shakespeare, quien lo hizo célebre al convertirlo en el nombre de la trágica heroína de *Hamlet*. Dulce y tierna, Ofelia es más bien idealista y frágil, y no sabe afrontar las dificultades ni los sufrimientos de la vida. En el amor es fiel, a no ser que se la traicione; en ese caso, dará rienda suelta a un insospechado instinto de venganza.
NÚMERO 3
SIGNOS

OLGA

Deriva del ruso *Ol'ga*, a su vez transformado por el vikingo *Helge* o *Helgi* en la forma antigua, que procede de *heloger* («santo»). De carácter fuerte y riguroso, Olga es despreocupada

en la juventud, pero con la edad adquiere cada vez más sabiduría. Entre sus dotes conviene recordar la fuerza de ánimo, la capacidad de aconsejar y el amor por los valores estables.
NÚMERO 8
SIGNOS

OLIMPIA, OLYMPIA

Las raíces de estos nombres, primero griegos y luego retomados por los romanos, se hallan en el monte Olimpo, en Grecia, considerado por los antiguos la divina residencia de los dioses. Alegre y distraída, activa en el trabajo y brillante en los estudios, a **Olimpia** le falta, sin embargo, vivacidad para saber ver las buenas ocasiones. Vive amores apasionados en la juventud, y luego con los años se vuelve más desprendida. **Olympia** es más concreta, precisa, ambiciosa y egocéntrica, y está decidida a llevar a cabo sus objetivos. El encanto no le falta, pero en el amor es posesiva e intransigente.
NÚMERO 3 para Olimpia;
        1 para Olympia.
SIGNOS

OLIVERIO, OLIVIA

Es obvio que la base de estos nombres es el olivo, la planta sagrada de Atenea y símbolo de la sabiduría, aunque luego fue transformada por el cristianismo en el emblema de la paz. **Oliverio** es un auténtico caballero con las mujeres, pero provocador y peleón con los otros hombres, probablemente debido a su extrema susceptibilidad. Romántico y apasionado, desea una mujer dulce y comprensiva, a la cual protege con mucho afecto. Aparentemente superficial, **Olivia** es perezosa, sensual, amante de los viajes y de la lectura; sin embargo, en el momento adecuado sabe sacar su fuerza y su serenidad interior.

NÚMERO 6 para Oliverio;
5 para Olivia.

SIGNOS 🦁 🦂 🐗
para Oliverio;

👫 🐐 🦂
para Olivia.

OMAR

Es un nombre árabe traído por varios califas seguidores de Mahoma, además del nombre del protagonista de una novela caballeresca incluida en *Las mil y una noches*. Deriva del término árabe *amara* y significa «una larga vida». Sensible y tranquilo, Omar detesta la soledad, por eso busca la compañía, pese a que el menor conflicto con los demás le molesta y le crea ansiedad. De humor cambiante, y un poco avaro, en el amor es afectuoso y gentil.

NÚMERO 2

SIGNOS 🐏 🐗

OMBRETTA

Este nombre se hizo célebre gracias a la famosa novela de finales del siglo XIX *Pequeño mundo antiguo* del escritor italiano Fogazzaro. Se trata del nombre de la niña que muere ahogada en el lago, tragedia que agrava la crisis conyugal de sus padres. De temperamento decisivo y obstinado, racional y discreta, Ombretta posee las cualidades adecuadas para destacar en el trabajo, mientras que en el amor es cauta, aunque fiel y confiada.

NÚMERO 4

SIGNOS 🐏 🐟 ♒

ORESTES

Es el nombre mítico del héroe griego, hijo de Agamenón y Clitemnestra, que mató a la madre y a su amante Egisto, el cual a su vez había asesinado a Agamenón para usurparle el puesto. El originario nombre griego deriva de *oros* («monte»), por lo que Orestes significa «nativo de las montañas». Rudo, impulsivo y proclive al entusiasmo, Orestes no se echa nunca para atrás, no teme la lucha y vive una vida intensa y un poco desordenada, que puede calmarse cuando encuentra a una mujer capaz de tranquilizarlo. En el amor es generoso y protector.

NÚMERO 2

SIGNOS 🐏 ♓ 🦂

ORIANA, ORIETTA

Derivan del latín *Aurea* y significan «hermosa como el oro» o «con los cabellos o la piel dorados». Activas, desenvueltas y temperamentales en sus actuaciones, ambas saben ganarse la consideración en el trabajo; en el amor son pacientes y sinceras. Más metódica, **Oriana** sabe hacer muy bien las cuentas para alcanzar lo que desea. **Orietta** es menos práctica y más intuitiva y está muy capacitada para la psicología y el ocultismo.

NÚMERO 2 para Oriana;
7 para Orietta.

SIGNOS 🐏 ♎
para Oriana;

🐏 ♓
para Orietta.

ORLANDO

Es una variante de Rolando, que se consolidó en el Renacimiento por la notoriedad de los poemas *Orlando enamorado* de Boiardo y *Orlando fu-*

rioso de Ariosto. Procede de *hrod* («fama») y *land* («tierra, país»), por lo que significa «famoso en su tierra». Orlando es una persona agradable, aunque también rebelde e indisciplinada. Es muy agudo intelectualmente y tiene una buena cultura y una eficaz expresión personal. En el amor, la superficialidad puede conducirlo a elecciones precipitadas.

NÚMERO 7

SIGNOS

ORNELLA

Nombre inventado por Gabriele D'Annunzio para un personaje de la tragedia *La hija de Iorio*, deriva de *ornello*, diminutivo toscano de «fresno». Muy activa, vivaz y curiosa, Ornella no deja nunca de interesarse por todo y por todos. Detesta la responsabilidad e intenta mantenerse libre siempre que puede. Ama viajar, estudiar y leer; destaca especialmente en las profesiones que requieren relaciones humanas.

NÚMERO 5

SIGNOS

ORQUÍDEA

La hermosísima flor exótica se llama así porque sus raíces adoptan la forma de los testículos (en griego, *orchis*). Encanto y sensualidad son las principales características de quien tiene este nombre. Orquídea es una mujer apasionada y sentimental, pero equilibrada a fin de cuentas.

NÚMERO 9

SIGNOS

ÓSCAR

Es un nombre de origen germánico, compuesto de *os* («dios, divinidad») y *gaira* («lanza»), por lo que signifi-

ca «lanza de Dios». Luchador, pero leal, sensible y a menudo demasiado realista, Óscar puede desilusionarse de la realidad. Es autoritario en la familia, donde impone su personal sentido del deber. Tiene muy buena intuición, pero el temor a equivocarse le produce inseguridad.

NÚMERO 2

SIGNOS

OSVALDO

Es un nombre germánico de tradición anglosajona, *Osweald* en el lenguaje antiguo, formado por *os* («dios, divinidad») y *weald* («poder»), por lo que significa «poder de Dios, poder otorgado por Dios». Es muy fantasioso y tiene un temperamento poco práctico. Inconstante y perezoso, pero simpático y generoso, Osvaldo no tiene problemas a la hora de encontrar amigos. En el amor, sin embargo, es desapegado y un poco egoísta.

NÚMERO 7

SIGNOS

OTELO

El original inglés *Othello*, inventado por Shakespeare, puede ser un diminutivo de *Otho*, *Odo* o *Otes*, derivados a su vez de *audha*, que significa «riqueza, posesión, poder». De carácter extremadamente sensible y sugestionable, Otelo es muy subjetivo en su visión de las cosas. Es muy contradictorio en cuanto a la originalidad de su pensamiento y la obstinación en sus propias ideas.

NÚMERO 4

SIGNOS

PABLO, PAULA

Derivan del latín *Paulus*, que a su vez deriva de *paucus* («poco»), por lo que

significan «pequeño». Pablo fue el nombre elegido en señal de humildad por Saúl, que pasó de ser uno de los cristianos a apóstol de Jesús; posteriormente se convirtió en San Pablo. Inquietos, versátiles, curiosos, amantes de los viajes y de las nuevas experiencias y despreocupados, ambos son volubles, adaptables y gentiles. Encubren su timidez con actitudes audaces y desprendidas. Un poco caprichosos, por lo general carecen de autocontrol (sobre todo ella, que es más impulsiva y menos diplomática).
Número 1 para Pablo;
6 para Paula.
SIGNOS

PALMA, PALMIRO, PALMIRA

Palma alude a la homónima planta, en recuerdo del día en que Jesús entró en Jerusalén y fue acogido por la muchedumbre, que alegre agitaba las ramas de este árbol. Como nombre se les ponía a los niños nacidos en Domingo de Ramos. En la Edad Media, se llamaba Palmarius a quien iba en peregrinaje a Tierra Santa y regresaba con un bastón envuelto con hojas de palma. Palmira y Palmiro son variantes. Los tres tienen un carácter afectuoso, dócil y generoso, y apuestan por una vida tranquila privada de imprevistos y adversidades, probablemente junto a una persona también tranquila y de confianza.
Número 7 para Palma y Palmiro;
2 para Palmira.
SIGNOS

PAMELA

Retomado a finales del siglo XVI y posteriormente muy popularizado en el siglo XVIII, siempre en las páginas de las novelas y escritos teatrales

en lengua inglesa, deriva del griego y significa «toda miel», por lo que es «dulcísima». De carácter cordial y generosa, pero orgullosa y con necesidad de aprobación, Pamela se inclina por el arte y la literatura. Vive una existencia serena y tiende al bienestar.
Número 3
SIGNOS

PARIS

Es un nombre de origen clásico (*Paris* en griego). Paris era, en realidad, el apuesto hijo de Príamo, rey de Troya, que secuestró a la fascinante Helena, causando una larga guerra narrada en *La Ilíada* de Homero. Fue él quien mató a Aquiles, su contrincante. Dotado de un enorme encanto, Paris es determinante, coherente y reservado. Muy controlador y eficaz, con tenacidad puede alcanzar grandes éxitos.
Número 9
SIGNOS

PATRICIO, PATRICIA

Derivan de los nombres latinos *Patricius* y *Patricia*, que a su vez proceden de *patres* («padres»), es decir, los pertenecientes al senado, y designaban personas de condición libre y de elevada clase social. Ambiciosa, susceptible e impulsiva, **Patricia** tiende a imponerse en cualquier circunstancia, aunque a veces se deja llevar por la ira. En el amor es afectuosa, comprensible y confiada, y es una gran organizadora en el ambiente familiar. **Patricio** es más inseguro y ostenta una frialdad un poco arrogante para mostrarse más fuerte e impresionar al sexo contrario. Un poco superficial, tiene la suficiente ambición como para tener éxito.

NÚMERO 1 para Patricio;
5 para Patricia.

SIGNOS ⚖️ 🦂 🐟
para Patricio;
🦁 ♐ 🦂
para Patricia.

PEDRO, PETRA

Del arameo *kefà* («roca, piedra»), luego fue traducido al latín *Petrus*. Pedro es el nombre del apóstol fundador de la Iglesia católica, impuesto por el mismo Jesús a su discípulo Simón. Petra es la forma alemana. **Pedro** tiene un carácter tranquilo, es un amigo sincero y fiel en el amor, aunque íntimamente no es tan sereno como quiere hacer creer; de hecho, tiende a luchar en silencio contra sus dudas internas. **Petra** es amable, sociable y muy poco amante de las situaciones conflictivas; posee dotes creativas y artísticas.

NÚMERO 4 para Pedro;
6 para Petra.

SIGNOS 🐟 🦂 ♒

PENÉLOPE

Del griego *pêne* («tejedora»), es el nombre de la fiel y paciente esposa de Ulises, que, mientras él combatía en la guerra de Troya y luego vagaba por el Mediterráneo, lo esperó en el reino de Ítaca tejiendo una interminable tela que de noche deshacía para retardar el consentimiento a sus pretendientes. Buena y sensible pero muy contenida, Penélope es una compañera fiel y paciente. Ama la tranquilidad y siempre intenta infundir armonía en el ambiente en el que vive.

NÚMERO 7

SIGNOS ♈ 🦌 🐇

PERLA

Es un nombre afectivo medieval que augura belleza a la recién nacida, preciosa como una perla. Criatura etérea y dulce, a Perla no le falta lucidez e intuición. Es muy fantasiosa y puede transformar sus sueños en realidad extendiendo sus dotes en un solitario y fecundo trabajo de investigación y meditación.

NÚMERO 7

SIGNOS 🦀 ♍ ⚖️

PÍO, PÍA

Derivan del latín *Pius* y *Pia*, es decir, «pío, que asume los preceptos morales y religiosos». **Pío** es bondadoso y generoso, y tiene un carácter hospitalario, honesto y sincero, aunque es un poco desordenado y tiende a no cumplir las promesas establecidas. Sin embargo **Pía**, aunque se parece mucho, es más ordenada, racional y ahorrativa; en el amor se compromete a fondo y se entrega totalmente.

NÚMERO 4 para Pío;
8 para Pía.

SIGNOS ♊ 🐏 🦀

POMPEYO, POMPEYA

Proceden del antiguo gentilicio latino *Pompeius*, que a su vez deriva de *pompe* («cinco»). Ambos tienen un carácter determinante, lleno de recursos, pues saben transformar los impulsos en acciones. **Pompeyo** es más disciplinado, serio y concreto, mientras que **Pompeya** es más alegre, generosa y expansiva.

NÚMERO 6 para Pompeyo;
1 para Pompeya.

SIGNOS 🐂 🐏 🐐
para Pompeyo;
♐ 🐟 ♊
para Pompeya.

PRISCO, PRISCA, PRISCILA

Derivan de los sobrenombres latinos *Priscus* y *Prisca* («antiguo, viejo»), utilizados originariamente para distinguir, en una misma familia, a un miembro con el mismo nombre que otro, pero más viejo o que vivió en una época anterior. **Prisco** posee un carácter tenaz, reflexivo y responsable; bajo una aparente rudeza encubre un sincero afecto que favorece la vida sentimental. **Prisca** y su diminutivo **Priscila** denotan un temperamento más alegre, pero prudente y reflexivo.

NÚMERO **8** para Prisco;
3 para Prisca;
6 para Priscila.

SIGNOS 🐐 ♒ ♏
para Prisco y Prisca;
para Priscila, también.
♒ 🏹 ♐

QUINTÍN, QUINTILIANO, QUINTILA, QUINTILIANA

Derivan del latín *Quintus*, antiguo sobrenombre dado originariamente al quinto hijo, o bien a quien nacía en el quinto mes del año. De carácter simpático, emprendedor y vivaz, todos tienen una gran consideración de sí mismos. Su vida sentimental es bastante apasionada. **Quintín** y **Quintiliano** son amables y encantadores con el sexo contrario. **Quintila** es fantasiosa y soñadora. **Quintiliana**, confiada y racional.

NÚMERO **5** para Quintín;
6 para Quintiliano;
4 para Quintila;
1 para Quintiliana.

SIGNOS 🐐 ♋ ♎
para Quintín y Quintiliano;
🐐 🏹 ♒ ♋
para Quintila y Quintiliana.

QUIRICO

El nombre latino cristiano *Quiricus* es una adaptación del griego *Kyriakos*, procedente de *kyrios* («señor»), por lo que significa «consagrado al Señor, a Dios». Quirico posee un carácter abierto, sincero y receptivo; es proclive al entusiasmo y capaz de impulsos generosos.

NÚMERO **2**

SIGNOS 🐐 ♈ ♌

QUIRINO

Deriva del latín *Quirinus*, nombre de una antigua divinidad guerrera identificada con Rómulo y vinculada con *Quirites*, término con el que eran nombrados los sabinos y luego, por extensión, el pueblo romano. Firme, leal, tenaz, riguroso y equilibrado en sus juicios, no es muy apasionado en sus comportamientos.

NÚMERO **4**

SIGNOS ♌ 🐐 ♐

RAFAEL, RAFAELA

Derivan del hebreo *Repha'el*, formado por *rapha* («curar») y *El* (abreviatura de *Elohim*, «Dios»), por lo que significan «Dios cura». Rafael es el nombre del arcángel que en un episodio bíblico muestra al joven Tobías cómo curar al viejo padre de la ceguera. Una gran generosidad caracteriza a todos aquellos que tienen este nombre. Dulces y desprendidos, en su juventud pueden parecer apáticos, pero una vez han encontrado su propio camino actúan con ímpetu.

NÚMERO **9** para Rafael;
8 para Rafaela.

SIGNOS ♐ ♏ ♈
para Rafael;
♒ ♈ ♎
para Rafaela.

RAIMUNDO, RAMÓN, RAMONA

Raimundo deriva del germánico *Raginmund*, compuesto de *ragin* o *ragan* («consejo divino») y *munda* («defensa, protección»), por lo que significa «protección divina». Aparentemente insignificante, Raimundo es una persona determinante y coherente, sabe hallar la solución a cualquier problema y ejercer su autoridad cuando se trata de defender a los más débiles. Serio, reflexivo y moderadamente sociable, también en el amor es fiel. En la forma **Ramón** denota un carácter más intuitivo y poético, aunque poco práctico, y a menudo es víctima del pesimismo. **Ramona**, paciente y obstinada, se empeña a fondo en todo lo que hace; íntimamente es inquieta y a menudo insatisfecha, además de posesiva en el amor.

NÚMERO 5 para Raimundo;
      8 para Ramona;
      7 para Ramón.

SIGNOS

RAMIRO

Es un nombre español de derivación germánica, del gótico *ran* («disposición del ejército») y *mereis* («célebre para formar al ejército»). Sus rasgos principales son la intuición, la sensibilidad y un temperamento emotivo, amable e indulgente. La timidez le hace un poco esquivo, pero no le falta sensatez y tenacidad, de las que sabe hacer un buen uso.

NÚMERO 2

SIGNOS

RAQUEL

Deriva del hebreo *Rahel* y significa «oveja». En el Antiguo Testamento era la segunda mujer de Jacob: la leyenda cuenta que la pareja creó una estirpe de cuidadores de ganado ovino, mientras que los hijos de la primera esposa, Lía, eran cuidadores de bovino. Emotiva y muy femenina, Raquel despierta mucha admiración con su encanto, pero es vengativa con quien le hace daño.

NÚMERO 2

SIGNOS

RAÚL, RAOUL

Derivan del antiguo nombre germánico *Radwulf* o *Radulf*, compuesto por *radha* («asamblea, consejo») y *wulfa* («lobo»), por lo que significan «valeroso como un lobo en la asamblea». Ambos poseen un carácter amable y son muy agradables con los demás. De inteligencia vivaz, son buenos compañeros de trabajo y sinceros y afectuosos en los sentimientos. Muy sugestionables, pueden dejarse manipular por quien, más astuto, pretende aprovecharse de su falta de ambición material.

NÚMERO 7 para Raúl;
      4 para Raoul.

SIGNOS

REBECA

Es un nombre bíblico, en hebreo *Ribqah*, que significa «red, cuerda»; así se llamaba la esposa de Isaac, madre de Esaú y Jacob. De carácter enérgico —se impone con la sonrisa— Rebeca es consciente de sus numerosas dotes y siempre sabe mostrarse amable y sensible, especialmente con quien ama.

NÚMERO 7

SIGNOS

REGINA

Puede considerarse un nombre augural para auspiciar a la recién nacida riquezas y prestigio de una reina, pero está inspirado en el culto a la Virgen, Reina del Cielo. De carácter muy activo, impetuosa y a menudo imprudente, Regina siempre está ocupada en muchas cosas; sabe imponerse con afecto y con el arte de la persuasión.

NÚMERO 9

SIGNOS

REGINALDO, RINALDO

Derivan del germánico *Raginald*, de *ragin* («consejo divino») y *walda* («poder, mando»), por lo que significan «aquel que manda por voluntad de los dioses». **Reginaldo** tiene una fuerte personalidad, además de enigmática y misteriosa, que sabe imponer con discreción gracias a una enorme fuerza de voluntad. **Rinaldo** es algo ambicioso, apasionado, autoritario e intransigente; vive a fondo, intensamente, y se entrega por completo a quien ama, aunque no deja de ser exigente.

NÚMERO 4 para Reginaldo;
        1 para Rinaldo.

SIGNOS

REMO

En latín *Remus*, era el nombre de uno de los fundadores de Roma, asesinado por su hermano Rómulo porque había traspasado los confines sagrados que delimitaban la ciudad. De carácter tranquilo y amante de la comodidad y la belleza, Remo es bastante inestable y susceptible. En el amor es caprichoso y sus ambigüedades pueden complicar su felicidad sentimental, pero no comprometen su éxito social.

NÚMERO 6

SIGNOS

RENATO, RENATA

Renatus es un nombre latino cristiano, que deriva del participio pasado de *renasci* («renacer»), por lo que significa «nacido a una nueva vida espiritual con el bautismo». **Renato** es reservado pero instintivo, capaz de imponerse pero demasiado impulsivo para que sus éxitos puedan durar. Tierno y afectuoso en el amor, no teme al matrimonio. **Renata** es viva y desenvuelta, pero bajo una apariencia voluble encubre emociones delicadas y un carácter sentimental y meditativo.

NÚMERO 1 para Renato;
        5 para Renata.

SIGNOS

RICARDO

Deriva del germánico *Rikhard* o *Richart*, compuesto de *rikja* («poderoso») y *hardhu* («valeroso, fuerte»), por lo que significa «poderoso y valiente». Frío, testarudo e intransigente, Ricardo es un soñador solitario que nunca alberga dudas sobre sí mismo o sobre sus propios juicios. Pero no es insensible, al contrario, da un gran valor a los sentimientos, que vive de manera apasionada.

NÚMERO 5

SIGNOS

RITA

Originariamente era la abreviación de Margarita, aunque luego se difundió como un solo nombre. Expansiva y perspicaz, Rita destaca por su intuición e inteligencia y, a decir verdad, hace todo lo posible para no pasar inadvertida y se complace con la atención ajena.

NÚMERO 3

SIGNOS

ROBERTO, ROBERTA

Derivan del germánico *Hrodeberht,* formado por *hroth* («gloria») y *berhta* («ilustre»); así pues, significan «ilustre por su gloria». **Roberto** tiene un carácter sencillo, pero es extravertido sólo en apariencia, pues en el fondo es un inseguro que tiene necesidad de afectuosas reafirmaciones. Prudente, concreto, poco innovador y poco pasional, es, sin embargo, capaz de albergar sentimientos duraderos. **Roberta**, por el contrario, es más caprichosa y difícil de comprender; cuando se encuentra en apuros sabe aprovecharse de toda su sabiduría y puede hallar la serenidad en el ámbito espiritual.

NÚMERO **3** para Roberto;
7 para Roberta.

SIGNOS

ROCCO

Es un nombre de origen germánico, pero con un significado incierto; se cree que es una abreviatura de nombres compuestos con la raíz *hrok* («cuervo»), antiguamente muy difundidos porque en la mitología nórdica el cuervo era considerado un animal sagrado. Moderado y afable en apariencia, Rocco sabe utilizar muy bien sus encantos, que encubren una buena dosis de egoísmo y rechazo a compararse con los demás. Su comportamiento amoroso es contradictorio: puede ser explosivo como un volcán o gélido como un iceberg.

NÚMERO **9**

SIGNOS

RODOLFO

Es un nombre de tradición germánica formado por *hroth* («gloria») y *wulfa* («lobo»), por lo que significa «lobo glorioso» y por extensión «guerrero glorioso» (el lobo, animal mágico consagrado al dios Odín, representaba la figura del guerrero). Tranquilo, reflexivo y determinante, Rodolfo no se compromete demasiado, pero tiene una buena intuición que lo guía y lo impulsa a actuar sólo cuando es necesario, sin derrochar energías. Amable y encantador, presume de numerosas conquistas amorosas, aunque en el fondo no es demasiado pasional.

NÚMERO **4**

SIGNOS

RODRIGO

Es un nombre de origen germánico formado por *hroth* («fama, gloria») y *rikja* («poderoso, rico»); por lo tanto, significa «rico de gloria» o «poderoso y famoso». Polifacético, audaz y lleno de curiosidad, Rodrigo no soporta las mentiras ni los compromisos; por encima de todo ama su libertad. Es más bien pródigo con el dinero.

NÚMERO **5**

SIGNOS

ROGELIO

Hrodgaer en la forma antigua, es un nombre germánico de tradición francófona, compuesto de *hroth* («gloria») y *gaira* («lanza»); así pues, significa «lanza gloriosa». Rogelio es una persona positiva, colmada de cualidades morales e intelectuales; instintivamente tiende a imponerse y a destacar; en su carrera hacia el éxito puede perder de vista los aspectos más sencillos y alegres de la vida. Hábil y trabajador, es generoso pero exigente en los sentimientos.

NÚMERO **9**

SIGNOS

ROLANDO

Este nombre se ha difundido por su modelo francés *Roland*, héroe de los poemas épicos caballerescos del ciclo carolingio. Sin embargo, tiene orígenes germánicos: está formado por *hroth* («fama») y *nanhtaz* («audaz»), o bien *land* («tierra»), por lo que significa «famoso por su audacia» o «famoso en su país». De naturaleza activa y anticonformista, Rolando está dotado de una aguda inteligencia, siente un gran amor por la cultura y el conocimiento. Se halla más a gusto en el mundo de las ideas que en el de las acciones, y no sabe muy bien cómo administrar el dinero. En el amor puede comprometerse sin reflexionar demasiado y luego sufrir una decepción.
NÚMERO 7
SIGNOS

ROMÁN, ROMANA, ROMINA

Derivan del latín *Romanus*, con el obvio significado de «habitante de Roma»; a su vez, Roma deriva de *Rumon*. Tanto **Román** como **Romana** son enérgicos y desprendidos con los demás, pero en el fondo son serios y tienden a la introspección, al estudio. Eligen con cuidado algunos amigos en los que confiar. La variante **Romina** denota un carácter dulce e indulgente; busca la seguridad afectiva, por lo que tiende a casarse en seguida, mientras que en la madurez puede aflorar cierto desencanto con respecto a su pareja.
NÚMERO 7 para Román y Romina;
8 para Romana.
SIGNOS
para Román y Romana;
para Romina.

ROMEO

Deriva del griego y bizantino *Rhomaios*, luego latinizado en *Romaeus*. Originariamente designaba a cualquier ciudadano del Imperio romano, luego en la Edad Media fue utilizado para designar a quien peregrinaba a Tierra Santa o a Roma; posteriormente se difundió con otro significado muy distinto cuando Shakespeare lo tomó como el nombre del protagonista de su drama amoroso *Romeo y Julieta*. En realidad, Romeo es impetuoso, aventurero e imprudente cuando sigue sus instintos, pero en las cosas importantes sabe mostrarse sensato y comprometerse hasta el final. Los bienes materiales no le resultan, en absoluto, indiferentes, busca con interés el dinero y el poder.
NÚMERO 3
SIGNOS

ROMILDO, ROMILDA

Son nombres germánicos formados por *hroma* («gloria») e *hildjo* («batalla»), por lo que significan «glorioso combatiente». Discreta, tenaz y luchadora, la generosa **Romilda** es capaz de perseguir sus ideales en solitario, sin despertar demasiado la atención de los demás. **Romildo** es, sin embargo, más versátil y voluble, y siempre va en busca de experiencias diversas que enriquezcan su bagaje humano y cultural.
NÚMERO 5 para Romildo;
9 para Romilda.
SIGNOS

RÓMULO

Es el mítico fundador de Roma, junto con su gemelo Remo, a quien luego asesinó. El nombre, en latín *Ro-*

*mulu*s, es de origen etrusco. Denota un carácter bondadoso y pacífico, odia las complicaciones y siempre procura arreglárselas como puede él solo. Rómulo, de buen corazón pero simple, en el amor también apuesta por la serenidad.

NÚMERO 4

SIGNOS

ROSA

Es el nombre más popular de todos los inspirados en la naturaleza; además, la rosa es la número uno de las flores, la más hermosa, perfumada y popular desde la Antigüedad. Ha originado una gran cantidad de variantes: **Rosita**, **Rosana**, **Rosaura**. Seductora y fascinante, Rosa no se deja conquistar fácilmente; es muy celosa de su independencia y desea hacerse respetar. Sin embargo, cuando se entrega al amor verdadero, entonces no se puede dudar de su seriedad.

NÚMERO 8

SIGNOS

ROSALÍA

Puede ser un nombre compuesto formado por Rosa y Lía, aunque otros sostienen que deriva del francés antiguo *Rocelin*. De carácter esquivo y sensible, Rosalía tiene un carácter débil, pero es capaz de transmitir una gran dulzura y afectuosidad. Sin embargo, no es del todo desinteresada, al contrario, en el fondo sabe calcular muy bien todos sus movimientos.

NÚMERO 3

SIGNOS

ROSALINDA

Se cree que es un nombre compuesto de Rosa y Linda. En realidad, tie-

ne orígenes germánicos. *Rosalindis*, en la forma antigua, está formado por *broth* («gloria») y *linta* («tilo» o «escudo de madera de tilo»), por lo que significa «escudo de gloria, que otorga la gloria». Rosalinda tiene un carácter alegre, entusiasta, comunicativo y sabe difundir a su alrededor buen humor y serenidad. Adaptable pero dotada de ambición, puede destacar en el ámbito cultural o artístico.

NÚMERO 3

SIGNOS

ROSANO, ROSANA

Del latín *Roxane*, es una adaptación del persa *Raushana* («luminosa, radiante»), nombre de la princesa persa, esposa de Alejandro Magno que, a la muerte del marido, fue asesinada junto a su hijo por el usurpador del trono. Sentimental, sensual y muy femenina, **Rosana** está enamorada del amor, seduce y sufre con apasionada complicidad. **Rosano** es emotivo, sugestionable, sentimental y está muy apegado a la familia. Ambos son poco ambiciosos, aspiran a un tranquilo bienestar y están capacitados para realizar profesiones creativas o del ámbito social.

NÚMERO 1 para Rosano; **5** para Rosana.

SIGNOS

ROSELA

Es una transformación de los nombres medievales *Rosa* y *Rojo* (que probablemente se referían a los colores de los cabellos). Dotada de una brillante inteligencia, Rosela es intuitiva, valerosa y encantadora, pero no es fácil de conquistar porque es inquieta y caprichosa, aunque tarde o temprano acaba cediendo porque teme la soledad.

NÚMERO 7
SIGNOS

ROSWITHA

Es un nombre alemán (*Hrotsvitha* en su forma originaria), compuesto por *hrotha* («fama») y *swintha* («fuerte»); así pues significa «fuerte y famosa» o bien «que goza de una buena fama». Inmersa en un mundo colmado de pensamientos, sentimientos y emociones muy personales, Roswitha se deja entusiasmar fácilmente por la aventura y las novedades para satisfacer su innata curiosidad.

NÚMERO 5
SIGNOS

ROWENA

Es un nombre inglés de origen germánico (*Hrodhwyn* en su forma antigua), formado por *hrotha* («fama») y *wini* («amigo»), por lo que significa «amiga de la gloria». Es el nombre de la protagonista femenina de la novela del siglo XIX *Ivanhoe* de Walter Scott, ambientada en la Inglaterra caballeresca en tiempos de Ricardo Corazón de León. Las letras que componen este nombre denotan un carácter emotivo, pero equilibrado, capaz de proponerse objetivos precisos y alcanzarlos con tenacidad y aplicación. Rowena es muy aplicada en la administración del dinero.

NÚMERO 4
SIGNOS

RUBÉN

Deriva del hebreo *Reuben*, nombre del primer hijo de Lía y Jacob. La interpretación que se hace en la Biblia es: «Dios ha visto mi aflicción, me

ha concedido el hijo». De carácter tolerante, que a primera vista inspira confianza y simpatía, Rubén es adaptable pero más bien inestable y de poca voluntad. Sus armas son la amabilidad y un innato *savoir faire*.

NÚMERO 6
SIGNOS

SABINO, SABINA

Derivan del nombre latino *Sabinus*, es decir, «perteneciente al pueblo de los sabinos». **Sabina** es enérgica, fuerte y determinante, mientras que **Sabino** es más bien dulce e indulgente. Ambos están dotados de una viva inteligencia y se sienten atraídos por la armonía, el arte y la belleza; son muy cuidadosos con las elecciones en el ámbito afectivo.

NÚMERO 6 para Sabino;
1 para Sabina.
SIGNOS

SABRINA

De difusión reciente debido al éxito de la película *Sabrina* de 1954. De carácter orgulloso e independiente y con tendencia a sobresalir, Sabrina es activa, dinámica, un poco egoísta y con una enorme fuerza de voluntad y confianza en sí misma, que le permiten satisfacer sus ambiciones. En el amor es impulsiva y celosa.

NÚMERO 1
SIGNOS

SALOMÉ

El originario nombre arameo *Shalom* está tradicionalmente vinculado al término del mismo nombre que significa «paz», pero deriva del verbo *shalam* («restituir»), y se utilizaba como agradecimiento por el nacimiento de una hija que llegaba después de la pérdida de un hijo. Es el nombre de la hija de Herodes y Herodias, que se exhibió en una danza y que, instigada por su madre, pidió como compensación la cabeza de Juan Bautista. Y así se llamaba también la madre de los apóstoles Jaime y Juan. Ingenua e inocente a primera vista, Salomé se fía de su enorme intuición, que llega más lejos que la de cualquier otro. Lista y llena de iniciativas, en el amor es reservada y tímida a la hora de manifestar sus sentimientos.

NÚMERO 2

SIGNOS

SALOMÓN

Deriva del nombre hebraico *Shelomoh*, que significa «pacífico, en paz con Dios», que a su vez procede de *shalom* («paz»); luego fue transformado al latín en *Salomón*. En el Antiguo Testamento, Salomón es el sabio y prestigioso rey de Israel, hijo y sucesor de David. Más bien tosco, y bajo una apariencia ruda, encubre un óptimo equilibrio y una gran resistencia que le permiten llegar muy lejos. Es preciso, tenaz y muy capacitado para las ciencias exactas. En el amor es completamente fiel.

NÚMERO 8

SIGNOS

SALVADOR, SALVA

Salvador es un nombre de devoción cristiana difundido en honor a Jesús, salvador de los hombres, ya en tiempos de los primeros cristianos, en la forma latina *Salvator*. De temperamento alegre y animado, perspicaz e inventivo como es, Salvador sabe apañárselas estupendamente en cualquier circunstancia, aunque a menudo muestra cierta fragilidad psicológica. Pese a que afectivamente es un poco inconstante, con la persona amada es más bien posesivo. La variante abreviada, **Salva**, denota menor emotividad y un carácter tranquilo, honesto, tolerante y bastante obstinado.

NÚMERO 2 para Salvador;
1 para Salva.

SIGNOS
para Salvador;

para Salva.

SAMANTA

Es un nombre inglés de probable origen hebreo. Fue adoptado en Estados Unidos a finales del siglo XIX como nombre de una bruja. Viva, activa, despreocupada y siempre en movimiento, Samantha se toma la vida como un juego apasionante y no teme el riesgo. Sin embargo, no le gustan las responsabilidades, sobre todo en el amor. No está hecha para tener vínculos sofocantes ni tradicionales.

NÚMERO 6

SIGNOS

SAMUEL, SAMUELA

Shemuel en hebraico se compone de *shem* («nombre») y *El* (abreviatura de *Elohim*, «Dios»), por lo que significa «su nombre es Dios». **Samuel** era el nombre de un profeta, último de los jueces de Israel. De carácter prudente, bastante reservado, preciso y perfeccionista, es parsimonioso, hábil en el trabajo y en los negocios y le gusta el arte y la cultura. Más expansivo en la familia que fuera, es un compañero atento y fiel. **Samuela** tiene un temperamento emotivo y sensible, y está muy apegada a la familia, en la cual se muestra como una muy buena organizadora, pero sobre todo como persona dulce y afectuosa.

NÚMERO **8** para Samuel;
2 para Samuela.

SIGNOS

SANSÓN

Deriva del hebreo *Shamshon*, con el probable significado de «hijo del Sol». Sansón era el juez de Israel que, encarcelado por los filisteos al ser traicionado por su amante Dalila, con su fuerza prodigiosa hizo derruir el templo, atrapó a los enemigos y murió él mismo bajo la runas. Sentimental y sensual, enamorado de la belleza y del amor, Sansón se muestra sensible ante la aprobación de los demás, en los que intenta ocultar su propia inseguridad.

NÚMERO **1**

SIGNOS

SANTINO, SANTINA, SANTO, SANTE

Del latín *sanctus* («santo»), a excepción de Sante, que deriva de la frase *dies omnium sanctorum*, «el día de la fiesta de todos los santos», estos nombres denotan una personalidad dinámica, inteligente, capaz de aprovecharse de las ocasiones cuando estas se presentan. Son sinceros pero tienen poca fuerza de voluntad, y además tienden a la presunción.

NÚMERO **2** para Santino;
6 para Santo y Santina;
5 para Sante.

SIGNOS

SARA

Deriva del hebreo *Sarah* («princesa»); en el Antiguo Testamento era la esposa de Abraham y la madre de Isaac. Denota una personalidad alegre y activa, que difícilmente pierde la confianza y las ganas de hacer cosas. A primera vista puede parecer inconstante, tal vez porque las convenciones le importan realmente poco, a las cuales desafía con valor e ironía; sin embargo, con su compañero es celosa y pretende una atención continua.

NÚMERO **3**

SIGNOS

SATURNINA

Es el nombre que está inspirado en Saturno, la antigua divinidad romana que corresponde al dios Cronos. Procede de *satus*, participio de *serere* («sembrar»); Saturno, protector de los cultivos, había enseñado a los hombres los secretos de la agricultura. Saturnina tiene un carácter firme, resistente, es reservada pero no tímida, y sabe muy bien lo que hace. En el amor, su escasa pasión queda equilibrada por la seriedad y la profundidad de los sentimientos.

NÚMERO **9**

SIGNOS

SEBASTIÁN

El nombre latino *Sebastianus* deriva del griego *sebastòs* («digno de veneración»). Reflexivo y tranquilo, Sebastián se mueve con prudencia, pero también con innegable encanto. Metódico y preciso, busca la armonía en todo lo que hace y demuestra cierto perfeccionismo. Se muestra apegado al ambiente familiar.

NÚMERO **9**

SIGNOS

SELENE, SELENA

Selene retoma el nombre latino, que a su vez procede de una antigua divinidad lunar griega, que deriva de *sé-las* («luz, esplendor»). Dotada de un encanto sutil y discreto, es una persona reservada, no le gusta llamar la atención y no soporta a los presuntuosos ni a los que la atosigan. Tiene un pronunciado gusto estético y ama el arte. La variante **Selena** denota un temperamento más lunático.

NÚMERO **6** para Selene;
2 para Selena.

SIGNOS
para Selene;

para Selena.

SELMA

Deriva del celta y significa «feliz, rica». De carácter vivaz e incansable, siempre busca novedades para satisfacer su insaciable curiosidad. Selma es comunicativa, pero poco paciente con el prójimo, independiente y fantasiosa. No desdeña el dinero ni las comodidades y tiende a gastar.

NÚMERO **5**

SIGNOS

SELVAGGIA

Deriva del provenzal *salvatge*, procedente del latín *silvaticus*, es decir, «procedente de los bosques y de las selvas». Y como los habitantes de la naturaleza, Selvaggia conserva su espíritu libre, el orgullo y el amor por su propia libertad. Sin embargo, no se puede definir como salvaje, pues posee cierta timidez, es sensible, comprensiva y generosa.

NÚMERO **2**

SIGNOS

SERAFÍN, SERAFINA

Derivan del hebreo *Seraphim* —nombre atribuido en el Antiguo Testa-mento a los seres celestiales de seis alas, ángeles de Dios—, que a su vez deriva de *saraf* («arder, quemar»), por su relación purificadora a través del fuego. Tanto él como ella son personas tranquilas y realistas, más bien reservadas, probablemente porque se creen un poco superiores a los demás. Les gusta la comodidad y la belleza e intentan tener una vida cómoda. En el amor detestan los conflictos y las complicaciones.

NÚMERO **9** para Serafín;
1 para Serafina.

SIGNOS

SERENA, SERENELA

Serena deriva del latín *Serena, Serenus*, con el valor augural de «limpio, sin nubes» referido al cielo, y en sentido figurado «tranquilo, sin preocupaciones». De carácter sobrio, es tenaz en sus necesidades porque sabe valorar las cosas simples. Serena es emprendedora y creativa, y se empeña a fondo para realizar los numerosos proyectos que la estimulan. La variante **Serenela** también denota una personalidad seria y decidida, pero más pretenciosa: impulsada por una gran ambición, quiere destacar a toda costa.

NÚMERO **8** para Serena;
1 para Serenela.

SIGNOS
para Serena;

para Serenela.

SERGIO

Deriva del antiguo gentilicio romano *Sergius*, de origen probablemente etrusco y de significado incierto. Sergio tiene un carácter adaptable, no demasiado expansivo, pero simpático; intenta reafirmarse sin sacrificar su libertad, pero tiene la necesidad de sentirse apreciado y sufre mucho de eventuales envidias. En el amor, a menudo no sabe manifestar sus sentimientos, y a veces eso le desilusiona.

NÚMERO 1

SIGNOS

SEVERO, SEVERINO

Derivan de latín *severus*, con un claro significado. **Severo**, pese a lo que su nombre indica, es todo lo contrario a serio, pues es una persona alegre, emprendedora, valiente y más bien impulsiva. Aprecia el bienestar material, es vanidoso y le gusta hacer conquistas que gratifiquen su amor propio. **Severino**, sin embargo, respeta más la etimología de su nombre. De hecho, no es tan despreocupado, sino más profundo y tenaz.

NÚMERO 3 para Severo;
8 para Severino.

SIGNOS

SHARAR

Es un nombre árabe que significa «Luna». De carácter tranquilo y apaciguado, Sharar carece un poco de confianza en sí mismo y prefiere seguir que dirigir; pero tiene una gran habilidad para comprender al prójimo, aplacar los conflictos y crear armonía a su alrededor. Proclive a la amistad, a menudo se deja implicar en los problemas de los demás.

NÚMERO 2

SIGNOS

SHARON

De origen hebraico, significa «fértil llanura». Sharon posee una naturaleza creativa y artística, y sufre cuando se ve obligada a la rutina. Es tímida y no ama lo mundano, pero se muestra vivaz y simpática en compañía de las personas que conoce bien. Generosa, profunda y sensible, a veces permite que los demás se aprovechen de ella.

NÚMERO 3

SIGNOS

SHEILA

Es un nombre inglés, adaptación gráfica de la abreviatura irlandesa *Síle*, por Cecilia. De carácter generoso, idealista y proclive a interesarse por el prójimo, Sheila asume, gustosa, responsabilidades que pueden convertirse en una fuente de estrés. Es expansiva y cariñosa con aquellos que ama y tiene una tendencia centralizadora que puede causarle problemas.

NÚMERO 9

SIGNOS

SHIRLEY, SHELLEY

En inglés antiguo **Shirley** significa «claro luminoso». Dinámica, nerviosa y versátil, Shirley detesta la monotonía y le gusta realizar actividades diversas que satisfagan su deseo de movimiento y conocimiento; sin embargo, no le gustan las responsabilidades del hogar ni las familiares. La variante **Shelley** denota un carácter enérgico, ambicioso, creativo y muy independiente; ingeniosa e inventiva, es capaz de promover numerosas iniciativas, pero no siempre consigue llevarlas a cabo. No tolera bien las dificultades y los roces con el prójimo, que pueden inducirla a romper relaciones y a abandonar sus planes.

NÚMERO **6** para Shirley;
5 para Shelley.

SIGNOS

SIBILA

Retoma el nombre de varias videntes y profetisas de la Antigüedad (las más conocidas eran la Sibila de Cuma, de Delfos, de Tívoli y de Eritrea). Sus orígenes se remontan a los términos del dialecto dórico *Sios* («Júpiter») y *ballo* («voluntad»), por lo que significa «aquel que da a conocer la voluntad de Dios». Sibila tiene una personalidad fuerte y más bien excéntrica, que nunca pasa desapercibida; apasionada y cerebral al mismo tiempo, está dotada de una gran creatividad y tiene una manera muy suya de manifestarse, con impulsos imprevistos e intuiciones repentinas.

NÚMERO **7**

SIGNOS

SIGFRIDO

Deriva del germánico *Siegfried*, compuesto por *sigu* («victoria») y *frithu* («paz, protección»), por lo que significa «aquel que con la victoria asegura la paz». Sigfrido es el héroe de la saga nórdica de los nibelungos, guerrero descendiente de Odín que fue asesinado por la traición de Brunilda. Dotado de una gran alegría de vivir, posee un temperamento aventurero, polifacético, imprevisible, siempre a la búsqueda de emociones nuevas para satisfacer su insaciable curiosidad.

NÚMERO **5**

SIGNOS

SILVANO, SILVANA, SILVERIO, SILVESTRE, SILVIO, SILVIA

Todos estos nombres derivan del latín *silva*, es decir, «bosque, selva»; *Silvanus* era el nombre de una antigua divinidad romana de los bosques y de los rebaños. Ambicioso y proclive a la presunción, **Silvano** posee un carácter ambiguo: dinámico pero desordenado, le atrae el dinero pero es derrochador, y afectivamente más bien frío y desapegado. **Silvana** es más pacífica, tolerante, amante de la naturaleza y de la tranquilidad; siempre está dispuesta a sonreír y con amabilidad sabe conquistar la confianza de los demás. **Silverio** posee un temperamento de líder, es ambicioso y le gusta competir, se pone en juego sin temor; es intransigente con aquellos que ama, a los que da y exige mucho. **Silvestre** es firme, decisivo, profundo; no le gusta llamar la atención y se dedica con perseverancia a sus objetivos. Poco proclive a las pasiones, cuando ama se muestra serio y confiado. Bajo una apariencia tranquila, **Silvio** es voluble, inquieto y le atraen los sueños aventureros; es sociable, extravertido, simpático, pero no es un gran sentimental. ¿Su hobby? Es muy hábil con los negocios. **Silvia** posee una personalidad muy carismática: es luchadora y generosa, independiente y aventurera, está muy capacitada para guiar a los demás y no puede someterse a una pareja celosa y posesiva.

NÚMERO 2 para Silvano;
6 para Silvana;
1 para Silverio;
3 para Silvestre;
5 para Silvio;
9 para Silvia.

SIGNOS
para Silvano;

para Silvana;

para Silverio;

para Silvestre;

para Silvio;

para Silvia.

SIMÓN, SIMONA, SIMONETA

Derivan del nombre hebreo *Shime'on*, que a su vez procede de *shama* («escuchar»), con el significado de «Dios ha escuchado»; posteriormente fue transformado por los griegos y latinos en *Simon*, probablemente un cruce con el sobrenombre *simos* («de nariz chata»). **Simona** tiene un carácter sensible y caprichoso, sensual y lleno de encanto: tiene grandes sueños que puede realizar siempre y cuando no se deje vencer por el pesimismo. **Simón** es más reflexivo y sereno y está dotado de encanto, que sabe usar con habilidad para obtener aquello que desea; es desprendido e intenta no dejarse arrastrar por las pasiones. Aparentemente **Simoneta** es despreocupada, ama todo aquello que es bello y agradable, pero en su interior tiene una gran fuerza de voluntad con la que puede llegar muy lejos.

NÚMERO 7 para Simón y Simona;
6 para Simoneta.

SIGNOS
para Simón y Simona;

para Simoneta.

SIRENA

Es el nombre de una criatura fabulosa, mitad mujer mitad pez, que se hizo célebre por el popular cuento de *La Sirenita* de Andersen y emblema de Copenhague, capital de Dinamarca. Dividida entre el agua y la tierra, realmente como el personaje del cuento, Sirena tiene un carácter fantasioso, adaptable a las más diversas experiencias, y es muy curiosa. Tiende a vivir con alegría el día a día, sin planificar el futuro.

NÚMERO 3

SIGNOS

SIRIA

Deriva del nombre de la estrella más hermosa y luminosa del cielo, *Seirios* («ardiente») en griego, *Sirius* en latín. De temperamento romántico y soñador, siempre en busca de la emotividad, Siria es afable, bondadosa, indulgente y tiende a dejarse llevar. En el amor necesita un compañero que la proteja y le dé la seguridad afectiva que necesita.

NÚMERO 2

SIGNOS

SIRIO

Procede del latín *Syrus*, del griego *Syrios*, es decir, «originario de Siria». Tranquilo, estudioso y trabajador, Sirio sabe hacerse apreciar por su esfuerzo y seriedad. Valora mucho los sentimientos, que vive de manera muy idealizada.

NÚMERO 7

SIGNOS

SOFÍA

Del griego *Sophia* («sabiduría), fue adoptado en ambientes cristianos con el valor de «sabiduría divina». Denota un carácter orgulloso y un poco brusco, siempre quiere salirse con la suya. Sofía afronta los problemas con actitud positiva y los resuelve con un original ingenio; en el amor sabe ser devota y tiene en gran consideración a su pareja.

NÚMERO 5
SIGNOS

SOLANGE

Es un nombre francés derivado del latín medieval *Solemnia* (de *solemnis,* «solemne»). De temperamento extravertido e impulsivo, muy eficaz y dinámica, Solange es valerosa y confía mucho en sus propias capacidades. No se deja dominar por nada ni por nadie, ni siquiera por su pareja.

NÚMERO 1
SIGNOS

SOLEDAD

A pesar de lo que significa su nombre, quien lo ostenta lo es todo menos solitaria; al contrario, es sociable, alegre, versátil y agradable, pese a que tiende a elegir con meticulosidad sus compañías. Da lo mejor de sí en las relaciones íntimas y familiares, en las que se demuestra afectuosa y comprensiva.

NÚMERO 6
SIGNOS

SONIA

Deriva del ruso *Sonja*, diminutivo de Sofía. Sonia tiene una personalidad intensa y contrastada, así como impulsos de generosidad. Tiene grandes ideales pero es también celosa y

vengativa, a menudo debido a sus atormentadas relaciones pasionales. Detesta la pereza y la banalidad, y en el amor es muy tierna, mucho más de lo que se puede suponer.

NÚMERO 4
SIGNOS

STELIO

Es la adaptación al italiano del esloveno *Stel*. Stelio tiene un carácter intuitivo, adaptable pero íntimamente firme, determinado y muy serio, y es capaz de poner en práctica sus propias ideas.

NÚMERO 8
SIGNOS

SUEVA

Deriva del latín *svebus*, es decir, «originario de Sueva», región histórica de la Germania sudoccidental; la dinastía de los suevos tuvo una gran influencia en la Italia meridional bajo su dominio, entre 1194 y 1266. De carácter afable y tolerante, muy impulsiva y atenta a las necesidades del prójimo, Sueva seduce con la sonrisa e inspira confianza con su benevolencia. Poco arribista, pero muy pendiente de las apariencias, necesita mucho afecto y la aprobación de los demás.

NÚMERO 6
SIGNOS

SUSANA

Es la adaptación del hebreo *Shushan* («lirio»), a su vez transformado por el egipcio *shoshen* («flor de loto»). En el bíblico Libro de Daniel, Susana era una casta muchacha, espiada por dos viejos mientras se bañaba, de los que rechazó sus indignas propuestas. De carácter simple, alegre y vanidoso, Susana es sensual, está ligada a los placeres materiales y es un poco calculadora; en las adversidades puede superar su inestabilidad característica y sacar todas sus fuerzas internas.

NÚMERO 3

SIGNOS

SVETLANA

Nombre ruso que significa «luminosa, blanca». De espíritu tranquilo, racional y equilibrado, tiene una mente rápida y posee mucha inventiva. Svetlana es metódica, organizada, poco proclive a ceder a las pasiones; se toma la vida con seriedad y se ofende fácilmente. Necesita ser comprendida en todo momento, pero a menudo no sabe expresar con palabras aquello que siente y piensa.

NÚMERO 4

SIGNOS

SYDNEY

Retoma el nombre de la homónima ciudad australiana, llamada así por el apellido del entonces secretario de las colonias inglesas, alteración del francés *Saint Denis*. De naturaleza escéptica, exacta y analítica, Sydney busca con meticulosidad la respuesta a sus preguntas, al menos hasta que el interés no se desvanece e irrumpe algo distinto que lo impulsa a abandonar el camino ya recorrido para emprender nuevas experiencias.

NÚMERO 4

SIGNOS

TACIO, TATIANA, TANIA

Todos derivan del latín *Tatius*, rey de los sabinos. Tatiana es la forma ruso-eslava del raro nombre Taciana, y Tania su forma abreviada. **Tacio** posee

un carácter severo y eficiente, dotado de una fuerte autoridad personal, gran autocontrol y mucha tenacidad. **Tatiana** es más alegre y cordial, tiende al entusiasmo y es expansiva con el prójimo; afectivamente es despreocupada y voluble en su juventud, pero con la madurez se asienta en una satisfactoria calma. **Tania** es orgullosa y combativa, capaz de influir en los demás con su carisma; ama la vida intensamente y tiene una gran inclinación por las actividades en el ámbito social y humanitario.

NÚMERO 3 para Tacio y Tatiana; 9 para Tania.

SIGNOS
para Tacio;
para Tatiana;
para Tania.

TAMARA

Deriva del hebreo *Tamar*, es decir, «palma», símbolo de excelencia y superioridad; en el Antiguo Testamento, es el nombre de la hermana de Absalón. Tamara tiene una personalidad viva y luchadora: se dedica, gustosa, a resolver los problemas de los demás, a quien siempre les brinda su apreciada ayuda. Se siente atraída por los grandes ideales, y bastante menos por las mezquindades materiales. Poco romántica, en el amor es seria, confiada y siempre encuentra a quien la comprende.

NÚMERO 9

SIGNOS

TECLA

Deriva del griego *Theokleia*, que significa «divina, que tiene fama»; según otros tiene orígenes germánicos y significa «luciente». De naturaleza inquieta, aventurera pero a menudo insatisfecha, para ser feliz Tecla debe poder manifestarse de forma creativa. Es independiente y no soporta los vínculos posesivos; en el amor también debe conservar su libertad.

NÚMERO 5

SIGNOS

TEO, TEA

Pueden ser la forma abreviada de Teodoro, Dorotea y similares; los términos griegos *theo* y *thea*, presentes en dichos nombres, significan «dios, diosa». Tea es también la denominación de una variedad de rosa con pétalos de un delicado color amarillo crema. Impulsiva, obstinada y poco diplomática, **Tea** recorre con decisión su propio camino: no teme la soledad y detesta la banalidad y la rutina. **Teo** es preciso, racional y más rutinario, pero si siente amenazada su intimidad se vuelve muy intransigente; es muy tradicionalista y lo planifica todo, incluso el amor.

NÚMERO 4 para Teo;
     8 para Tea.

SIGNOS

TEODORO, TEODORA

Derivan del griego *Theodoros*, compuesto de *theos* («dios») y *doron* («don»), es decir, «don de Dios». **Teodoro** es inquieto, afectivamente desprendido; rico en fantasías pero carente de voluntad, sigue un camino independiente, poco lineal. **Teodora** tiene un carácter afectuoso, tranquilo y sensible; ama la belleza y la armonía. Su existencia gira en torno al amor, lo más importante para ella.

NÚMERO 2 para Teodoro;
     6 para Teodora.

SIGNOS

TERESA

Tal vez deriva del griego *therasia* («cazadora»), o de *tharasia*, es decir, «originaria de Thera» (isla de Grecia, actualmente Santorín). Afectuosa, dulce y aparentemente amable, en realidad en el interior de Teresa se agita un espíritu pasional: es activa, vivaz, incansable y tiende al entusiasmo, a dejarse llevar. A menudo peca de ingenuidad, pero sabe reaccionar con fuerza ante las desilusiones.

NÚMERO 5

SIGNOS

THELMA

Procede del griego y significa «lactante». Thelma tiene un temperamento inestable, lleno de curiosidad y posee unas acusadas dotes intelectuales y creativas. Siempre va a la búsqueda de experiencias y estímulos nuevos; en el amor, como en las amistades, hace bien en no dejarse llevar por relaciones rígidas y convencionales.

NÚMERO 5

SIGNOS

TIBERIO

Deriva del prenombre latino *Tiberius*, que a su vez procede de *Tiberis*, nombre del río Tevere o del dios al cual está dedicado. Comprensivo, generoso, sereno y responsable, Tiberio lo obtiene todo con amabilidad; la agresividad no es lo suyo. Además, no se encuentra a gusto desempeñando roles que requieren competitividad y dotes de mando.

NÚMERO 6

SIGNOS

TIFFANY

De origen griego, significa «aparición divina». Denota un carácter impetuoso, combativo, impulsivo y poco diplomático; su falta de tacto puede crearle roces con los demás. Reacia a reconocer sus propios errores, a menudo Tiffany se crea la fama de obstinada y presuntuosa, sin embargo es idealista, orgullosa y generosa.

NÚMERO 9

SIGNOS ♐ ♈ ♌

TITANIA

Es el nombre de la reina de las hadas, utilizado por Shakespeare en su comedia *Sueño de una noche de verano*. Titania tiene un temperamento agradable, refinado, delicado y en absoluto exuberante; es indulgente y comprensiva y siempre está dispuesta a ayudar a los demás, por lo que a veces alguien se aprovecha de ella. Ama todo lo que es bello y armonioso. La pereza le lleva muchas veces a posponer aquello que le desagrada.

NÚMERO 2

SIGNOS ♋ ♎ ♈

TITO, TICIANO, TICIANA

Derivan del prenombre romano *Titus*, tal vez procedente de *tutus* («protegido»). **Tito** posee un carácter tranquilo y perfeccionista y tiene muchas ganas de destacar, de mejorar constantemente; encantador pero también melancólico, su mayor defecto es la indecisión. **Ticiano** es

cauto, prudente, tenaz aunque sin agobiarse y alcanza sus objetivos con tranquilidad y profunda seguridad en sí mismo. Cordial y expansivo, su punto débil son las emociones, que le hacen perder su habitual compostura. **Ticiana** a veces es decisiva e intransigente y posee rasgos de gran originalidad. No teme las adversidades y sabe sacar provecho de sí misma y de los demás. En el amor es generosa y dulce, pero no está dispuesta a renunciar a su independencia.

NÚMERO 1 para Tito;
8 para Ticiano;
3 para Ticiana.

SIGNOS ♋ ♓
para Tito;

♋ ♑ ♍ ♓
para Ticiano y Ticiana.

TOMÁS, THOMAS

Del arameo *To'ma*, luego latinizado a *Thomas* y *Thomasus* en la versión bizantina, **Tomás** significa «gemelo». Tranquilo, tradicional, de carácter dócil y reconciliador, no destaca por ser emprendedor, al contrario, necesita ser guiado por los demás. En el amor apuesta por relaciones serenas y seguras, aunque demasiada sumisión puede resultarle perjudicial. En la forma extranjera, **Thomas**, el temperamento es preciso y sistemático: inventivo, paciente y organizado, consigue siempre llevar a buen fin lo que emprende. Tiene buenas dotes tecnocientíficas.

NÚMERO 5 para Tomás;
4 para Thomas.

SIGNOS ♉ ♓
para Tomás;

♉ ♌ ♒
para Thomas.

TOSCA

Procede del latín *Tuscus, Tusca* y significa «originario de Tuscia (Toscana), etrusco». Se ha hecho popular por la ópera homónima de Puccini. Tosca es una persona práctica y bien organizada, racional en sus reflexiones, precisa en sus proyectos y tenaz en perseguir sus propios fines. Posee una escasa pasión y una tendencia a la planificación, incluso en el amor.

NÚMERO 4

SIGNOS

TRISTÁN

Del francés antiguo *Tristan*, probablemente deriva de un nombre escocés, *Drustan* o *Drystam*, con el probable significado de «pacto, conciliación». Se hizo célebre por la triste historia de su amor por Isolda, que acabó en tragedia y que inspiró poemas y novelas del ciclo bretón. Tristán posee una personalidad magnética e intensa, llena de encanto pero también melancólica. Es ambicioso, sabe arriesgarse para realizar sus ideales, pero también para alejar el espectro de la banalidad y la rutina. En el amor aspira a historias profundas, envolventes, y rechaza las relaciones convencionales y superficiales.

NÚMERO 2

SIGNOS

TULIO, TULIA

Derivan del gentilicio latino *Tullius*, que a su vez procede del etrusco *Tullus*. El significado es incierto: podemos remontarnos al etrusco *tul* («fragor, estruendo») o al latín *tollere* («levantar»), referido a la antigua costumbre de levantar en alto al recién nacido como muestra de la llegada de un nuevo miembro a la familia. Vivaces, simpáticos y elocuentes, tanto él como ella tienen un carácter complicado y aventurero; en raras ocasiones toman un camino conocido e intentan, de una forma u otra, imponerse a los demás. Son sentimentalmente inquietos en la edad juvenil, pero en la madurez logran tener una relación estable.

NÚMERO 5 para Tulio;
    9 para Tulia.

SIGNOS

UBALDO

Desciende del germánico *Hugibald* o *Hubald*, compuesto de *hugu* («pensamiento») y *baltha* («ardiente»), por lo que significa «de pensamiento audaz, de intelecto ardiente». De temperamento libre e individualista, se desafía constantemente a sí mismo. En el amor, Ubaldo es como en la vida, apunta a la independencia. Poco interesado en el éxito material, sólo se siente verdaderamente bien en plena naturaleza.

NÚMERO 1

SIGNOS

ULISES

Ulises es el nombre latino del héroe griego *Odysseus*, que después de haber participado en la guerra de Troya vagó durante largos años por los mares del Mediterráneo y vivió innumerables aventuras narradas en *La Odisea* de Homero. Incansable y audaz, como su mítico predecesor, Ulises siempre tiene nuevos proyectos en su cabeza; grandes pasiones se agitan dentro de su corazón, pero sus sentimientos, al ser tan intensos y sinceros, suelen durar muy poco.

NÚMERO 4

SIGNOS

ULRICH, ULRICA

Del germánico *aud* («patrimonio») y *rikja* («patrón»), ambos asumen el significado de «poderoso, patrón de un patrimonio». **Ulrich** posee un carácter dulce y romántico, proclive a idealizar los sentimientos. Está dotado de gusto e inclinaciones artísticas. Ama la compañía y está poco interesado en el éxito, su objetivo es vivir en paz y en armonía con una compañera devota y enamorada. **Ulrica** es más impulsiva y determinante, tiende a mandar, a tomar la iniciativa, y sigue su personal instinto.
NÚMERO 8 para Ulrich;
1 para Ulrica.

SIGNOS ♎ ♈ ♒
para Ulrich;

♐ ♓ ♍
para Ulrica.

URANIA

Es el nombre de la musa de la astrología (*Urania* en griego, luego latinizado en *Urania*); deriva de Urano, dios del cielo, y era además uno de los apelativos de Afrodita. Creativa, independiente y llena de ingenio, Urania se dedica con fuerza a cumplir sus objetivos, pero si se la contradice reacciona con agresividad. No se deja dominar por nadie y si se encuentra en situaciones límite prefiere acabar con ellas.
NÚMERO 1

SIGNOS ♒ ♐ ♌

URIEL

De origen hebraico, significa «señor del cielo» y era uno de los siete arcángeles de la tradición hebrea. De carácter afable, diplomático y muy receptivo, a Uriel le encantan las relaciones humanas. Tiene muy poca iniciativa y una fuerte dependencia de la aprobación ajena; le gustan la belleza y el bienestar.
NÚMERO 2

SIGNOS ♊ ♈ ♎

ÚRSULA

Del latín *ursa*, «pequeña osa», tiene un carácter sociable, romántico y es capaz de gozar de la vida y sentir su poesía. Es muy susceptible, detesta la vulgaridad y necesita mucho afecto y la aprobación de los demás, porque tiene cierta falta de confianza en sí misma que le impide manifestar sus delicados sentimientos.
NÚMERO 2

SIGNOS ♒ ♈ ♎

VALENTÍN, VALENTINA, VALERIO, VALERIA

Todos estos nombres derivan probablemente del etrusco *Vala* o *Valius*, de los cuales, sin embargo, se ignora el significado; otro posible origen es el latín *valere*, es decir, «estar sano, bien de salud». **Valentín** es impulsivo, sentimental, proclive al entusiasmo pero también a deprimirse; dotado de fantasía y sentido estético, pero no de diplomacia, puede destacar en profesiones relacionadas con la moda y la estética. **Valentina** es más prudente, controlada e intransigente; incansable, lucha con empeño, admiración y éxito por lo que quiere. **Valeria** posee un carácter más vivo, versátil, se siente atraída por la aventura y está dispuesta a arriesgarse por curiosidad; es un poco superficial, vive muchas historias de amor, pero es reacia a comprometerse seriamente. Ardiente y fogoso, **Valerio** es una presa fácil de las emociones, a las que raras veces sabe poner freno. Es impaciente y tiende a terminar a toda prisa cualquier cosa, incluidas sus conquistas amorosas.

NÚMERO 7 para Valentín;
8 para Valentina;
1 para Valerio;
5 para Valeria.

SIGNOS ♏ ♈ ♒
para Valentín y Valentina;

♌ ♏ ♓ ♒
para Valerio y Valeria.

VANESA

Es un nombre que inventó el escritor inglés Swift en el siglo XVIII para la protagonista de un poemilla inspirado en su enamorada. Apasionada e impulsiva, a Vanesa le interesa poco la seguridad material; lo que realmente le importa son sus ideales, por los cuales lucha abiertamente. Vive el amor con profunda seriedad y se compromete sólo con aquellos a quienes cree dignos de ella.

NÚMERO 8
SIGNOS ♐ ♏ ♋

VASCO

Significa «vasco», es decir, «originario de las Vascongadas». Vasco tiene un carácter sociable, encantador, y es sensible e ingenuo. Suele ser tranquilo y bondadoso y sólo se enfada cuando se siente traicionado. Está muy capacitado para todas aquellas profesiones que se pueden encontrar en el ámbito social o artístico.

NÚMERO 6
SIGNOS ♌ ♎ ♋

VENUS

Es la diosa de la belleza, Afrodita en la mitología latina. En sintonía con las míticas sugestiones del nombre,

Venus es una esteta refinada que busca la armonía constantemente; es sensible, necesita la aprobación de los demás constantemente y apuesta mucho por la felicidad afectiva. También es enérgica, luchadora y dinámica. No teme arriesgarse y consigue imponerse siempre con su sonrisa.

NÚMERO 9
SIGNOS ♌ ♏

VERA

Procede del mismo nombre latino, de evidente significado. Denota un carácter fuerte, le gusta mandar y necesita destacar en todas las situaciones. Es creativa y pasional, por lo que vive intensamente sin ahorrar energías. En el amor ella también debe dominar la situación, pero es fiel y cariñosa con su pareja.

NÚMERO 1
SIGNOS ♐ ♌

VERÓNICA

Es la adaptación del griego *Berenike* (Berenice), que significa «aquel que aporta victoria». Se difundió en el cristianismo a partir de la leyenda de una mujer palestina que, a lo largo del recorrido hacia el Calvario, secó con un paño el rostro de Cristo bañado en sangre. Vivaz mentalmente, pero físicamente un poco perezosa, a Verónica le gusta la comodidad, el bienestar y la belleza. Reservada y orgullosa, en el amor no se rinde con facilidad: debe ser conquistada con cuidado y paciencia.

NÚMERO 6
SIGNOS ♎ ♓ ♑

VICENTE, VICENTA

Derivan del latín *Vincentius*, que a su vez deriva de *vincens*, participio

presente de *vincere*; así pues, significa «vencedor», que con el cristianismo tomó el sentido de «aquel que vence el pecado». Con una personalidad enérgica, recta y llena de buena voluntad, **Vicente** despierta simpatías por su sincera carga de humanidad, pero no le falta sentido práctico y comercial. Además es impulsivo y está dispuesto a luchar por lo que cree. **Vicenta** es más organizada, concreta y precisa.
NÚMERO 6 para Vicente;
2 para Vicenta.

SIGNOS
para Vicente;

para Vicenta.

VÍCTOR, VICTORIA

Derivan del latín *Victor,* que a su vez procede del verbo *vincere*, por lo que significan «victoria sobre los enemigos» en sentido pagano, o «victoria sobre el pecado» en sentido cristiano. Tienen un carácter determinante, frío y autoritario; con decisión, inteligencia y fuerza de voluntad pueden llegar muy alto, pero raras veces se abren a los demás, incluso con las personas queridas son distantes.
NÚMERO 6 para Víctor;
7 para Victoria.

SIGNOS

VINICIOS

Procede del gentilicio latino *Vinicius*, que probablemente deriva de *vinum* («vino»). Se difundió a principios del siglo XX a raíz del éxito de la película *Quo Vadis*, de Sienkiewicz, cuyo protagonista se llama así. Denota un carácter impulsivo, proclive a seguir las propias intuiciones y los propios

ideales; ingenioso y lleno de inventiva, se distingue por su coraje y el carisma personal que posee.
NÚMERO 1
SIGNOS

VIOLA, VIOLETA

Nombres augurales inspirados en la flor homónima, símbolo de la timidez, del pudor y de la modestia. Ambas son amables, simpáticas y fantasiosas, pero aquel que las conoce sabe perfectamente que encubren un carácter exigente, que son obstinadas en sus deseos y celosas y colmadas de exigencias en el amor.
NÚMERO 5 para Viola;
3 para Violeta.

SIGNOS
para Viola;

para Violeta.

VIOLANTE

Es una variante de Yolanda, creado por la fusión del franco-provenzal *Yolant* con el italiano *Viola*. Muy tímida, Violante esconde su vulnerabilidad con un comportamiento frío. Confiada y concienzuda en el trabajo, se hace apreciar debido al encanto que despierta, pero para abrirse al amor debe hacer un esfuerzo y vencer su innata introspección.
NÚMERO 8
SIGNOS

VIRGILIO

Del etrusco *Vercna*, con un significado incierto (tal vez «fuego»), es el nombre del gran poeta latino Publio Virgilio Marón, autor entre otras obras de la *Eneida*. De carácter tranquilo, reflexivo y muy apegado a las responsabilidades profesionales y familiares, en los senti-

mientos Virgilio se revela como un compañero serio y afectuoso, a menudo con tendencia a dejarse dominar.
NÚMERO 2
SIGNOS

VIRGINIO, VIRGINIA

La forma latina *Virginius, Virginia* se remonta al término *virgo, virginis*, es decir, «virgen», pero en realidad tiene el mismo origen etrusco que Virgilio. De carácter ponderado, **Virginia** está colmada de encanto pese a que es muy reservada. No teme la soledad, que le permite concentrarse mejor en sus intereses. **Virginio** aparentemente es calmado, pero en realidad es más bien inquieto. De espíritu bondadoso, en el amor es rutinario y moralista, tal vez para frenar escondidas tendencias transgresoras.
NÚMERO 4 para Virginio;
8 para Virginia.
SIGNOS

VITO, VITA

Derivan del latín *Vitus*, que a su vez procede de *vita*, que puede entenderse con sentido pagano, «vida en la tierra», o con valor cristiano, «vida eterna»; otros sostienen que derivan del germánico *wito, wido* («bosque, leña»). Ambicioso y entusiasta, **Vito** no tiene reparos en ponerse en evidencia, sabe escoger las ocasiones propicias y vivir con intensidad cada momento. **Vita** también es activa pero más soñadora y menos preocupada por el éxito; se desenvuelve bien en actividades que requieren reflexión e intuición, siempre y cuando no se deje arrastrar por el pesimismo.
NÚMERO 3 para Vito;
7 para Vita.
SIGNOS

VIVIANA

Procede del nombre latino *Vivianus*, que deriva de *vivere*; en los poemas del ciclo bretón es el nombre de una maga. Desprendida y llena de encanto, Viviana vive en un mundo romántico en el que predomina el amor; ella misma es la protagonista de numerosas aventuras hasta que no encuentra a aquel que sabe satisfacer sus idealistas deseos.
NÚMERO 6
SIGNOS

VLADIMIR

Es un nombre de origen eslavo, *Vladimer* en su forma antigua, formado por *vlad* («poder») y *mer* («famoso»), por lo que significa «famoso por su poder». Determinante, frío y controlador, Vladimir es más bien obstinado, resistente y tenaz en las responsabilidades que él mismo se ha prefijado. En el amor es posesivo, sensual y leal, aunque no muy tierno.
NÚMERO 7
SIGNOS

WALTER

Es la forma inglesa de *Gualtero* (véase). Posee un carácter introvertido, enigmático y es muy exigente en su relación con los demás. Es fantasioso pero también se desenvuelve muy bien en las actividades científico-técnicas. Se entiende mejor con las mujeres que con los hombres: es muy sensible y capaz de comprender a la perfección el universo femenino.
NÚMERO 7
SIGNOS

WANDA

Es un nombre de origen polaco que deriva de *wandeln* («emigrar»), del que procede también el nombre de la tribu bárbara de los vándalos. Fue creado por un monje polaco, Kablubek, para la protagonista de una legendaria historia sobre el origen de su pueblo. Amable y dulce en un primer momento, en realidad Wanda está dotada de una tenaz voluntad y de unas óptimas cualidades intelectuales. No le interesan nada el éxito ni el dinero; sin embargo, sabe administrarse como es debido. En el amor es idealista y no siempre tiene suerte.

NÚMERO 7
SIGNOS

WILLIAM

Es la forma inglesa de Guillermo (véase). De carácter generoso, serio, pero también tímido y reservado, William está muy apegado a sus ideas y a sus sueños; siempre está inmerso en sus pensamientos y fantasías personales: no siempre tiene los pies sobre la tierra.

NÚMERO 7
SIGNOS

WILMA

Es la abreviatura de *Wilhelmina*, es decir, Guillermina (véase Guillermo). De temperamento firme, perseverante y bien organizado, Wilma tiene las ideas claras y sabe cómo desenvolverse sin dejarse vencer por los obstáculos. Poco romántica, en el amor también es confiada.

NÚMERO 4
SIGNOS

WILSON

Deriva del inglés y significa «hijo de William». Wilson es serio y responsable y ama la seguridad material y la afectiva. Amable, paciente y diplomático, le resulta natural satisfacer a los demás, lo que le favorece notablemente si realiza actividades en contacto con el público. También se desenvuelve bien en los negocios, sin mostrarse ávido o demasiado competitivo.

NÚMERO 2
SIGNOS

XENIA

Deriva del griego *Xenia*, de *xénios* («hospitalario, cortés»). Práctica, independiente y dotada de sentido del deber, Xenia sabe finalizar con éxito sus propios proyectos y ser una buena guía para los demás. Poco instintiva, sus elecciones amorosas están determinadas por su racionalidad.

NÚMERO 8
SIGNOS

YEDRA

La homónima planta trepadora es símbolo de afecto y fidelidad. Del mismo modo, quien tiene este nombre se apega con firmeza a quien le ama, porque tiene necesidad de apoyo para superar cierta inseguridad personal.

NÚMERO 8
SIGNOS

YOLANDA, IOLANDA, JOLANDA

Son la adaptación medieval de los nombres franco-provenzales *Yolant*, *Yolans* y *Yolande*. Derivan probablemente de dos términos de origen griego: *ion* («violeta») y *laos* («tierra, país»), por lo que tienen el sugestivo significado de «tierra de violetas». Sinceras, espontáneas, fascinantes y carismáticas, en la vida se implican a fondo, al igual que en el amor. Detestan las mentiras y los compromisos, y en sus decisiones siguen su instinto, que es guiado por una gran intuición.

NÚMERO 9 para Yolanda;
2 para Iolanda;
3 para Jolanda.

SIGNOS 🦂 🐏 🏹
para Yolanda;

♎ 🐐 🦀
para Iolanda;

♒ 👬 🏹
para Jolanda.

YURI

Es la forma rusa de Jorge. Es de naturaleza espontánea, versátil, sociable y proclive a las amistades, aunque no le gusta depender de los demás. Dotado de una fuerte voluntad, sigue su propio camino sin problemas y no tolera que le pongan la zancadilla.

NÚMERO 1
SIGNOS 🏹 🦁 ♒

ZAIRA

Es un nombre inventado por Voltaire para su tragedia del mismo nombre, tal vez inspirado en el árabe *zahr, zahir* («flor, florido»). Activa y perspicaz, Zaira tiene las ideas claras y sabe cómo conseguir lo que quiere; perseverante y autoritaria, no le falta astucia femenina. En el amor es exigente pero tierna.

NÚMERO 1
SIGNOS ♋ ♎ 🏹

ZENO

Deriva del antiguo griego *Ze'non*, que significa «de Zeus, dedicado a Zeus». Tranquilo y sereno en apariencia, Zeno es en realidad bastante inquieto y siempre está buscando

la tranquilidad afectiva, que puede alcanzar en la madurez. Ama el arte y la belleza, pero también la seguridad material.

NÚMERO 6
SIGNOS 🐗 🐇

ZOE

La raíz antigua de este nombre procede del griego *zoe* («vida»), con el significado pagano de «vida larga y feliz» o cristiano de «vida eterna». Dinámica, vivaz y activa en todo momento, Zoe vive cada instante de la existencia con intensidad y gran participación. Independiente y sincera, en el amor es una compañera leal, pero tiende un poco al sentimentalismo.

NÚMERO 1
SIGNOS 🐚 🐏 🦀

ZULAIKA

Procede del árabe y significa «de radiante belleza»; es el nombre de la bíblica mujer de Putifar, protagonista de cuentos y poemas de la época medieval. De carácter paciente, tenaz y generoso, pero precisa y meticulosa en exceso, Zulaika se apega a su lógica en todas sus determinaciones y apuesta por una absoluta claridad de resultados.

NÚMERO 9
SIGNOS 🦁 🐏 ♒

APÉNDICE

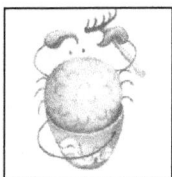  

  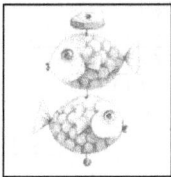

¿QUÉ SIGNO ES?

Cuando un nacimiento se produce en los días en los que comienza o finaliza un signo, siempre se tiene la misma duda: ¿a qué signo pertenece? Se trata de una duda fácil de resolver: basta conocer el momento exacto en el que el Sol entró en ese determinado signo, o salió de él (y, naturalmente, la hora del nacimiento). Con tal fin, a continuación ofrecemos la siguiente tabla con la fecha y hora en la que el Sol entra en cada signo durante los primeros diez años del siglo.

Si el nacimiento que interesa ha ocurrido al final del periodo de ese signo, hay que consultar el siguiente signo. Los datos se refieren a la hora 0 de Greenwich: para una persona nacida en España hay que añadir una hora o dos si el nacimiento se produce en un periodo de hora oficial (véase tabla de la página 188).

ENTRADA DEL SOL EN VARIOS SIGNOS DEL 2001 AL 2010

Entrada del Sol en Aries

2001) 20 marzo, hora 13,32
2002) 20 marzo, hora 19,17
2003) 21 marzo, hora 01,01
2004) 20 marzo, hora 06,50
2005) 20 marzo, hora 12,34
2006) 20 marzo, hora 18,27
2007) 21 marzo, hora 00,09
2008) 20 marzo, hora 05,49
2009) 20 marzo, hora 11,45
2010) 20 marzo, hora 17,33

Entrada del Sol en Géminis

2001) 20 mayo, hora 23,45
2002) 21 mayo, hora 05,30
2003) 21 mayo, hora 11,13
2004) 20 mayo, hora 17,00
2005) 20 mayo, hora 22,48
2006) 21 mayo, hora 04,33
2007) 21 mayo, hora 10,13
2008) 20 mayo, hora 16,02
2009) 20 mayo, hora 21,52
2010) 21 mayo, hora 03,35

Entrada del Sol en Tauro

2001) 20 abril, hora 00,37
2002) 20 abril, hora 06,22
2003) 20 abril, hora 12,04
2004) 19 abril, hora 17,51
2005) 19 abril, hora 23,38
2006) 20 abril, hora 05,27
2007) 20 abril, hora 11,08
2008) 19 abril, hora 16,52
2009) 19 abril, hora 22,45
2010) 20 abril, hora 04,31

Entrada del Sol en Cáncer

2001) 21 junio, hora 07,39
2002) 21 junio, hora 13,25
2003) 21 junio, hora 19,12
2004) 21 junio, hora 00,58
2005) 21 junio, hora 06,47
2006) 21 junio, hora 12,27
2007) 21 junio, hora 18,08
2008) 21 junio, hora 00,00
2009) 21 junio, hora 05,47
2010) 21 junio, hora 11,30

Entrada del Sol en Leo		Entrada del Sol en Sagitario
2001) 22 julio, hora 18,27		2001) 22 noviembre, hora 06,02
2002) 23 julio, hora 00,16		2002) 22 noviembre, hora 11,55
2003) 23 julio, hora 06,05		2003) 22 noviembre, hora 17,44
2004) 22 julio, hora 11,51		2004) 21 noviembre, hora 23,23
2005) 22 julio, hora 17,42		2005) 22 noviembre, hora 05,16
2006) 22 julio, hora 23,19		2006) 22 noviembre, hora 11,03
2007) 23 julio, hora 05,01		2007) 22 noviembre, hora 16,51
2008) 22 julio, hora 10,56		2008) 21 noviembre, hora 22,45
2009) 22 julio, hora 16,37		2009) 22 noviembre, hora 04,24
2010) 22 julio, hora 22,22		2010) 22 noviembre, hora 10,16

Entrada del Sol en Virgo		Entrada del Sol en Capricornio
2001) 23 agosto, hora 01,28		2001) 21 diciembre, hora 19,23
2002) 23 agosto, hora 07,18		2002) 22 diciembre, hora 01,15
2003) 23 agosto, hora 13,09		2003) 22 diciembre, hora 07,05
2004) 22 agosto, hora 18,54		2004) 21 diciembre, hora 12,43
2005) 23 agosto, hora 00,47		2005) 21 diciembre, hora 18,36
2006) 23 agosto, hora 06,24		2006) 22 diciembre, hora 00,23
2007) 23 agosto, hora 12,09		2007) 22 diciembre, hora 06,09
2008) 22 agosto, hora 18,03		2008) 21 diciembre, hora 12,05
2009) 22 agosto, hora 23,40		2009) 21 diciembre, hora 17,48
2010) 23 agosto, hora 05,28		2010) 21 diciembre, hora 23,40

Entrada del Sol en Libra		Entrada del Sol en Acuario
2001) 22 septiembre, hora 23,06		2001) 20 enero, hora 00,17
2002) 23 septiembre, hora 04,56		2002) 20 enero, hora 06,03
2003) 23 septiembre, hora 10,48		2003) 20 enero, hora 11,54
2004) 22 septiembre, hora 16,31		2004) 20 enero, hora 17,43
2005) 22 septiembre, hora 22,24		2005) 19 enero, hora 23,23
2006) 23 septiembre, hora 04,04		2006) 20 enero, hora 05,16
2007) 23 septiembre, hora 09,52		2007) 20 enero, hora 11,02
2008) 22 septiembre, hora 15,46		2008) 20 enero, hora 16,45
2009) 22 septiembre, hora 21,20		2009) 19 enero, hora 22,41
2010) 23 septiembre, hora 03,10		2010) 20 enero, hora 04,29

Entrada del Sol en Escorpio		Entrada del Sol en Piscis
2001) 23 octubre, hora 08,27		2001) 18 febrero, hora 14,28
2002) 23 octubre, hora 14,19		2002) 18 febrero, hora 20,14
2003) 23 octubre, hora 20,10		2003) 19 febrero, hora 02,01
2004) 23 octubre, hora 01,50		2004) 19 febrero, hora 07,51
2005) 23 octubre, hora 07,43		2005) 18 febrero, hora 13,33
2006) 23 octubre, hora 13,28		2006) 18 febrero, hora 19,27
2007) 23 octubre, hora 19,16		2007) 19 febrero, hora 01,10
2008) 23 octubre, hora 01,10		2008) 19 febrero, hora 06,51
2009) 23 octubre, hora 06,45		2009) 18 febrero, hora 12,47
2010) 23 octubre, hora 12,36		2010) 18 febrero, hora 18,37

¿QUÉ ASCENDENTE ES?

La carta astrológica (o natal) de cada individuo consiste en un gráfico que remite a las posiciones de todos los planetas en el momento del nacimiento en los distintos signos zodiacales: la fecha de nacimiento marca el signo de pertenencia y hace referencia a la posición del Sol (si una persona es Aries, significa que en el momento de su nacimiento tiene el Sol en Aries).

Este gráfico, de forma circular, está dividido en dos casillas, o sectores, llamados Casas astrológicas o zodiacales: cada una de ellas se refiere a una determinado campo de experiencia característico de la existencia humana (familia, dinero, salud, amor, etc.).

La primera Casa, esa que se eleva en el horizonte en el momento del nacimiento, se llama «ascendente» y ejerce una enorme influencia en los aspectos astrales de un horóscopo. Se puede definir como el punto de partida del individuo y de sus posibilidades de desarrollo: define al individuo en sus rasgos más evidentes, como el aspecto físico, el comportamiento, las reacciones instintivas, las tendencias más naturales e inmediatamente perceptibles desde el exterior.

Con mucha frecuencia es mucho más fácil reconocer a una persona por la descripción del signo en el que cae su ascendente porque este es precisamente su retrato externo, mientras que el signo solar corresponde a su esencia, a su interioridad, que no siempre se manifiesta completamente.

Además, el ascendente caracteriza la constitución física y suministra indicaciones muy útiles relacionadas con la salud del individuo, con sus puntos débiles, con las partes del cuerpo más expuestas a los trastornos, y con el tipo de estímulos a los que el sujeto es más receptivo. Por eso resulta bastante evidente que la combinación signo solar/ascendente añade interesantes informaciones sobre el carácter y sobre la personalidad: por ejemplo, un Tauro ascendente Sagitario será muy distinto que un Tauro ascendente Virgo y, según los casos, las características típicas de cada signo serán potenciadas o veladas en función de estas combinaciones.

La posición de las Casas, y por lo tanto del ascendente, depende del lugar y de la hora de nacimiento: en ausencia de estos datos es totalmente imposible realizar un gráfico as-

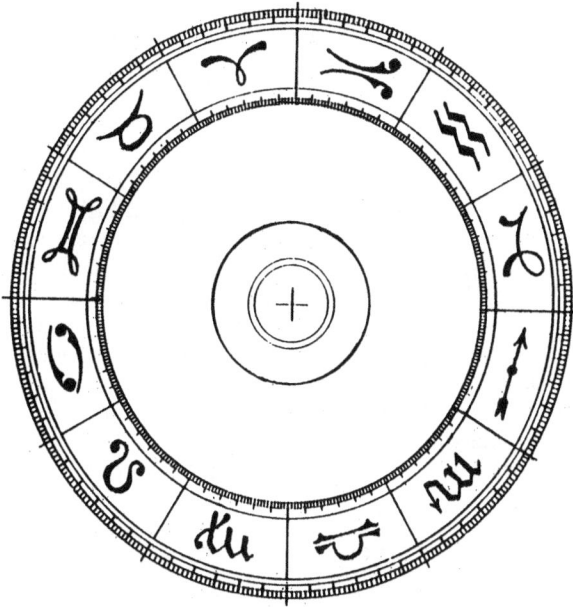

Gráfico para la elaboración de la carta astrológica personal

tral preciso y detallado y no se puede conocer el signo sobre el que cae el ascendente. La hora debe ser lo más exacta posible, aunque se acepta una diferencia de 15-20 minutos; también hay que tener presente la hora oficial en vigor en el momento del nacimiento. Realizar una carta astral con todas sus particularidades es un procedimiento más bien complejo; sin embargo, no es difícil obtener con cierta precisión la posición del ascendente mediante unos cuantos cálculos y unas pocas y sencillas tablas.

A continuación, realizamos el cálculo de un ascendente mediante un ejemplo práctico para una persona cuyo nacimiento se ha producido en España.

EL CÁLCULO DEL ASCENDENTE

Supongamos que tenemos que buscar el ascendente para alguien que ha nacido en Barcelona, el 27 de julio de 2002, a las 13,45 h.

1 La primera operación que tenemos que realizar es la de restar una hora a la hora de nacimiento, por la sencilla razón de que hay una hora de diferencia entre el huso horario de España y el de Greenwich, que constituye el punto de referencia del horario mundial. A continuación es preciso saber si en el momento del nacimiento estaba en vigor la hora oficial; para ello consulte la tabla de la página 188.

En el caso que hemos tomado como ejemplo estaba vigente la hora oficial: por lo tanto, es necesario restar otra hora.

Por lo tanto será:

13,45 – 1 (huso horario) = 12,45
12,45 – 1 (hora legal) = 11,45

Si el nacimiento se hubiese producido en el periodo de hora solar, sólo sería válida la primera operación (hora de nacimiento –1).

2 Al resultado obtenido se debe sumar la hora sideral, que se puede hallar en la tabla de la página 189. La hora sideral para la fecha de nuestro ejemplo es:

11,45 + 20,18 = 31,63

Sin embargo, a este resultado hay que aplicarle una corrección: tenemos que tener muy presente que estamos sumando números sexagesimales (es decir, horas, minutos y segundos). Los minutos, es decir, los números que se hallan a la derecha del punto, no pueden superar 60, porque como es sabido una hora se compone de sesenta minutos. En otras palabras, los 63 minutos de nuestro resultado equivalen a 1 hora 03 minutos. Trasladamos, pues, a la izquierda del punto estos 60 minutos, transformándolos en 1 hora, y dejamos donde están los 3 minutos restantes. De modo que los 31,63 se convertirán en 32,03.

3 La siguiente operación es la de sumar a este resultado la longitud, traducida en tiempo, relativa al lugar del nacimiento. La tabla de la página 190 proporciona este dato para las principales ciudades españolas; si no constara el lugar de

nacimiento que se desee, bastará con tomar el de la ciudad más cercana. Para la ciudad de Barcelona, la longitud en el tiempo es de 0 h 8' 44''. Para simplificar el procedimiento se pueden eliminar los segundos; así pues, tendremos: 32,03 + 0,08 = 32,11 (*).

Y por último una corrección más: puesto que no podemos sobrepasar las 24 horas de un día, al número obtenido habremos de restarle 24.

Obtendremos, pues:

32,11 – 24 = 8,11 (tiempo sideral del nacimiento).

4 Tras obtener finalmente el tiempo sideral de nacimiento, basta consultar la tabla de la página 191 para descubrir cuál es nuestro ascendente; en nuestro ejemplo, el ascendente se encuentra en el signo Libra.

Con el fin de resumir el procedimiento que hay que seguir, mostramos un esquema de las operaciones que hay que realizar para obtener el ascendente.

* Atención a sumar las cifras de la forma correcta (horas + horas, minutos + minutos), para no equivocarse completamente en el cálculo.

.... − HORA DE NACIMIENTO	−	(en caso de hora oficial
1,00 = 1 hora de huso horario	=	restar 2 horas)

.... + HORA DE GREENWICH   +
.... = HORA SIDERAL (tabla de la pág. 189) =

.... + RESULTADO   +
.... = LONGITUD EN EL TIEMPO
(tabla de la pág. 190)   =

.... Tiempo sideral de nacimiento

TIEMPO SIDERAL DE NACIMIENTO   = ...
ASCENDENTE (tabla de la página 191)   = ...

N. B. Al hacer los cálculos siempre hay que tener presente que los minutos no superen los 60 y las horas las 24, realizando las correcciones necesarias tal como se muestra en el ejemplo. Las correcciones pueden efectuarse todas juntas al final de la operación de cálculo.

LA HORA OFICIAL EN ESPAÑA

Año	Fecha	Hora	Modificación	Fecha	Hora	Modificación
1918	15 abril	23.00	adelanto 1 hora	6 octubre	24.00	restablecimiento hora normal
1919	6 abril	23.00	adelanto 1 hora	6 octubre	24.00	restablecimiento hora normal
1920-1923: rige la hora legal sin ningún cambio						
1924	16 abril	23.00	adelanto 1 hora	4 octubre	24.00	restablecimiento hora normal
1925: rige la hora legal sin ningún cambio						
1926	17 abril	23.00	adelanto 1 hora	2 octubre	24.00	restablecimiento hora normal
1927	9 abril	23.00	adelanto 1 hora	1 octubre	24.00	restablecimiento hora normal
1928	14 abril	23.00	adelanto 1 hora	6 octubre	24.00	restablecimiento hora normal
1929	20 abril	23.00	adelanto 1 hora	6 octubre	24.00	restablecimiento hora normal
1930-1936: rige la hora legal sin ningún cambio						
1937	16 junio	23.00	adelanto 1 hora	6 octubre	24.00	restablecimiento hora normal (Z. R.)
1937	22 mayo	23.00	adelanto 1 hora	2 octubre	24.00	restablecimiento hora normal (Z. N.)
1938	2 abril	23.00	adelanto 1 hora			
1938	30 abril	23.00	adelanto otra hora	2 octubre	24.00	se suprime 1 hora; queda 1 hora de adelanto (Z. R.)
1938	26 marzo	23.00	adelanto 1 hora	1 octubre	24.00	restablecimiento hora normal (Z. N.)
1939: hasta el 1 de abril, en que se restablece el horario normal, rige 1 hora de adelanto (Z. R.)						
1939	15 abril	23.00	adelanto 1 hora	7 octubre	24.00	restablecimiento hora normal (Z. N.)
1940	16 marzo	23.00	se adelanta permanentemente, hasta hoy, 1 hora			
1942	2 mayo	23.00	adelanto 1 hora (total 2)	1 septiembre	24.00	se suprime 1 hora; queda otra de adelanto
1943	17 abril	23.00	adelanto 1 hora (total 2)	2 octubre	24.00	se suprime 1 hora; queda otra de adelanto
1944	15 abril	23.00	adelanto 1 hora (total 2)	1 octubre	24.00	se suprime 1 hora; queda otra de adelanto
1945	14 abril	23.00	adelanto 1 hora (total 2)	30 septiembre	24.00	se suprime 1 hora; queda otra de adelanto
1946	13 abril	23.00	adelanto 1 hora (total 2)	28 septiembre	24.00	se suprime 1 hora; queda otra de adelanto
1949	30 abril	23.00	adelanto 1 hora (total 2)	2 octubre	24.00	se suprime 1 hora; queda otra de adelanto; hasta 1974 sigue con 1 h de adelanto
1974	13 abril	23.00	adelanto 1 hora (total 2)	6 octubre	1.00	se suprime 1 hora; queda otra de adelanto
1975	12 abril	23.00	adelanto 1 hora (total 2)	4 octubre	24.00	se suprime 1 hora; queda otra de adelanto
1976	27 marzo	23.00	adelanto 1 hora (total 2)	25 septiembre	24.00	se suprime 1 hora; queda otra de adelanto
1977	2 abril	23.00	adelanto 1 hora (total 2)	24 septiembre	24.00	se suprime 1 hora; queda otra de adelanto
1978	2 abril	23.00	adelanto 1 hora (total 2)	1 octubre	3.00	se suprime 1 hora; queda otra de adelanto
1979	1 abril	2.00	adelanto 1 hora (total 2)	30 septiembre	3.00	se suprime 1 hora; queda otra de adelanto
1980	6 abril	2.00	adelanto 1 hora (total 2)	28 septiembre	3.00	se suprime 1 hora; queda otra de adelanto
1981	29 marzo	2.00	adelanto 1 hora (total 2)	27 septiembre	3.00	se suprime 1 hora; queda otra de adelanto
1982	28 marzo	2.00	adelanto 1 hora (total 2)	26 septiembre	3.00	se suprime 1 hora; queda otra de adelanto
1983	27 marzo	2.00	adelanto 1 hora (total 2)	25 septiembre	3.00	se suprime 1 hora; queda otra de adelanto
1984	24 marzo	2.00	adelanto 1 hora (total 2)	30 septiembre	3.00	se suprime 1 hora; queda otra de adelanto
1985	31 marzo	2.00	adelanto 1 hora (total 2)	29 septiembre	3.00	se suprime 1 hora; queda otra de adelanto
1986	23 marzo	3.00	adelanto 1 hora (total 2)	28 septiembre	3.00	se suprime 1 hora; queda otra de adelanto
1987	22 marzo	3.00	adelanto 1 hora (total 2)	27 septiembre	3.00	se suprime 1 hora; queda otra de adelanto
1988	19 marzo	3.00	adelanto 1 hora (total 2)	24 septiembre	3.00	se suprime 1 hora; queda otra de adelanto
1989	19 marzo	3.00	adelanto 1 hora (total 2)	23 septiembre	3.00	se suprime 1 hora; queda otra de adelanto
1990	17 marzo	3.00	adelanto 1 hora (total 2)	23 septiembre	3.00	se suprime 1 hora; queda otra de adelanto
1991	17 marzo	3.00	adelanto 1 hora (total 2)	28 septiembre	3.00	se suprime 1 hora; queda otra de adelanto
1992	14 marzo	3.00	adelanto 1 hora (total 2)	27 septiembre	3.00	se suprime 1 hora; queda otra de adelanto
1993	20 marzo	3.00	adelanto 1 hora (total 2)	26 septiembre	3.00	se suprime 1 hora; queda otra de adelanto
1994	20 marzo	3.00	adelanto 1 hora (total 2)	25 septiembre	3.00	se suprime 1 hora; queda otra de adelanto
1995	26 marzo	3.00	adelanto 1 hora (total 2)	24 septiembre	3.00	se suprime 1 hora; queda otra de adelanto
1996	24 marzo	3.00	adelanto 1 hora (total 2)	22 septiembre	3.00	se suprime 1 hora; queda otra de adelanto
1997	23 marzo	3.00	adelanto 1 hora (total 2)	28 septiembre	3.00	se suprime 1 hora; queda otra de adelanto
1998	22 marzo	3.00	adelanto 1 hora (total 2)	27 septiembre	3.00	se suprime 1 hora; queda otra de adelanto
1999	21 marzo	3.00	adelanto 1 hora (total 2)	26 septiembre	3.00	se suprime 1 hora; queda otra de adelanto
2000	25 marzo	2.00	adelanto 1 hora (total 2)	24 septiembre	3.00	se suprime 1 hora; queda otra de adelanto
2001	25 marzo	2.00	adelanto 1 hora (total 2)	23 septiembre	3.00	se suprime 1 hora; queda otra de adelanto
2002	31 marzo	2.00	adelanto 1 hora (total 2)	27 octubre	3.00	se suprime 1 hora; queda otra de adelanto
2003	30 marzo	2.00	adelanto 1 hora (total 2)	26 octubre	3.00	se suprime 1 hora; queda otra de adelanto
2004	28 marzo	2.00	adelanto 1 hora (total 2)	31 octubre	3.00	se suprime 1 hora; queda otra de adelanto
2005	27 marzo	2.00	adelanto 1 hora (total 2)	30 octubre	3.00	se suprime 1 hora; queda otra de adelanto
2006	26 marzo	2.00	adelanto 1 hora (total 2)	29 octubre	3.00	se suprime 1 hora; queda otra de adelanto

Z. R.: zona republicana; Z. N.: zona nacional.

Desde el 1 de enero de 1901 en España rige la hora del Meridiano de Greenwich (0° 00´). El 15 de abril de 1918 se introduce por primera vez la llamada «hora de verano». Hasta esa fecha no se produce ningún cambio en la hora legal.

En las Islas Canarias, desde el 1 de marzo de 1922 a las 00.00 horas rige el horario del Meridiano 15 Oeste, y con relación a la península hay un retraso de 1 hora. Con anterioridad a esta fecha regía la hora local.

TABLA PARA ENCONTRAR LA HORA SIDERAL

Día	Ene.	Feb.	Mar.	Abr.	May.	Jun.	Jul.	Ago.	Sep.	Oct.	Nov.	Dic.
1	6,36	8,38	10,33	12,36	14,33	16,36	18,34	20,37	22,39	0,37	2,39	4,38
2	6,40	8,42	10,37	12,40	14,37	16,40	18,38	20,41	22,43	0,41	2,43	4,42
3	6,44	8,46	10,40	12,44	14,41	16,43	18,42	20,45	22,47	0,45	2,47	4,46
4	6,48	8,50	10,44	12,48	14,45	16,47	18,46	20,49	22,51	0,49	2,51	4,50
5	6,52	8,54	10,48	12,52	14,49	16,51	18,50	20,53	22,55	0,53	2,55	4,54
6	6,56	8,58	10,52	12,55	14,53	16,55	18,54	20,57	22,59	0,57	2,59	4,57
7	7,00	9,02	10,56	12,58	14,57	16,59	18,58	21,00	23,03	1,01	3,03	5,01
8	7,04	9,06	11,00	13,02	15,01	17,03	19,02	21,04	23,07	1,05	3,07	5,05
9	7,08	9,10	11,04	13,06	15,05	17,07	19,06	21,08	23,11	1,09	3,11	5,09
10	7,12	9,14	11,08	13,10	15,09	17,11	19,10	21,12	23,14	1,13	3,15	5,13
11	7,15	9,18	11,12	13,15	15,13	17,15	19,14	21,16	23,18	1,17	3,19	5,17
12	7,19	9,22	11,16	13,18	15,17	17,19	19,18	21,20	23,22	1,21	3,23	5,21
13	7,23	9,26	11,20	13,22	15,21	17,23	19,22	21,24	23,26	1,25	3,27	5,25
14	7,27	9,30	11,24	13,26	15,24	17,27	19,26	21,28	23,30	1,29	3,31	5,29
15	7,31	9,33	11,28	13,30	15,28	17,31	19,30	21,32	23,34	1,32	3,35	5,33
16	7,35	9,37	11,32	13,34	15,32	17,34	19,34	21,36	23,38	1,36	3,39	5,37
17	7,39	9,41	11,36	13,38	15,36	17,38	19,38	21,40	23,42	1,40	3,43	5,41
18	7,43	9,45	11,40	13,42	15,40	17,42	19,42	21,44	23,46	1,44	3,47	5,45
19	7,47	9,49	11,44	13,46	15,44	17,46	19,46	21,48	23,50	1,48	3,50	5,49
20	7,51	9,53	11,48	13,50	15,48	17,50	19,49	21,52	23,54	1,52	3,54	5,53
21	7,55	9,57	11,52	13,54	15,52	17,54	19,53	21,56	23,58	1,56	3,58	5,57
22	7,59	10,01	11,55	13,58	15,56	17,58	19,57	22,00	0,02	2,00	4,02	6,01
23	8,03	10,05	11,58	14,02	16,00	18,02	20,02	22,04	0,06	2,04	4,06	6,05
24	8,07	10,09	12,02	14,06	16,04	18,06	20,06	22,08	0,10	2,06	4,10	6,09
25	8,11	10,13	12,06	14,10	16,08	18,10	20,10	22,12	0,14	2,12	4,14	6,13
26	8,15	10,17	12,10	14,14	16,12	18,14	20,14	22,16	0,18	2,16	4,18	6,17
27	8,19	10,21	12,14	14,18	16,16	18,18	20,18	22,20	0,23	2,20	4,22	6,21
28	8,23	10,25	12,18	14,22	16,20	18,22	20,22	22,24	0,26	2,24	4,26	6,24
29	8,26	10,29	12,22	14,26	16,24	18,26	20,26	22,27	0,30	2,28	4,30	6,28
30	8,30		12,26	14,29	16,28	18,30	20,30	22,31	0,34	2,32	4.34	6,32
31	8,34		12,30		16,32		20,33	22,35		2,36		6,36

TABLA DE COORDENADAS DE LAS PRINCIPALES CIUDADES DE ESPAÑA

Albacete	– 7' 25''	Logroño	– 9' 47''
Alcudia	+ 11'36''	Lorca	– 6' 48''
Algeciras	– 21' 52''	Lugo	– 30' 14''
Alicante	– 1' 56''	Madrid	– 14' 44''
Almería	– 9' 52''	Mahón	+ 17' 12''
Andorra	+ 6' 00''	Málaga	– 17' 41''
Ávila	– 18' 47''	Manacor	+ 12' 53''
Badajoz	– 27' 53''	Manresa	+ 7' 20''
Barcelona	+ 8' 44''	Marbella	– 19' 36''
Bilbao	– 11'42''	Mieres	– 23' 04''
Cáceres	– 25' 29''	Murcia	– 4' 31''
Cadaqués	+13' 08''	Orense	– 31' 27''
Cádiz	–25' 11''	Oviedo	– 23' 22''
Calatayud	– 6' 40''	Palencia	– 18' 08''
Cartagena	– 3' 55''	Palma de Mallorca	+ 10' 36''
Castellón	– 0' 09''	Pamplona	– 6' 36''
Ciudad Real	– 15' 43''	Plasencia	– 24' 32''
Córdoba	– 19' 07''	Ponferrada	– 26' 20''
La Coruña	– 33' 34''	Pontevedra	– 34'35''
Cuenca	– 8' 32''	Salamanca	– 22'40''
Éibar	– 11' 52''	San Sebastián	– 7' 56''
Elche	– 2' 48''	Santa Cruz de Tenerife	– 1 h 5' 57''
Fuerteventura	– 56' 00''	Santiago de Compostela	– 34' 12''
Gerona	+ 11' 18''	Santander	– 15' 13''
Gijón	– 22' 48''	Segovia	– 16' 30''
Gomera	– 1 h 08' 20''	Sevilla	– 23' 58''
Granada	– 14' 24''	Soria	– 9' 52''
Guadalajara	– 12' 39''	Tarragona	+ 5' 02''
Huelva	– 27' 47''	Teruel	– 4' 26''
Huesca	– 1' 38''	Toledo	– 16' 05''
Ibiza	+ 5' 44''	Tortosa	+ 2' 04''
Jaén	– 15' 09''	Tudela	– 6' 24''
La Palma	– 1 h 11' 20''	Valencia	– 1' 30''
Lanzarote	– 54' 40''	Valladolid	– 18' 53''
Las Palmas de Gran Canaria	– 1 h 01' 40''	Viella	+ 3' 16''
		Vigo	– 34' 44''
León	– 22' 16''	Vitoria	– 10' 42''
Lérida	+ 2' 30''	Zamora	– 23' 01''
Linares	– 14' 32''	Zaragoza	– 3' 31''

BUSQUE AQUÍ SU ASCENDENTE

de 0,35' a 3,17'		ascendente en Leo
de 3,18' a 6,00'		ascendente en Virgo
de 6,01' a 8,43'		ascendente en Libra
de 8,44' a 11,25'		ascendente en Escorpio
de 11,26' a 13,53'		ascendente en Sagitario
de 13,54' a 15,43'		ascendente en Capricornio
de 15,44' a 17,00'		ascendente en Acuario
de 17,01' a 18,00'		ascendente en Piscis
de 18,01' a 18,59'		ascendente en Aries
de 19,00' a 20,17'		ascendente en Tauro
de 20,18' a 22,08'		ascendente en Géminis
de 22,08' a 0,34'		ascendente en Cáncer

www.ingramcontent.com/pod-product-compliance
Lightning Source LLC
Chambersburg PA
CBHW070330090426
42733CB00012B/2432